躁动的帝国

不为人知的美国历史

（下）

〔美〕奥利弗·斯通（Oliver Stone）
彼得·库茨尼克（Peter Kuznick）◎著

潘丽君　张　波　王祖宁◎译

重庆出版集团 ⊙重庆出版社

版贸核渝字（2013）第 337 号

图书在版编目（CIP）数据

躁动的帝国：不为人知的美国历史.下 / （美）斯通，（美）库茨尼克著；潘丽君等译. — 重庆：重庆出版社，2013.12

书名原文: The untold history of the United States

ISBN 978-7-229-07372-5

Ⅰ.① 躁… Ⅱ.① 斯… ② 库… ③ 潘… Ⅲ.① 美国－历史－研究 Ⅳ.① K712

中国版本图书馆 CIP 数据核字（2013）第 310260 号

躁动的帝国：不为人知的美国历史（下）
ZAODONG DE DIGUO: BUWEIRENZHI DE MEIGUO LISHI (XIA)

〔美〕奥利弗·斯通　彼得·库茨尼克　著

　　　　潘丽君　张　波　王祖宁　译

出 版 人：罗小卫
策　　划：中资海派·重庆出版集团科韵文化传播有限公司
执行策划：黄　河　桂　林
责任编辑：朱小玉
特约编辑：刘雪娇　梁桂芳
版式设计：李婉琳
封面设计：张　英

重庆出版集团
重庆出版社　出版

（重庆长江二路205号）

深圳市鹰达印刷包装有限公司印刷
重庆出版集团图书发行有限公司发行
邮购电话：023-68809452
E-mail：fxchu@cqph.com

重庆出版社天猫旗舰店
cqcbs.tmall.com

全国新华书店经销

开本：787mm×1092mm　1/16　印张：23　字数：353千
2014年2月第1版　2014年2月第1次印刷
定价：46.00元

如有印装质量问题，请致电：023-68706683

致中国读者信

To My Readers in China,

Let us never forget that the first histories were written to preserve from decay the memory of man. May it be an accurate History! As memory is the slender thread of our civilization.

致我的中国读者们：

让我们铭记，历史首次被书写的目的是为了保存人类的记忆。

因为记忆是串联人类文明的细绳，我们希望能呈现给大家一段真实的历史！

奥利弗·斯通

我们曾自以为是世界的中心，但事实并非如此。因此，我希望用一种前所未有的方式来讲述美国历史。在本书中，你会找到很多问题的答案，但同时你也会萌生很多新的问题。在本书介绍的人物中，有建立功业而鲜为人知的人，有为坚守信仰而受尽苦难的人，也有穷不思变而泯于史册的人。同时，我们也将拆穿一些你曾经深信不疑的英雄人物，我们绝无恶意，只是重申史实。正因为我们怀念已逝的美好事物，所以我们才想创造一个更加美好的未来……

奥利弗·斯通

奥斯卡最佳导演奥利弗·斯通
最新纪录片风靡中国

　　"老愤青"奥利弗·斯通是美国杰出的电影导演和编剧，与斯蒂芬·斯皮尔伯格、昆汀·塔伦蒂诺齐名。其电影多为政治或战争题材，其中《野战排》、《生于七月四日》、《天与地》三部"越战"题材作品被誉为"'越战'三部曲"。他曾经参加过"越战"并负伤，因而在其电影中注重利用暴力进行对社会的反思。这点与著名导演昆汀·塔伦蒂诺恰恰相反，后者的作品崇尚暴力美学，暴力的目的往往只是娱乐观众。

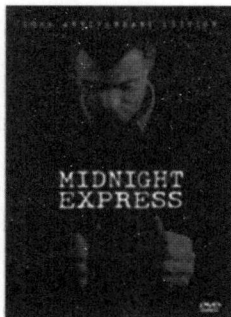

《午夜快车》*Midnight Express*
1979 年获得奥斯卡最佳改编剧本奖

主演：
布拉德·戴维斯 (Brad Davis)
迈克尔·西蒙 (Michael K. Simmons)

《野战排》*Platoon*
1987 年获得奥斯卡最佳导演奖

主演：
查理·辛 (Charlie Sheen)
威廉·达福 (Willem Dafoe)

《生于七月四日》*Born on the Fourth of July*
1990 年获得奥斯卡最佳导演奖

主演：
汤姆·克鲁斯 (Tom Cruise)
雷蒙德·J. 巴里 (Raymond J. Barry)

《不为人知的美国历史》*The Untold History of the United States*（本书《躁动的帝国：不为人知的美国历史》为此纪录片的书籍版。）
2013 年获得第 16 届上海国际电影节终身成就奖

奥利弗·斯通的作品获得过众多殊荣，其中包括：

第 16 届上海国际电影节在"向大师致敬单元"特别设立"奥利弗·斯通影展"。奥利弗·斯通曾在 1993 年担任第 1 届上海国际电影节评委，当时其作品《刺杀肯尼迪》曾在上海放映。时隔 20 年，"奥利弗·斯通影展"成了"向大师致敬单元"的重头戏，播放了《野蛮人》、《亚历山大大帝》、《华尔街》、《不为人知的美国历史》等作品。

其中《不为人知的美国历史》是斯通的最新作品，阐述了另类的左翼史观，在很大程度上调整和扩大了人们的历史视角，并揭露了美国在国际外交政策上的许多真相。

奥利弗·斯通与彼得·库茨尼克合著的同名书籍一经推出，在美国引起极大轰动，虽然招致一些右翼人士的攻击，但是绝大部分美国读者都认同这样一部修正史，并在亚马逊给予五星好评。该书也迅速窜上亚马逊畅销排行榜。

权威推荐

前苏联共产党中央委员会总书记 米哈伊尔·戈尔巴乔夫

奥利弗·斯通和彼得·库茨尼克介绍了过去几十年美国外交政策的重要概况。书中有很多值得反思的内容，在人类历史中，这种反思必不可少……它提出的悬念是美国将继续充当世界警察，还是与其他国家携手共创更加安全、公平和可持续发展的未来。

中国互动媒体集团 CEO、《ILOOK》杂志出版人兼主编 洪 晃

美国导演斯通在上海电影节放映了他刚完成的纪录片，讲述了美国历史中的一些谎言和真相，很受中国观众欢迎，有人说："你应该拍中国历史。"斯通说："不，你们应该自己拍。"

《外滩画报》

作者揭示，真正令日本投降的原因并不是原子弹，而是苏联宣布对日本作战，因为苏联红军令日本人闻风丧胆；而杜鲁门之所以同意使用原子弹也不是为了逼日本投降，而是为了在波茨坦会议前夕向苏联示威，以此主导战后世界格局。此类"大翻案"，在本书中还有不少。

《亚洲周刊》

斯通和库茨尼克对奥巴马首任任期的政绩表示失望，认为他不仅没有继承和发扬罗斯福、华莱士和古巴导弹危机后肯尼迪的政治与外交理想，亦未铲除布什和切尼的黩武政策，反倒继续在阿富汗用兵。奥巴马不但未改善公民自由权利，甚至加强对人民的监视和压制公民权利。

中国新闻网

对于自己出书和拍摄纪录片致力于还原美国现代史的举动，斯通介绍说："布什政府感觉到，回到美国帝国主义原点进行思考十分重要，而这个原点正是原子弹爆炸。"

英国《金融时报》　奥利弗·斯通和彼得·库茨尼克撰稿

美国国家安全局现在拥有东德秘密警察只有在梦里才会有的监听设备……奥巴马坚持不懈地在全球追捕斯诺登，只是令美国耻辱的最新例证。奥巴马极为无情地强迫绝食抗议者进食，并起诉泄密者。在为曾经引人自豪的美利坚共和国钉上最后一颗棺材钉之前，奥巴马有必要三思而后行。

美国《星条旗报》

斯通建议日本脱离与美国的防务协定。他说："他们首先应当为自己曾经在中国的所作所为以及在那里杀戮过的人们向中国道歉……之后中国会以不一样的眼光看待日本。"

《一分为二》（*Drawing the Line*）作者
卡罗琳·艾森博格

很多书描述过美国干涉他国和进行军事侵略的具体事件，但主流的历史观点仍然丝毫没有受到影响，仍然坚持认为美国是一个"不可缺少"的国家,全世界的人民和国家都仰仗美国维护和平和捍卫自由。本书的杰出贡献之一就是打破这种成见,让读者重新定义美国在世界舞台上的角色……每个读到这本书的人都会学到一些新知识,并且审视很多已成定论的观点。

国际著名政治心理学家、《思想变革和全能主义心理学》
（*Thought Reform and the Psychology of Totalism*）**作者**
罗伯特·杰·利夫顿

作者大胆地回顾了美国历史上最为惨痛的一段经历。他们对于核威胁的论述尤其发人深省。他们指出,我们曾经差点利用自己发明的技术毁灭整个人类,这种荒诞令人震撼。借用启蒙运动的格言:"勇于求知",我们从本书中学到的知识将成为智慧的源泉。

《牛仔共和国》（*Cowboy Republic*）**作者　玛乔丽·科恩**

《躁动的帝国:不为人知的美国历史》是我们这个时代最重要的著作之一。奥利弗·斯通和彼得·库茨尼克纠正了大众误解,我们以前总认为美国一直是促进世界进步的重要力量。他们记录了美国帝国主义的严重后果、美国犯下的战争恶行、以"反恐"为名侵犯公民自由的真相。当美国人准备毫不犹豫地接受美国唯我独尊的见解时,这本书给人们泼了盆冷水。

《纽约时报》畅销书　《大洪水》（*The Great Deluge*）**作者**
道格拉斯·布林克利

本书勇敢地揭开了外交政策的神秘面纱,深入剖析了美国丑陋的军国主义……你的书架上应该放一本如此生动的左派读物。

美国著名时政脱口秀主持人　比尔·梅尔（"彪马叔"）

终于盼来了一本敢于挑战美国近代史公认版本的秘史。这是近百年来最具颠覆性的图书之一。

经济政策分析员、《收购美国》（Taking America）作者
杰夫·马德里克

如果我们不知道美国的过去，就无法掌控美国的未来。在《躁动的帝国：不为人知的美国历史》中，奥利弗·斯通和彼得·库茨尼克揭开了 20 世纪美国历史的层层神秘面纱。有人将感到惊讶，也有人将觉得愤怒。大部分人将理解自己的国家能够变得更美好，尤其是对于年轻人来说。这样我们才能在新世纪继续前进。

美国前军事分析师、"五角大楼文件"泄露当事人
丹尼尔·埃尔斯伯格

美国左翼历史学家霍华德·津恩肯定会喜欢这本关于"美利坚帝国人民历史"的书。读起来让人欲罢不能，实在精彩绝伦，堪称一流杰作！

普利策奖得主、《美国普罗米修斯》（American Prometheus）
合著者　马丁·舍温

奥利弗·斯通和彼得·库茨尼克的《躁动的帝国：不为人知的美国历史》是本世纪最重要的历史著作。

《越南战争》（The Vietnam War）作者　玛丽莲·杨

库茨尼克和斯通充满激情地讲述了美国的一段秘史，披露了美国唯我独尊和主导全球行为所带来的灾难性后果。这本书思路清晰、文字优美、论证全面，绝对让你手不释卷。

著名朝鲜战争史专家、《朝鲜战争》（The Korean War）作者
布鲁斯·卡明斯

这是一部很有思辨性和吸引力的作品。它大胆、清晰地描述了美国历史和维系美帝国的基础，是同类书中里程碑式的巨著。本书描述的重要历史以民为本，旨在维护人民利益，更应推而广之。

和平运动研究专家、《统一世界或毁灭世界》（*One World or None*）**作者 劳伦斯·惠特纳**

本书聚焦美国过去鲜为人知的历史，以及当政者面临的抉择。奥利弗·斯通和彼得·库茨尼克对民族主义所谓的历史论述进行了批判。他们提醒我们，除非美国鼓足勇气面对现实，否则永远只能生活在幻想之中。

《通往塔利尔广场的道路》（*The Road to Tahrir Square*）**作者 劳埃德·C. 加德纳**

奥利弗·斯通和彼得·库茨尼克做到了很多人认为不可能做到的事情。他们描述了 20 世纪美国的政治历史，清晰地描绘美国如何通过有所意图的决策发展成一个帝国，即使在不同党派当政时他们也从未放弃捍卫帝国权益。本书精彩地阐述了美国不为人知的历史。

《原子外交》（*Atomic Diplomacy*）**作者 加尔·阿尔佩罗维茨**

庄重对待历史的人们应该直面书中意义深远的挑战，而不是刻意回避或试图诋毁。斯通和库茨尼克不仅提出尖锐的问题，还回答了所有正确的问题。

第 1 章 | 帝国转轨　从"越战"泥潭到拉美政策　1

越南到底有什么地缘政治意义？约翰逊无法眼睁睁地看着美国失去越南，故意制造"北部湾事件"，想借机逐步升级战事。然而美国在军事上的优势何以换来政治上的惨败？美国在越南丛林中丧失了它的灵魂，在拉美政策中撕下了民主的面具，由此宣告美国政治改革黄金时代的终结。

1.总统易人，对越政策大扭转　2.逐步升级战事是否会刺激中国

3.纳粹式秘密警察战术　4.10万吨炸药换来政治惨败

5.扶植拉美独裁"走狗"　6.印尼政策：不听话就不给糖吃

第 2 章 | 尼克松和基辛格　当"疯子"遇上"神经病"　39

尼克松秘密计划使美国摆脱"越战"，所谓"计划"竟是把对方打到投降为止！为令对方就范，他责令美国空军出动B-52轰炸机靠近苏联领空。他万万没有料到，此时正值中苏关系紧张，苏联将尼克松的挑衅行为误解为美中联合对付苏联！当"疯子"遇上"神经病"，报复性政策一发不可收拾。

第3章 | **缓和梦碎　重新引爆冷战　83**

　　20世纪70年代末，一场阿富汗内战正在酝酿之中，美国把赌注压在极端主义者身上，与伊朗的极端分子合作煽动叛乱。苏联一旦出兵镇压叛乱，可能引发4 000万中东民众发动起义。勃列日涅夫过度乐观，一步步走进美国设置的越南式圈套中。此时，美苏缓和名存实亡。

第4章 | **里根浩劫　民主敢死队　121**

　　里根是传播民主的英雄吗？真实的里根将让你大跌眼镜！里根政府在中美洲和非洲发起了一系列秘密行动，在阿富汗扶植反苏势力。当里根谎称为了记者的安全而大举入侵格林纳达，这难道是20年后伊拉克战争的彩排？里根暗中希望利用核武器打败敌人，一场浩劫即将降临。

第5章 | **冷战结束　指缝间溜走的机遇期　169**

　　美国政府利用苏军撤出第三世界后留下的权力真空，开始肆无忌惮地对伊拉克等中东国家采取军事行动。"老布什"与萨达姆的结怨是否延续到了"小布什"时期？当苏联解体后，一家独大的美国将会带来什么转变？拿掉苏联威胁的幌子，"小布什"靠什么实现单边主义霸权政策？

第6章　布什—切尼灾难　伊拉克的地狱之门打开了　213

布什—切尼组合几乎令美国经济崩溃，国际声誉跌至历史最低点。几十年来他们酝酿不可告人的计划，如今竟借由"9·11"国难的机会实现了！布什明知"基地"组织是幕后策划者，却千方百计把枪口对准伊拉克，岂料伊朗坐享其成！当伊拉克的地狱之门打开，布什—切尼在劫难逃。

第7章　奥巴马泡沫　接管伤痕累累的帝国　271

奥巴马接手了布什的烂摊子，像一个一触即发的炸弹。美国百姓将他视为救赎，事实却变本加厉。"基地"组织发动"9·11"事件只花了50万美元，伊拉克和阿富汗两场战争的真实成本却高达4万亿美元，本·拉登实现了让美国破产的目标？他秉持新冷战思维，把战略核心转向亚洲，夸大中国威胁，到底意欲何为？实际上美国及其太平洋地区的盟国玩起了一场极其危险的游戏……

致　谢

上册要目

第1章｜"一战"争锋　威尔逊与列宁的激烈较量

威尔逊从"一战"中大发横财后，趁机提出"十四点和平原则"，企图建立利于美国的世界新秩序，但最后重整世界的依然是代表英法等老牌帝国利益的"凡尔赛—华盛顿体系"。在威氏郁郁而终的同时，这个分赃不均的体系也正在孕育一个即将掀起腥风血雨的恐怖畸胎……

第2章｜新政兴衰　罗斯福与大军火商的拉锯战

朝鲜战争、越南战争、海湾战争、阿富汗战争、伊拉克战争……20世纪以来，美国连续打了多场战争。它为何如此热爱战争？操纵美国参战的幕后黑手究竟是谁？为何如此神通广大？而为何现在史学家们屡屡批评美国是纳粹德国的肆虐的助推者？

第 3 章 ｜ "二战"英雄之争　谁彻底打败了德国

　　提起"二战"英雄，大家津津乐道的多半是美国，但死在苏联手里的德军超过 600 万，英美击毙的仅 100 多万！为抗击德国，苏联更是死了 2 700 多万军民！而在苏联苦苦支撑之时，英美不仅屡次食言陷苏联于水火，还趁火打劫，在苏联背后大打黑枪！

第 4 章 ｜ 核　爆　小个子酿成了大悲剧

　　德国投降后，轴心国集团大势已去。陷于中国战场多年的日本败象早现，而苏联也出兵在即，日本彻底投降已是板上钉钉的事。然而，面对几乎已是手无寸铁的日本，美国为何仍然坚持投下两颗原子弹？而这居然并非日本投降的真正原因？！

第 5 章 ｜ 冷战探源　谁挑起了美苏 40 年冷对抗

　　原子弹给了美国底气，频频威胁盟友苏联，两者关系一落千丈。"绅士"英国却是唯恐天下不乱，频频以密友之姿挑拨美苏，"铁幕"演说更是直指苏联染指世界。但杜鲁门主义与马歇尔计划相继出台，却在喂饱西欧与英国的同时，提醒全世界：到底谁欲称霸世界？

第 6 章　核扩散年代　"朝战"与"越战"中的核危机

　　苏联研制出原子弹令美国在核研究上越来越疯狂，到1950年，美国的原子弹足以毁灭地球数十次。朝鲜战争中，核战争几乎一触即发。斯大林死后，苏联释放停战信号，但美国却没有罢手，反而越来越偏激：不间断的核试验，核武器常规化，军方接管核武器……世界距离毁灭还有多远？

第 7 章　古巴导弹危机　与人类擦肩而过的核浩劫

　　20 世纪60 年代，美国的核武器已达3 万枚！而且这些武器全部不加锁，美国军方有数十人可未经总统授权发动核战争！险些毁灭人类的古巴导弹危机以苏联的妥协而告终。出于对核浩劫的恐惧，赫鲁晓夫与肯尼迪努力寻求缓和路径……但在两国鹰派势力的叫嚣下，他们的努力能支撑多久？

第 1 章

帝国转轨
从"越战"泥潭到拉美政策

越南到底有什么地缘政治意义？约翰逊无法眼睁睁地看着美国失去越南，故意制造"北部湾事件"，想借机逐步升级战事。然而美国在军事上的优势何以换来政治上的惨败？美国在越南丛林中丧失了它的灵魂，在拉美政策中撕下了民主的面具，由此宣告美国政治改革黄金时代的终结。

THE UNTOLD HISTORY OF THE

UNITED STATES

1
★★★

总统易人，对越政策大扭转

当古巴前领导人卡斯特罗得知肯尼迪遇刺的消息时，他正在和法国记者让·丹尼尔共进晚餐。他忍不住连声惊呼了3次："真是个坏消息！"记得就在前一天，他还对丹尼尔说："肯尼迪可能会成为美国最伟大的总统。"可是突然之间，一切都改变了。他以先知般的口吻预言道："你看着吧，我太了解他们了，他们肯定会想方设法把这件事赖在我们头上。"卡斯特罗看到报刊杂志纷纷把奥斯瓦德称为"亲卡斯特罗的马克思主义分子"，不禁心生忧虑。他问丹尼尔："约翰逊对猪湾事件怎么看？他对中情局施加了什么影响？"

赫鲁晓夫听到消息后，简直要崩溃了，他忍不住痛哭起来。此时离他恢复职务还有一些时日。美国驻苏大使馆的一位官员向白宫新闻部长皮埃尔·塞林格透露道："一连好几天，他都在自己的办公室里来回踱步，整个人魂不守舍。"之后，赫鲁晓夫前往美国使馆，在吊唁簿上亲手写下了悼词，他还派苏联副总理米高扬亲赴美国，代表他本人参加肯尼迪总统的葬礼。米高扬在迎宾队伍中找到了总统夫人杰奎琳·肯尼迪，他颤颤巍巍地走上前慰问。总统夫人深受感动，紧紧握住他的双手。至于她当时说了些什么，坊间流传着两个版本。不过，她记得自己说过："请代我转告主席，一直以来他和我丈夫都在为世界和平奔波，如今，恐怕要麻烦你们二位继续担此重任了。"时任美国国务卿的迪安·腊斯克在接受采访时表示，他听到总统夫人说："我丈夫去世了，和平大业就交给你们了。"杰奎琳·肯尼迪还致信赫鲁晓夫,她在信中表示,尽管他和她丈夫互为"敌手",但他们都有共识,认为"应该避免世界大战的爆发"。

1963 年 11 月 22 日肯尼迪遇刺身亡,副总统林登·约翰逊宣誓就职。这位美国新总统与其前任的处世作风大相径庭。

不论从何种角度看,林登·约翰逊似乎都与其前任截然不同。1908 年,他出生在得克萨斯州斯通沃尔县一个普通的教师家庭。他的父亲曾先后 5 次在得克萨斯州众议院任职。约翰逊从西南得克萨斯州一所师范院校毕业后,一路苦心经营,最终得以在得州政坛崭露头角。1937 年,他成功当选美国联邦众议员。1948 年,参加完"二战"的约翰逊重返政坛,当选联邦参议员。之后,他很快成为参议院多数党的领袖,在那里,"约翰逊处世法则"一度成为传奇。专栏作家罗兰·埃文斯和罗伯特·诺瓦克撰文写道:"约翰逊每碰到一位参议员,他都要拉着对方说话,时间短则 10 分钟,长则 4 小时……语调或恳求,或指责,时而曲辞谄媚,时而相谈甚欢,时而语带嘲讽,时而老泪纵横,还不乏抱怨或暗示性的威胁……总之,在约翰逊与人的交谈中,人类所有的情绪展露无遗……对方很难有招架之功,更别说还手之力了。因为往往他们还没开口,约翰逊就已经料到他们要说什么了。"他以自我为中心、傲慢、缺乏安全感,而且不拘小节。他喜欢邀请同事一块儿进卫生间,然后坐在马桶上与人交谈。他并非深谋远虑的外交政策思想家,而是一名狂热的斗士。他喜欢这样打比方:"如果你放任恶霸闯进你家的前院,那么第二天他就会得寸进尺,占用你的走廊,第三天他就会

3

躺在你的床上强占你的妻子。"约翰逊时刻强调，他"不会眼睁睁地看着美国失去越南"。然而，他的本意并非想在远离美国本土的地方进行一场吃力不讨好的战争，他更想做的是推进国内社会改革："我并不奢望成为一位建立霸业、开疆拓土、让邻国都前来俯首称臣的美国总统。我只希望自己能教育好年轻一代，能帮助人们摆脱饥饿、贫穷，使得人人都能安居乐业，每位公民都享有平等的选举权。"美国外交家、政治家埃夫里尔·哈里曼曾断言，要不是因为美国身陷"越战"泥潭，"他恐怕就是美国有史以来最伟大的总统了"。遗憾的是，约翰逊未能如愿。

约翰逊正在对参议员理查德·罗素进行臭名昭著的"约翰逊式训话"。约翰逊极度自我、傲慢、缺乏安全感，而且个性粗鄙，并不是一位高瞻远瞩的外交政策思想家。

约翰逊就职后第二天，就向顾问表达了他的决心，要坚定不移地捍卫美国在越南的利益。中情局局长约翰·麦科恩敏锐地意识到，约翰逊实际上否定了肯尼迪一直强调的"在越南进行社会改革的政策"，他根本没有耐性"让我们通过温和渐进式手段改变越南的局面"。他也不同意肯尼迪曾提出的于 1965 年从越南撤军的计划。其实，约翰逊最初并没有打算在大选年轰炸北越导致美军正式卷入战争，但是，美国扶持的南越政权越来越腐败、专制、不得民心，在多次较量中频频输给"民族解放阵线"，约翰逊才忍无可忍，出此下策。

肯尼迪去世后第 4 天，约翰逊就批准了《第 273 号国家安全行动备忘录》，暗示美国将会更加积极地介入越南问题。该备忘录最初的草案明确规定，美军要限制针对越南内战的秘密行动。但最终通过的版本却违背了这一初衷。

从一开始，约翰逊就判断失误，他过度乐观地估计了战争态势，没有审慎评估对阵双方的兵力，对越南的政局变更也缺乏一定预见性。中情局局长麦科恩试图提醒约翰逊，南越政权的情况比他想象的要糟糕得多，但约翰逊为此恼羞成怒，把麦科恩赶出去并当面摔上门。从此，麦科恩几乎被禁止踏入总统办公室，他与约翰逊的沟通也急剧减少，只偶尔通过书面方式交流，而且还不确定总统是否会看他写的那些报告。

最初，约翰逊也曾质疑过美国囿于越南战事的意义。1964 年 5 月，他质问国家安全事务顾问麦克乔治·邦迪："越南对我到底有什么用？"事实上，约翰逊本人在 1954 年的一篇时事通讯中就曾给出过一个答案，他告诉选民，"印度支那半岛（中南半岛的旧称。——译者注）是一座富矿"，那儿蕴藏着丰富的锡和锰。

美国驻越南大使亨利·卡伯特·洛奇的说法似乎更有远见："谁控制了越南，在越南地区有话语权，往东他就能影响菲律宾和台湾的未来，往西他能左右盛产粮食的泰国和缅甸，往南又能辐射到橡胶、矿石和锡资源十分丰富的马来西亚和印度尼西亚。越南具有举足轻重的地缘政治意义；只要将越南收入囊中，就能控制大量的财富和人口。"据西贡海外投资者服务办公室的亚瑟·特纳预测："'越战'结束后，美国商人将会在此大展拳脚。"查尔斯·墨菲在《财富》杂志上这样写道："越南的区位优势必将使其成为寸土寸金之地。"参议员盖勒·麦吉将东南亚称为"地球上最后一片蕴藏着丰富资源，却仍未被大国染指的土地"。当然，他也承认，越南人民的生活条件"很一般"。

同时，约翰逊也害怕越南战争失败可能造成的政治后果。他犹豫不决：如果美军在战争中失利，会有什么后果呢？这个问题一直如噩梦般困扰着他：

　　罗伯特·肯尼迪一定会告诉所有人……我违背了他哥哥约翰·F.肯尼迪对南越许下的承诺……我是个懦夫，我胆小如鼠，缺乏男子气概……每天晚上我总是噩梦连连，我梦见自己被五花大绑，孤零零地被拴在寂寥空旷的野外。突然，我听到远处传来一阵吵闹声。几千人骂骂咧咧地朝我跑过来，我顿时被千夫所指："懦夫！叛徒！胆小鬼！"

2
★★★

逐步升级战事是否会刺激中国

约翰逊支持国防部长麦克纳马拉提出的对北方政权逐步施加压力的战略，美国参谋长联席会议对此怒不可遏。

1964 年 8 月，约翰逊和麦克纳马拉故意制造"北部湾事件"（又称"东京湾事件"），并借机升级战争。麦克纳马拉及其他内阁官员宣称，北越的巡逻快艇"故意"袭击美国驱逐舰，是一种"挑衅"。美国媒体也纷纷引用这一说法并大肆宣传。

1964 年美国总统大选，约翰逊以一副主张和平的候选人姿态出现，成功击垮其对手，来自亚利桑那州的共和党参议员巴里・戈德华特。鹰派的戈德华特威胁对越南使用核武器，而约翰逊向选民保证："我们不会让美国青年卷入亚洲的旋涡，不会把他们送到千里之外，去做本该由亚洲青年做的事情。"他因此获得了绝大多数选民的支持。在 1965 年 1 月一项对 83 位参议员展开的调查中，只有 7 位议员支持轰炸越南北方或者直接出兵支持南越。副总统休伯特・汉弗莱敦促约翰逊不要让战争升级。愤怒的约翰逊不准汉弗莱参加后续决策会议，禁止他参加国家安全委员会的各项会议，这样的禁令长达一年之久。然而，根据美国法律，副总统本身就被默认为国家安全委员会成员。

大选过后，约翰逊开始稳步升级战争。1964 年 12 月，联合国秘书长吴丹提醒美国国务卿迪安・腊斯克，河内方面不愿意开展秘密谈判。但美国对此不屑一顾，吴丹不得不在 2 月下旬发布了以下消息：

我相信，伟大的美国人民如果知道真相与和平对南越发展的
重要意义，一定会同意我的观点：进一步的流血战争毫无必要。
唯有政治和外交谈判，才能创造良好条件，让美军体面地撤出越
南。众所周知，在战火纷飞、充满敌意的时代中，首先受到冲击
的往往是真相。

约翰逊对和平解决方案毫无兴趣。3 月，他告诉国务卿乔治·鲍尔，
他"身体不适，要离开一段时间"，他再也不愿听吴丹和英国首相哈罗德·威
尔逊喋喋不休地提出和平解决的建议了。

同时，美国单方面扩大了"自由开火区"，这意味着他们击毙该区域
内任何移动的物体都是合法的。美国军械库的可存放武器种类也进一步扩
大，包括凝固汽油弹、集束炸弹和白磷等，白磷能迅速烧伤皮肤直达骨髓，
令伤者痛不欲生。

即便用上这样的手段，也未能阻挡"民族解放阵线"在越南农村地区
一路高歌挺进的步伐。约翰逊曾试图抵抗来自美国军方要求轰炸北越的压
力，但最终还是妥协了。美国需要找个借口使战争升级。

于是，它决定制造一个。中情局为了"证明"是北越政权煽动了南部
叛乱，可谓费尽心机。在中情局任职 25 年的特工拉尔夫·麦吉披露了当
时他们为误导公众而干的勾当："中情局把越南共产党制造的许多武器从
仓库中偷运出来，然后将它们装到沿岸一艘越南籍船上，故意导演了一起
交火事件，还立即放消息给西方媒体……借此'证明'北越政权在暗中援
助越南共产党。"

接着，美国国务院发表白皮书，用长达 7 页的篇幅描述这一伪造的"证
据"，1965 年 2 月 7 日，"民族解放阵线"袭击了美国在波来古的直升机基
地，造成 8 名美国士兵死亡，数百人受伤。邦迪从西贡发来电报，告诉约
翰逊及其顾问，河内政府这是在"下战书"。但是，邦迪也向大卫·哈伯
斯塔姆坦言，波来古战役与其他战役并没有什么不同。"波来古不过就是
其中一场战役而已。"他这样说道。

约翰逊迅速作出反应，发起了新一轮的残酷打击，战争逐步升级。他
提出所谓的"滚雷行动"，旨在轰炸北越。

　　轰炸越南的凝固汽油弹和白磷炸弹。在约翰逊时期，美国军械库可存放的武器范围扩大，可存放凝固汽油弹、集束炸弹和白磷炸弹等，白磷能迅速烧伤皮肤直达骨髓，令伤者痛不欲生。

尽管战争形势加剧，但美军获胜希望仍显渺茫。4月初，中情局局长麦科恩卸任，他告诉约翰逊，美国所作的决策是个彻底的错误："我们会发现自己身陷战争的泥潭，我们不但无法获胜，甚至连脱身都很困难。"

但是，约翰逊对于自己不想听的情报和信息，从来都充耳不闻。事后他评论道："你们知道情报人员是干什么的吗？这就好比我在得克萨斯州的时候养了一头叫贝茜的奶牛。我常常把它拴在柱子旁，然后搬个凳子坐着挤牛奶。有一天，我不小心使过劲了，挤了满满一桶牛奶，但趁我稍不留神，贝茜就甩起它那条肮脏的牛尾巴把整桶牛奶都弄脏了。情报部门的那些家伙干的也就是这事。当你辛辛苦苦地想出一个好政策时，他们就会像搅屎棍一样从中作梗。"

美军参谋长联席会议继续向约翰逊施压，要求增加美军兵力，扩大轰炸规模。4月份，约翰逊又下令派出4万美军，至此前往越南的美国士兵已达7.5万。他清楚地意识到，一旦美国决定派出作战部队，那么先前的部署就只是杯水车薪，远远不够应对当下的局势。6月，他问参谋长联席会议主席厄尔·惠勒将军，要派出多少军队才能赢。惠勒回答："要想彻底击败对手，需要七八十万甚至上百万美国士兵，并且连续作战7年。"

麦克纳马拉开始向河内放出消息，美国将考虑使用核武器。国际社会一片哗然，麦克纳马拉不得不修正其措辞。

苏联驻联合国大使尼古拉·费德林并不满意，他说道："美国军国主义者并不排除在越南南部使用核武器的可能。看看今天麦克纳马拉先生发表的声明……他只是说，在目前的形势下没有必要使用核武器。也就是说，只要美国认为形势有所恶化，就会使用大规模杀伤性武器。美国为了扼杀民族解放运动不择手段，实在太过分了，它甚至不惜使用核武器威胁全人类的安全。"

他提醒联合国裁军审议委员会的代表，美国有过使用核武器的前科："美国并不排除对亚洲国家和人民进行核轰炸的可能，这已经有过先例，也许在未来几百年里，他们都无法抹杀这种劣迹。"他还谴责美国对越南使用化学武器，他警告美国，他们的子孙后辈都会因为这代人惨无人道、违反国际原则和践踏基本道德准则的行径而"永远抬不起头来"。

1965年5月，以空军中将阮高祺和上将阮文绍为首的南越新政权建立，继一年半之前吴庭艳政权被推翻后，这已是上台的第五任政权了。助理国务卿威廉·邦迪之后说道："新政权几乎对我们毫无保留，他们十分听话。"

阮高祺和约翰逊（背景），阮文绍和麦克纳马拉（前景）。1965年 5 月，阮高祺和阮文绍建立南越新政权。威廉·邦迪后来评价说："新政权几乎对我们毫无保留，他们十分听话。"

阮氏政权承诺秉持民主理念。阮高祺说道："人们总是问我，我崇拜的英雄有哪些。我心目中的英雄只有一位：希特勒。"1967 年竞选之前，他表达了自己对民主的看法："不管当选的人是共产主义者还是中立主义者，我都会用武力制服他。在任何一个民主国家，你有权利不同意他人的观点。"但是，1965 年阮高祺在接受《纽约时报》记者詹姆斯·莱斯顿的采访时也坦承："人民渴望社会正义，渴望当家做主，共产党政权比他自己的政府更能实现人民的渴望。"前军事顾问约翰·保罗·范恩在接手"越战"和谈事宜时，也说过类似的话：

> 越南正在进行一场革命。美国一直支持南越西贡政府，实际上另一阵营的方针、路线、目标更接近我们的初衷……虽然"民

11

族解放阵线"是共产党统治的，但是我相信……他们之所以得到
了绝大多数人民群众的支持，是因为这是越南人民改变命运、改
善生活的唯一希望和机会。如果我是 18 岁的毛头小伙或是一个
贫苦农民，让我在西贡政权和民族解放政权中作出选择，我也会
毫不犹豫地选择后者。

面对窘迫的政治局势，约翰逊及其顾问决定再次增兵。7 月 22 日，
他们再次召开会议，会上他们估计从长远看，这次战争需要 50 万～ 60 万
美国士兵。当然，前提是中国不参战。如果中国加入，那么美军至少还要
再加 30 万。他们一致认为，到当年年底起码需要准备 10 万兵力，到 1966
年 1 月时，再加 10 万，这样也许可以避免因兵力不足而战败。当约翰逊
总统最终不得不向美国人民坦诚，美国将参与一场大规模战争的时候，他
们不禁如释重负。

7 月 28 日，约翰逊发表全国演说。他宣布立即增兵 5 万，这样前往
越南的美国士兵总数就增加到了 12.5 万。因为后续需要的士兵数量不详，
他把草案拟定的每月征兵数从 1.7 万提高到了 3.5 万，但是他决定不动用
储备军。

国会称赞约翰逊的克制，对于他提出的适度增兵计划感到满意。但五
角大楼却炸开了锅，约翰逊故意向美国人民隐瞒"越战"形势，隐瞒美军
的常年作战计划，这种误导公众的行为让约翰逊的顾问们大为震惊。联席
会议主席惠勒解释："我们认为召集储备军比较可取，因为这能让美国人
民清楚地知道我们是在参加一场战争，而不仅仅是一次军事冒险游戏。"

最生气的要数陆军参谋长哈罗德·约翰逊了。哈罗德穿上他最考究
的那套制服，立即出发去白宫会见总统。坐在车上时，哈罗德把肩上的星
级勋章一个个摘下来。但是他很快改变了主意，又把它们一个个别了上
去，然后让司机原路返回——这个决定让他事后懊悔不已。他对一位同事
说："我应该去见总统，我应该卸掉我的勋章，然后辞职。可我临时变卦了，
这是我此生作过的最糟糕、最可耻的决定。"

军队部署稳步增加，约翰逊很快派出了前方需要的 10 万兵力。与此
同时，"民族解放阵线"还在该国国土上书写着所向披靡的神话。

　　对于派出作战部队，美国高层有不少人持反对意见。克拉克·克利福德多次尝试说服约翰逊不要对越增兵，那时候有相当一部分人至少私下里是赞同他的观点的，包括休伯特·汉弗莱、切斯特·鲍尔斯、威廉·邦迪、乔治·鲍尔、约翰·肯尼思·加尔布雷斯、助理国防部长约翰·麦克诺顿、国家安全委员会官员切斯特·库伯、白宫新闻发言人比尔·莫耶斯和副助理国防部长亚当·亚默林斯基等。

　　约翰逊宁可面对一场灾难，也不愿意妥协。不过他并没有按照美军参谋长联席会议提出的迅速全面升级，而是采用了渐进方式。查尔斯·库珀少校是海军作战部长大卫·麦克唐纳上将的副手，他陪同麦克唐纳出席了1965 年 11 月联席会议举行的一次碰头会，会上惠勒将军表达了其对战争局势"极度担忧"，他主张"大规模使用海军和空军力量"，在海防港布雷，封锁越南北部海岸线，轰炸北越与河内。其他军方将领向约翰逊表示，他们赞同惠勒将军的提议。库珀回忆：

　　　　约翰逊简直要气炸了。他开始骂脏话，如"你们这帮该死的混蛋。你们所谓的'军事智慧'实际都是些愚蠢的废话，摆明了想让老子发动第三次世界大战"。他还开始一个个数落："我呸，你这个混账！你指望我相信那些废话吗？我肩扛实现自由世界的重任，而你却试图让我发动第三次世界大战！"他满口脏话，不停地辱骂他们白痴、笨蛋、窝囊废。他的确是在侮辱和诅咒他们。过了一会儿，他的语气终于平静了些："试想一下，如果你处在我的位置上，如果你是美国总统，突然有 5 个无能之辈闯进你的办公室，试图说服你发动第三次世界大战，你会怎么做？"惠勒将军回答："总统先生，我不能替你作决定。这个主意你得自己拿，而且只有你自己能拿……"约翰逊再次暴跳如雷："这个风险实在太大了，你们这帮混蛋，怎么能忽略这一点呢？留你们在这儿简直弄脏了我的办公室！赶紧滚吧！"

　　库珀在采访中强调："我知道，记忆通常会随着时间的流逝而逐步褪色，但这一幕我永远不会淡忘。林登·约翰逊总统那天的反应，我历历在目。"

美国逐步升级对北方的轰炸，扩大攻击目标以增加对河内的压力。约翰逊的顾问们担心这会激怒中国，但约翰逊却认为逐步升级战争的方式能降低中国卷入战争的可能性。他认为：

> 逐步升级对北方的空袭，以及对胡志明逐步施压，这就像是调戏。如果中国对此反应过激，那美国也还有足够的时间悬崖勒马，减少轰炸。相反，如果美国迅速地全面升级战争，全力轰炸北方，那美国就没有了转圜的余地，而中国就会全面卷入战争。

参议员乔治·麦戈文提醒约翰逊，轰炸北方会强烈刺激中国和北越，约翰逊漫不经心地回答道："我正在密切关注他们呢。我每天朝'她'的大腿往上挪一寸……等'她'意识到时，我恐怕已经得手了。"

3

★★★

纳粹式秘密警察战术

美国的军事干涉在各地引发了抗议。1965年3月，密歇根大学的师生联合起来，通宵达旦地举行了一场宣讲会。接下来的几个月，民主社团的学生（SDS）在华盛顿特区举行了反战示威游行，参与人数多达2.5万。

美国高层认为，这些风起云涌的反战运动是由越南共产党的势力煽动的，于是中情局展开大规模的监视和情报搜集活动，试图揪出反战分子。约翰逊要求中情局提供证据，证明有越南共产党势力的参与。中情局立即组建了一支代号为"混乱"的特别行动小组，在美国国内掀起一轮非法监视行动。这一行动整整持续了7年，调查了30万个公民和单位机构，仔细研究了7 200名嫌疑人的卷宗，均一无所获。约翰逊只好斥责中情局局长理查德·赫尔姆斯办事不力。

联邦调查局有个主要监视目标是诺贝尔和平奖得主马丁·路德·金博士，他把美国政府称为"当今世界上最大的暴力革命承办商"。

这时，政府高层官员，如麦克纳马拉等也开始心生狐疑。1967年6月，麦克纳马拉要求中情局评估敌人的兵力，并让国防部官员莱斯利·盖尔博秘密查看和搜集自1954年以来有关这场战争的高度机密文件，即人们通常所说的"五角大楼文件"。后来，当麦克纳马拉读到这份报告时，他对一位朋友说："你知道吗？他们可以眼睁睁地看着人们去送死。"他越来越怀疑，并且把他的疑虑告诉了总统。1967年8月，他终于把约翰逊激怒了，因为他告诉参议员委员会，轰炸北越并不能将河内领导人带到谈判桌上。

约翰逊无法忍受这种背叛。他对助手说："我需要的是忠诚！忠诚！我要让他在大庭广众之下吻我的屁股，然后告诉我它散发出玫瑰般的芳香。我要让他毫无怨言地服从我的命令！"11月，约翰逊将麦克纳马拉调到世界银行任职，这让当时的国防部长很吃惊，更让他料想不到的是，自己也即将被调任。

左图：美国新泽西州新不伦瑞克市的罗格斯大学校园内，学生举行反战集会，彼得·库兹尼克在会上发表演说。越南前方不断有战事升级的消息传来，美国国内的反战运动氛围也随之高涨。

下图：1967年，奥利弗·斯通（中间）应征入伍，成为美国陆军军官，并参加对越作战志愿军，在前线的15个月中，两次负伤。他因作战英勇被授予青铜勋章和一颗周围镶着橡树叶子的紫心勋章。

　　1968 年 2 月，白宫内阁会议室内，垂头丧气的约翰逊和麦克纳马拉。麦克纳马拉向总统表达了他对战争的疑虑，因此激怒了总统。约翰逊对此作出了惊人的回应，将麦克纳马拉调去世界银行任职。

　　至此，肯尼迪时期的官员班底都差不多离任，约翰逊的外交政策也迅速右倾。罗伯特·肯尼迪很早就离职；麦克乔治·邦迪也于 1966 年调任，前去负责福特基金会；政治立场不那么鲜明的迪安·腊斯克倒是留了下来。约翰逊比肯尼迪更加重用腊斯克，但他内心深处又极度鄙视国务院的官僚政治。他对联邦调查局局长 J.埃德加·胡佛抱怨，国务院的官员就是"一帮斤斤计较的娘们儿"，是"一群窝囊废"。腊斯克曾多次提出辞职，其中一次是在 1967 年夏天，他告诉约翰逊，他的女儿要嫁给一名黑人。但他还是陪约翰逊走到了最后，全力支持总统的对越战争政策。

　　尽管腊斯克符合约翰逊心目中的忠诚标准，但很多美国人已经受够了他的邪恶战争论，因为他歪曲战争对美国社会的影响。

　　美国黑人时刻都处在发动叛乱的边缘。几年来，美国各大城市都涌动着一股骚乱的暗流，1967 年夏天，美国人终于打破了原有的沉默。持续两天以上的大规模骚乱多达 25 场，同时还有 30 多场小规模反战运动在全国各地爆发。街头满是大火焚毁的痕迹，地上四处流淌着鲜血。警察和国家警卫队分别在纽瓦克和底特律杀害 26 名和 43 名非裔美国人。

大学校园里到处充斥着激进主义言论。早期的学生激进主义思潮始于 1967 年 2 月，当时媒体刚刚开始揭发中情局猖獗的非法监控和调查内幕，而学生组织则得到了国内外一些所谓"自由组织"的资助。据《堡垒》杂志透露，中情局一直暗中资助全国学生联合会，学生运动因此高涨。《纽约时报》和《华盛顿邮报》又陆续曝光了其他一些受中情局扶持的团体。此外，其他出版物也相继报道，中情局背地里用钱买通有"反共"倾向的教授、记者、救援人员、传教士、工会领导人以及民权活动家等，指使他们干一些见不得光的勾当。文化自由大会、福特基金会、自由欧洲电台和自由电台等机构都名誉扫地。

公众抗议的呼声日益强烈。沃尔特·李普曼指出，在美国人看来，中情局的秘密活动"开始像多余的粪坑一样遭人唾弃"。

《堡垒》杂志的曝光让情报机关的许多官员都不寒而栗，他们害怕中情局的其他行动也会因此受阻。中情局反间谍行动小组由詹姆斯·安格勒顿领导，1954 ～ 1974 年，中情局与一些外国警察、保安部队保持密切联系，还在众多国家积极参与创建反恐部队。根据 2007 年解密的中情局内部档案，安格勒顿痴迷于搜集有关苏联的情报，许多证据显示出苏联的"险恶"用心，表明它热衷于统治、征服、渗透等手段。中情局有个名叫"海外国内安全"的专项，为 25 个国家训练士兵和警察共计 771 217 名，还帮助柬埔寨、哥伦比亚、厄瓜多尔、萨尔瓦多、危地马拉、伊朗、伊拉克、老挝、秘鲁、菲律宾、韩国、南越和泰国等地创建秘密警察组织。很多士兵都在巴拿马的美洲学校受过训练，其中包括后来洪都拉斯和萨尔瓦多敢死队的成员。在艾森豪威尔及肯尼迪时期担任中情局局长的罗伯特·埃默里担心这种建立纳粹式秘密警察的战术会让中情局陷入危险境地。

1967 年 4 月，成千上万的纽约市民走上街头，进行反战游行，军方出动约 52.5 万士兵平息事端。

4
★★★

10万吨炸药换来政治惨败

1968年1月下旬，越南人民军发动大规模火箭和导弹攻击，进犯溪山。美国迅速作出反应，发动了历史上最大规模的一次空袭。B-52轰炸机向北越投下了10万吨炸弹，大量的火箭弹和炸药。越南"民族解放阵线"的一位领导人这样描述B-52轰炸机的破坏力：

> B-52从一公里开外怒吼而来，那震耳欲聋的咆哮声足以让许多丛林里的居民永久失聪。冲击波无情地伤害方圆一公里内的人们。距它半公里之内的建筑物瞬间沦为废墟，柔弱的生命就此掩埋其下。近距离观察，能看到一个偌大的弹坑，足有30英尺（约9.1米）宽，深不见底……最初我见识B-52轰炸机的淫威时，感觉就像世界末日到了一般，惊恐万状。我们的灵魂在尖叫着发出"逃出去"的指令，可我们却无法控制自己的身体。

77天的围攻刚刚拉开序幕，当所有人的目光都投向溪山时，"民族解放阵线"发动了"春节攻势"，打了美国一个措手不及。"民族解放阵线"也因此损失惨重。尽管北越和"民族解放阵线"在军事上未获胜利，但对河内政权及其南方同盟而言，"春节攻势"在政治上却取得了巨大胜利。它挫伤了华盛顿及西贡方面的锐气，使其从盲目乐观转向心灰意冷。美国的宣传口径向来表示，越南战争一定能够速战速决，而且胜券在握，但这种嚣张气焰受到了沉重打击,因为美国人绝望地发现战争远未到结束的时候,而且美国可能无论如何都赢不了。

美国考虑在溪山村使用核武器,再次引发争议。英国首相哈罗德·威尔逊在白宫宴请招待会上猛烈抨击美国的政策太过鲁莽。在接受美国哥伦比亚广播公司新闻节目《面对国家》的采访时,他直言不讳地表示:"任何企图升级战争的做法都是极其危险的……至于使用核武器的提议,更是愚蠢至极。这不但会让美国名誉扫地,而且会让全世界都陷入危机。"

约翰逊终于成功制止了军方的核武器提案。1964~1968 年间担任美军对越战争指挥官的威廉·威斯特摩兰将军事后一直后悔当初没有动用核武器。他在回忆录中写道:"如果华盛顿官员下定决心给河内'释放出信号',哪怕只是透露一下美国可能会使用核武器,这也能对河内造成威慑。"与此同时,美国民众的反战运动再次高涨,联邦调查局在胡佛的带领下千方百计地平息事态,因为联邦调查局有应对民权运动的丰富经验,数百名特工潜入各种反战及新左派团体中。1968 年,联邦调查局的活动升级,特意将新左派团体也纳入他们正在进行的反间谍计划项目中。据教会委员会报道,联邦调查局正在从各大媒体上搜索他们可以利用的"友好消息源"。1965 年,联邦调查局在芝加哥地区已经拥有 25 家媒体资源,在纽黑文有 28 家。中情局也拥有自己的媒体资源。联邦调查局和中情局联手发动一切资源为战争做宣传,将反战论调边缘化,让民众的爱国主义激情降温。

1967 年 10 月,五角大楼前的反战游行。随着美国民众的反战运动高涨,联邦调查局千方百计地平息事态。

　　国务卿迪安·腊斯克正在向总统谏言。随着约翰逊的外交政策日趋右倾，肯尼迪时期的老班底大部分官员都纷纷离职。而腊斯克留了下来，还受到了重用。虽然他多次提出辞呈，但还是陪同约翰逊走到了最后。腊斯克始终支持政府对越南的战争政策。

　　约翰逊和国家安全顾问沃尔特·罗斯托正在研究南越溪山村的地形。"民族解放阵线"进攻该村后，美国发动了史上最大规模的空袭进行反击。一大批 B-52 轰炸机向敌方投下 10 万吨炸弹，大量的火箭弹和炸药。

　　"春节攻势"后，威斯特摩兰要求再次增兵 20.6 万。约翰逊委派即将于 3 月 1 日代替麦克纳马拉担任国防部长的克拉克·克利福德设立特别小组，评估战争局势。他猜想，这位可靠的鹰派高级顾问一定会支持战争进一步升级，但克利福德对此犹豫不决，于是召集两党的"智者"共同讨论。这些资深的政治家讨论了整整两天，迪安·艾奇逊总结大多数人的观点，认为"美国不应该在目前的道路上越走越远，我们应该悬崖勒马，从越南撤出"。对于这个猝不及防的结论，约翰逊十分愤怒，他抱怨道："人人都建议我们投降！""春节攻势"后，约翰逊的民众支持率直线下降。3 月 31 日，他宣布不再参加总统连任竞选。可以说，约翰逊也是这场战争的受害者，但他远不是最后一个。

5

★★★

扶植拉美独裁"走狗"

20世纪60年代，美国的对外政策失误，绝不只是在越南问题上，还有其他许多地方。之前在《时代》杂志担任记者、现任《新闻周刊》编辑的约翰·格拉斯描述了秘鲁的赤贫状况，这是整个拉丁美洲的缩影：

半数以上的人依然生活在落后的小农经济时代，另一半人中，有80%年收入才53美元；全国90%的财富都掌握在大概100个家庭手中，这其中80%的财富又被其中30个家庭掌握。同时，全国有65%的人口是文盲，45%的人从来没看过病。再看首都利马，到处都是带有华丽木制阳台的殖民时期豪宅。利马共有130万居民，其中一半住在鼠患成灾的贫民窟。一个名叫埃尔蒙顿的贫民窟就建造在这座城市的垃圾场里。我到那儿的时候，看到很多孩子光着身子，有些甚至连路都不会走，在垃圾堆里与猪争抢清洁工不小心留下的食物残渣……那些生活在货币经济之外的秘鲁人，靠咀嚼古柯叶缓解饥饿的痛苦，他们平均每天摄入的热量才500卡路里。哪儿有草，秘鲁的安第斯山印第安人就会把羊群赶过去吃那儿的草。如果他们的羊太饿了，开始咬其他羊身上的毛充饥，那么他们就会把羊宰了吃掉。在白人土地上干活的劳工平均每天挣1索尔（相当于4美分），他们白天在田间地头干活，晚上还要在主人的豪宅中为奴为仆。

　　各种社会动荡在南美大陆此起彼伏，美国决策层害怕出现更多卡斯特罗式的革命，于是要求对拉丁美洲地区的军队和警察加强培训，巴西就是其中的典型。

　　一直以来，巴西都是美国的坚定盟友，它也是拉美地区最具有战略地位的国家。巴西是世界第五大国，幅员辽阔，地广人稀，其 7 500 万人口占据的国土面积比美国本土更广阔，而且蕴藏着丰富的资源。1961 年 8 月，巴西总统下台，副总统若昂·古拉特通过民主选举继位。古拉特主张推动经济和土地改革，推进普及民主权利意识，还承认了共产党的合法地位。于是美国开始秘密策划将他驱逐下台。

　　美国采取了一系列破坏措施，还培育了右翼军事势力，企图推翻古拉特政权。《华尔街日报》添油加醋地进行报道，认为古拉特"极度狡猾，且雄心勃勃地想要永久霸占权力，建立一个法西斯国家"。1963 年 6 月，美国切断了对巴西中央政府的所有援助，却增加了对巴西军方的援助。只要是反对古拉特的地方各州，进步联盟就会对他们提供财政资助。美国国家情报评估的一篇报告称："在古拉特的领导下，共产主义及其同情者的势力不断发展壮大，逐步影响巴西政府的决策，这可能最终会导致巴西出现一个极端左翼政权，具有强烈的反美特性。"

　　1963 年 11 月 25 日，约翰逊约见中情局局长麦科恩，他清楚地表示他的拉美政策就像他的对越政策一样，也与肯尼迪时期截然不同。12 月，他任命托马斯·曼恩为美洲事务助理国务卿，负责协调拉丁美洲事宜。在曼恩的领导下，美国彻底卸下了推进改革的虚伪面具。在他看来，拉丁美洲的军事领导人是"一群可造之材"。他认为对拉美进行军事援助比经济援助更加明智，美国的拉美政策恰恰反映了他的偏好。

　　3 月 18 日，在国务院的一次闭门会议上，他向美国所有驻拉美的大使和援助拉美事务的负责人抛出了"曼恩主义"。他表示，判断拉美国家是敌是友，要看他们是否促进了美国的利益，而不是看他们是否促进了自己国家人民的利益。从此以后，美国将不再歧视那些通过军事政变上台的右翼独裁政权。此外，美国将积极保护其在拉美的 90 亿美元投资。一言以蔽之，肯尼迪时期的拉美政策标榜的是促进民主，而约翰逊时期的拉美政策就是赤裸裸地支持"反共"势力。

　　"智者"在白宫内阁会议室开会。1967 年 3 月，根据资深政治家整整两天的讨论，迪安·艾奇逊总结了大多数人的观点，认为美国不应该"在目前的道路上越走越远了，我们应该及时悬崖勒马，从越南撤出"。

　　1968 年 3 月 31 日，约翰逊召开新闻发布会，宣布不再参加总统连任竞选。越南战争断送掉的绝不只是约翰逊的总统生涯。

　　1964年，美国要求古拉特在巴西实施财政紧缩政策，这无疑会导致巴西国民的经济条件更加窘迫。古拉特置之不理，转而推行土地改革，并且控制外国资本。他还在外交上承认了古巴。美国气急败坏地切断了对巴西的援助，试图破坏其国民经济，巴西的通货膨胀率因此飙升。古拉特也不甘示弱，查封了美国在巴西的财产。美国驻巴西大使馆的官员立即教唆巴西右翼势力推翻古拉特的统治。3月27日，林肯·戈登大使敦促麦科恩、腊斯克、麦克纳马拉等高层官员支持巴西陆军元帅卡斯特略·布朗库，"帮助巴西避免一场重大灾难"。中情局立即暗中开展工作。

　　古拉特政府倒台后，戈登立即致电华盛顿，报告声称将军们完成了一场"民主起义"，这是"自由世界的伟大胜利"，它有效阻止了"南美洲全部沦为共和国后将会带来的惨重损失"，为"私人投资"创造了良好的环境。约翰逊向新任助理国务卿曼恩表达了他"最温暖的祝福"，并且称赞曼恩"在宪政民主框架下巧妙地解决了这一难题，而且没有引发内乱"。曼恩对约翰逊说："我希望您能像我一样对巴西目前的局势表示满意。"约翰逊肯定地说道："我很满意。"就在当天晚些时候，腊斯克告诉国家安全委员会和国会领导人："美国并没有策划这次起义，一切都是巴西国内努力的结果。"

　　1962年4月，巴西总统若昂·古拉特在纽约。美国要求古拉特在巴西实施财政紧缩政策，古拉特拒不执行，转而推行土地改革，控制外国资本，还在外交上承认了古巴。最终，美国暗中策动军事政变，推翻了古拉特政权。

巴西新政权上台后,马上宣布全国进入戒严状态,限制国会权力,并且赋予总统至高无上的权力。任何人只要被认定为威胁国家安全,总统就能剥夺他的公民权利。于是,3 位前总统、2 位联邦最高法院大法官、6 名州长、55 名国会成员,以及 300 名政治活跃分子很快就被剥夺了公民权利。4 月 11 日,卡斯特略·布朗库元帅就职。约翰逊告诉邦迪,他想向卡斯特略·布朗库发去贺电,祝贺他就任总统。邦迪警告他,巴西国内刚刚才实施了镇压措施,美国最好避嫌。约翰逊回答:"我知道,但我根本不在乎。我觉得有些人就应该被关起来。"新政权上台第一个月就逮捕了 5 万多人。在接下来的几年中,大量资金从美国国际开发署、世界银行、美洲开发银行和美国大公司等流入巴西。1964 ~ 1966 年,美国国际开发署拨出的赞助款中将近一半是拨给了巴西。残暴的巴西军政权在美元的支持下,整整统治了这个国家 20 年。巴西也一跃成为世界上贫富差距最大的国家。同时,它还是美国最亲密的盟友,时刻准备着对其他拉美国家的进步运动进行军事干预和武力镇压。

秘鲁则出现了相反的情况,政府为了提高贫困人口的生活水平,试图接管国内最大的石油公司,该公司恰好是新泽西标准石油公司的子公司。于是,美国切断了对秘鲁政府的援助,但仍然继续对军方的支持。对照巴西与秘鲁的情况,纽约参议员罗伯特·肯尼迪直言不讳地指出:"进步联盟当时的意思很明确,你可以关闭报社、废除国会、逮捕宗教异见人士……即便你这么做,你还是能够从美国获取源源不断的帮助;但是如果你试图拿美国石油公司开涮,那么你一个子儿都拿不到。"

多米尼加共和国的形势对美国而言又是一个新挑战。约翰逊上任后,马上承认了推翻胡安·博世政权的军政府,而胡安·博世是 1962 年 12 月通过民主选举上台的。1965 年,中层军官、自由主义者和左翼分子联合策动了一场民众起义,想要恢复宪政秩序,让博世重掌政权。起义爆发当天,正好是中情局新任局长小威廉·F. 罗伯特走马上任之日。来自得克萨斯州的罗伯特具有强烈的 "反共" 倾向。约翰逊不顾幕僚们的强烈反对,毅然起用这位退休的海军上将。他的同事在回忆当时的宣誓仪式时这样说道:"总统对他进行了简单的介绍,充分肯定了他的调查能力,认为他是对付赤色政权的不二人选。罗伯特听了这番话后,不禁老泪纵横,泪花从他的脸颊流下，有几滴稳稳地落在下巴的褶皱处。"

　　罗伯特任职不过一年，但已足以把多米尼加的民主搞得面目全非。他对约翰逊说："在我看来，这毫无疑问是卡斯特罗势力扩张的开端。"约翰逊问道："卡斯特罗在那儿部署了多少恐怖分子？"罗伯特回答："8名。"但是中情局备忘录的报告在提到这个数字时，还备注了一句话："目前没有证据显示卡斯特罗政权直接参与了当前的暴动。"罗伯特对此只字未提。约翰逊告诉他的律师安倍·福塔斯："现在只是怀疑与卡斯特罗有关……他们的势力正在向其他地区扩散。也许这是他们整个造反阴谋的一部分，与越南遥相呼应。"

　　1965年美军入侵多米尼加共和国，洪都拉斯军队前去支持美国。多米尼加爆发人民起义，试图恢复宪政秩序，并且让因军事政变下台的民选总统胡安·博世重掌政权。美国派兵镇压了这场起义。

　　麦克纳马拉怀疑这份报告的准确性，但是约翰逊的特别助理杰克·瓦伦蒂警告他："如果亲卡斯特罗分子控制了多米尼加共和国，那么该国无疑将遭受最严重的国内政治灾难。"约翰逊派出2.3万美军干涉多米尼加，另外还有1万美军在该国近海待命。约翰逊向美国民众表示："很多在古

28

巴受过秘密训练的共产党领导，绝不会放过任何制造混乱的机会，他们总是见缝插针，蓄意挑起革命。他们控制了越来越多的地方，很多一开始致力于民主和实现社会正义的革命，迅速被他们利用，最终的革命成果都落入了他们手中……美洲各国不能、不应该，也决不允许西半球再出现另一个共产主义政权。"

苏联驻联合国代表在安理会猛烈抨击美国的军事干涉"严重违反"了《联合国宪章》。他谴责美国所找的借口"肮脏且无耻"，与"纳粹德国时期格贝尔斯及其党羽的所作所为"相比，简直有过之而无不及。他质问道："为什么美国出兵多米尼加共和国显得如此'轻易'，而它出动军队控制本国'种族主义盛行'的阿拉巴马州却总是举棋不定？"拉丁美洲一位外交官指责美国重回"炮舰外交"的老路。

博世谴责美国的宣传"黑白颠倒"，美国的军事干预与苏联入侵匈牙利一样不道德。他痛心疾首地说道："一场民主革命，就这样被世界上最先进的民主国家亲手毁掉了！"即便在美国军队控制了多米尼加后，改革者们也拒绝恢复军事专制政权。邦迪努力协调未果，约翰逊随即派福塔斯前往波多黎各，逼迫博世下台。福塔斯，即后来的美国最高法院大法官，抱怨道："博世这家伙像极了拉丁诗歌中的英雄人物，他始终恪守着该死的宪法。"之后的调查结果显示，叛军中只有不到 50 个共产党员。

6

★★★

印尼政策：不听话就不给糖吃

印度尼西亚是具有重要战略意义的国家，在这点上，很少有其他国家能与之比肩。它由六大群岛和上万个岛屿组成，人口数量居世界第5位，也是穆斯林人口最多的国家。印尼是东南亚海上交通的要冲，出口石油、橡胶、锡等重要资源。1948年，乔治·凯南这样写道："印度尼西亚问题是目前我们与克里姆林宫斗争的最重要议题。北起北海道，南至苏门答腊，我们要在这一带筑起坚固的'反共'堡垒，而印尼位居整个岛弧链的要塞。"1949年，印度尼西亚终于推翻了荷兰殖民者的统治。除了中间偶遭日本侵犯外，荷兰人对这个"千岛之国"进行了长达4个世纪的殖民统治。反殖民运动领袖苏加诺当选总统，并很快成为美国的眼中钉。

1955年，29个亚洲、非洲及中东地区国家召开万隆会议，苏加诺主持会议，并发起了不结盟运动。会议呼吁亚非等国在美苏两个超级大国的冷战斗争中保持中立，支持非殖民化运动，鼓励第三世界国家自主控制本国资源。

时任美国国务卿的约翰·福斯特·杜勒斯对苏加诺可谓恨之入骨。1955年，中情局甚至密谋暗杀苏加诺。中情局副局长理查德·毕塞尔对此供认不讳："当时的确有这个计划。"万隆会议结束后，苏加诺逐步向共产主义集团靠拢，他出访苏联，还从东欧购买武器。在苏加诺组建的联合政府内，印尼共产党开始起关键作用。中情局散布谣言说苏加诺与一名美丽的俄罗斯女郎有染，涉嫌卖国，企图削弱他的势力。中情局甚至还计划播发一段色情视频，找色情演员扮演苏加诺及其情妇。因为很难找到与苏加诺相仿的演员，中情局打算让色情演员戴着口罩拍摄，并把这个口罩寄给苏加诺，色情视频最终有没有拍成不得而知，总之人们没看到过成品。

1957 年，经艾森豪威尔批准，美国中情局积极策划印尼内部军官叛乱。中情局向叛军提供物质支持，还轰炸印尼士兵和平民。5 月下旬，某新闻发布会披露中情局的一名飞行员艾伦·蒲伯在交战中负伤，令美国十分难堪。具有讽刺意味的是，艾森豪威尔曾公开否认美国参与了印尼政变，《纽约时报》也如是报道。

美国导演的这场军事政变似乎与其导演色情视频一样失败。中情局在报章杂志大幅刊登报道，谎称被印尼起义军抓获的该机构受训人员是猎人和寻找异种蝴蝶的科学家。这场拙劣把戏的其中一名受害者叫弗兰克·威斯纳，他是中情局策划理事会秘密服务处主任，他之前已有些情绪不稳定，此刻更是彻底疯了。在被诊断出患有"精神狂躁症"后，他开始接受为期6 个月的电击治疗，之后又被调到中情局伦敦办事处当头儿。政变之后，苏加诺开始大刀阔斧地除掉反对派政党，而且更加强烈地公开反对美国的外交政策，尤其是越南政策。

军事政变失败后，印尼共产党的地位和影响力有了质的飞跃。作为反击，苏加诺进一步加强了印尼与中国之间的联系。中情局则依然坚持推翻这位印尼领袖。毕塞尔把苏加诺和帕特里斯·卢蒙巴一同称为"政坛中两个最糟糕的人……像疯狗……是美国的威胁"。但是肯尼迪却采取了怀柔政策。

1961 年，苏加诺访问白宫，第二年罗伯特·肯尼迪回访印度尼西亚。同时，肯尼迪总统还从中斡旋，帮助印尼及其前殖民者荷兰达成了一项协议，有效规避了两国之间的战争。1961 年苏加诺访美之前，肯尼迪认为，根据罗杰·希尔斯曼的描述，"中情局的确支持了 1958 年的叛乱，那么苏加诺频繁发出的反美言论也是可以理解的"。苏加诺闻讯，对之大加赞赏。他立刻邀请肯尼迪总统访问印尼，并且承诺"以前所未有的最高规格礼待他"。1963 年 11 月 19 日，就在遇刺前 3 天，肯尼迪决定第二年年初出访印尼。

然而，约翰逊再次改弦易辙。当他扬言要封锁对印尼的经济援助时，苏加诺政权针锋相对地回应："别像对待小孩一样对待苏加诺，老是威胁他，如果不乖乖听话就不给糖吃。要是把苏加诺逼急了，他只好说'谁他妈的要你的糖'。"约翰逊才终于有些收敛，他害怕过分削减援助会使得印尼转向共产主义阵营，而且也会损害在印尼投资的美国企业的利益。他决定等待更有利的时机。

1964年10月，全球相继发生了两大令人瞩目的事件。其一，10月16日，赫鲁晓夫下台，举世震惊。其职务由他的两位高级助手接替：勃列日涅夫担任苏共中央总书记，阿列克谢·柯西金任总理。这一消息让华盛顿完全措手不及。苏联经济的持续放缓以及一系列外交政策的失败是导致赫鲁晓夫下台的主要原因，包括他轻率地将导弹运送到古巴，而后又灰溜溜地撤回。人们指责他的对美政策过于软弱。

其二，就在莫斯科传出劲爆消息的同一天，中国在罗布泊试验基地成功爆炸了第一颗原子弹。美国当局对此早有预料。事实上，肯尼迪曾多次试探苏联，看其是否愿意与美国一道对中国的核试验基地进行先发制人的袭击。约翰逊也抵制住了五角大楼要求单方面采取行动的压力，转而试探苏联的意图，以期发动联合攻击。就在两个星期前，腊斯克还提醒公众，中国有可能进行核试验。

但是，当事情发生的时候，说什么都无济于事了。专家估计此次核爆为1万吨到2万吨当量。约翰逊坚持认为中国距离拥有"可靠而有效的武器运载系统"还有很多年。但是美国官员担心核试验的成功会提升中国的威望，中国将以更加积极的姿态出现在东南亚。

中国的成功增强了印尼的信心。1965年，印尼共产党已有350万名党员，成为继苏共和中共之后的世界第三大共产党。备受鼓舞的苏加诺反复宣称印尼可能会在中国的援助下很快试验原子弹。与此同时，印尼国内的激进主义分子反美事件此起彼伏，他们截获了美国在印尼的信息库、洗劫了美国领事馆，还查封了美国德士古石油公司以及属于美国公司的16万英亩（约97万亩）橡胶种植园。这时，美国政府官员决定从中挑拨，迫使印尼军方镇压共产党。美国驻印尼大使霍华德·琼斯认为，策划一起印尼共产党政变败露的事件将是最好的导火索。同年7月，马歇尔·格林抵达雅加达接替他，成为驻印尼大使。格林向华盛顿递交的第一份报告便指出"苏加诺有意扶植印尼共产党"。

1956 年苏加诺总统访问美国。

尼克松会见印尼总统苏哈托。印度尼西亚在美国的支持下屠杀了 50 万～ 100 万印尼共产党员以及大量左翼分子,不久后苏哈托上台执政。中情局事后将此次围剿行动称为"20 世纪最野蛮的大屠杀之一"。

1965 年 10 月 1 日,一群青年军官在总统卫队长的领导下,杀害了 6 名将军。因为他们怀疑这些人受到美国中情局的指使,密谋推翻苏加诺。另外两名将军,即国防部长阿卜杜勒·哈里斯·那苏蒂安和军队战略储备首长苏哈托却成功逃脱。就在前一天，苏哈托领导军队迫害苏加诺的拥护者。但是，苏哈托却指控印尼共产党策划了整起事件。美国副国务卿乔治·鲍尔表示，希望印尼军方"进一步肃清印尼共产党"。美驻印尼大使格林敦促军方领导人采取强有力的行动。美国竭尽全力火上浇油，尽管它拿不出证据证明是印尼共产党所为。新的军方领导人四处散布将军们惨死的照片，声称一切都是共产党所为，他们甚至断定是女共产党员将这些军官处以宫刑，并挖出了他们的眼珠。美国方面也不失时机地煽风点火。之后的尸检表明上述指控都是子虚乌有，但这些谣言已经对印尼共产党造成伤害。

在新领导人的煽动下，暴徒们开始残害印尼共产党及其同情者，《纽约时报》称之为"现代政治历史上最野蛮的大屠杀之一"。印尼极端分子化身为敢死队，常常拿着受害者的头颅在街上耀武扬威。《纽约时报》报道了其中一次事件："大约 100 名共产党员或疑似共产主义分子被赶往镇上的植物园里，等在那儿的是一挺冰冷的机关枪，它对准他们一顿疯狂扫射……一名校长的头颅……夹在柱子上了，被他以前教过的学生把玩着。"事后，美国外交官承认，美国的确向印尼军方提供了一份数万名共产党员的名单，让他们除掉。英国和澳大利亚又增加了不少名单。美国驻印尼大使馆官员罗伯特·马顿斯却固执地认为："这确实有效地帮助了印尼军方。他们也许杀害了许多人，也许我的双手也沾满了鲜血，但这并不全是坏事。在某些关键时刻，你必须采取非常手段。"美国大使格林坦承，美国情报机构所掌握的有关印尼共产党的信息要比印尼军方所掌握的更加全面和翔实。美国国务院的印尼专家霍华德·费德施皮尔表示："当时根本没人在乎，只要他们是共产党员，他们就会惨遭毒手。好像没人对此感到愤慨。"美国与印尼军方建立亲密关系的努力终于有了成效。印尼总参谋部的 1/3 高级将领，以及近一半的军官都曾接受过美国的训练。当参议院质询时，麦克纳马拉为美国介入印尼事件作出辩护，他向听众保证，美国的援助"事出有因"，而且终将带来可观的收益。

在接下来的几个月里，印尼军方开始大规模屠杀共产党员和左翼分子，死亡人数多达 50 万～ 100 万，所用武器多由美国提供。另外还有约 100 万人锒铛入狱，有些甚至被关押长达几十年。麦克乔治·邦迪对约翰逊说道："10 月 1 日之后发生的事件足以证明美国的政策是明智的。"

苏加诺的势力大大削弱，1967 年他被迫下台，由苏哈托接替。美国大资本家终于松了口气。1965 年 12 月，美国驻雅加达使馆致电华盛顿，声称"印尼政府多年来一直施压，要消除外国公司直接控制和采掘原材料"。如果没有这次政变，"清剿外国石油公司必是板上钉钉之事"。大屠杀之后，很多外商开始趁火打劫，右翼分子石油大亨 H.L. 亨特就是其中之一。亨特宣称，印尼是美国在冷战期间的对外政策的唯一亮点，他还把推翻苏加诺称为"'二战'后自由世界最伟大的胜利"。1968 年下半年，国家情报评估对印尼的分析报告指出：

> 苏哈托政府经济政策最基本的组成部分就是重新吸引外资。许多矿藏、房地产及企业在苏加诺时期被国有化了。现在，约有 25% 的美国及欧洲公司已经恢复了对这些资源、产业及企业的控制。此外，印尼还通过立法吸引新的外国私人资本。
>
> 新政府提供税收优惠政策，允许外国公司控制企业经营和管理权，利润可汇回本国；如果公司被收购，政府保证提供相应的赔偿等。外国私人资本在采掘业的投资前景十分光明……目前已经有大量外国资本投入开发镍、铜、铝矾土和木材等资源。所以不论从外国资本的收益和印尼本国的经济发展看，最有前途的行业是石油开采。原油生产主要来自中苏门答腊的加德士 5 号油田，目前那儿日均产油 60 万桶，而且其日均产量在未来 3 年内极有可能突破 100 万桶。

1968 年，美国中情局承认，从死亡人数看，印度尼西亚的"反共"运动是 20 世纪最惨重的大规模屠杀之一。美国驻印尼大使格林在参议院外交关系委员会的一次秘密会议上透露，根本没人知道实际死亡人数："我们只是根据村庄的人数减少情况进行了推算。"

苏哈托及其他军事政权对印尼进行了长达几十年的独裁统治。这期间，尽管该国自然资源丰富，但多数百姓依然长期陷于贫困。就连多年来对苏哈托从不吝于溢美之词的《纽约时报》也在 1993 年报道了这样一个惊人的事实："那时候，印尼人日均收入只有 2 到 3 美元，最基本的饮食起居在他们眼中都成了奢侈品。"然而，1965年以后，在美国经济顾问的献计献策及印尼军事独裁政权的保驾护航下，印尼的商业投资环境极其优渥，美国公司因此得到了繁荣发展。

顽固虚荣、粗鄙短视的约翰逊化身为狂热的"反共"分子，他的"反共"印记在越南、印尼以及世界其他许多地方随处可见，他甚至因此牺牲了成为一名伟大的国内政治改革家的梦想。1970年，当约翰逊回首往事时，他告诉历史学家多瑞斯·科恩斯，自己面临着痛苦的两难选择，最终牺牲了"我真正所爱的女子——'伟大的社会'，而陷入了世界另一端那场该死的战争中"。但是，他进一步解释道，如果自己不那么做的话，他就会被世人嘲讽为"懦夫"，美国也会授人以柄，被称为"绥靖主义国家"。约翰逊声称，自己作出决定时清醒地知道这对他意味着什么，也从历史中清楚地了解到战争会摧毁一个伟人的希望和梦想：

> 我已经料到接下来发生的事了。历史上有太多前车之鉴，战争的号角一旦吹响，就会立刻毁掉许多伟大改革者的希望和梦想：美西战争让民粹主义思潮走向末路；"一战"让伍德罗·威尔逊的新自由主义幻灭；"二战"让罗斯福新政终止。战争一旦打响，国会中的保守主义者就会以它为武器攻击我们建设"伟大社会"的构想……他们总是说，他们反对我的计划，并不是因为他们反对穷人，而是因为要想实现计划，必须得先发动战争。我们先要打败无神论的共产主义分子，然后才能关心那些无家可归的美国人。至于军方人员，他们也喜欢战争。对他们而言，没有战争就很难成为英雄。英雄需要战斗，需要炸弹、子弹，只有硝烟才能成就英雄本色。所以我才不信任军方人员。他们评估事情的视角总是那么狭隘，他们只从军事角度看待一切问题。

当他终于走到十字路口时，约翰逊作出了一个抉择，这个抉择足以影响他的功过以及他所领导的美国军队的荣辱。他痛心地说道："放弃'伟大社会'是一个可怕的决定，但是不参战就意味着美国向共产主义势力投降，这才是最糟糕的梦魇。"

1968 年 7 月，约翰逊听着一盘从越南传来的磁带不禁心烦意乱起来。他放弃了曾经建设"伟大社会"的承诺，以自己的政治前途和美国的命运做赌注，展开对越战争。

有人说，美国在越南丛林中丧失了它的灵魂。如果真是这样的话，那么它必将付出更为惨痛的代价。尽管约翰逊一再努力，美国依然难逃战争败局，这同时也宣告了美国社会和政治改革黄金时代的终结。美国曾自诩拥有丰富的枪支和黄油，事实证明，它只兑现了前者。战后，美国极速繁荣的脚步由此放缓，甚至一度陷入停滞状态。

第 2 章

尼克松和基辛格
当"疯子"遇上"神经病"

尼克松秘密计划使美国摆脱"越战",所谓"计划"竟是把对方打到投降为止!为令对方就范,他责令美国空军出动 B-52 轰炸机靠近苏联领空。他万万没有料到,此时正值中苏关系紧张,苏联将尼克松的挑衅行为误解为美中联合对付苏联!当"疯子"遇上"神经病",报复性政策一发不可收拾。

THE UNTOLD HISTORY OF THE

UNITED STATES

7

★★★

开启报复性政策时代

　　理查德·尼克松和亨利·基辛格这对风云组合几乎主导了一个时代，在这点上，鲜有其他组合能望其项背。他们的勇敢举措让世界向和平迈进了一大步。与此同时，他们也开启了一个残酷的报复性政策时代，其遗留的恶果远超他们带来的福音。与其他高层组合相比，他们显得独树一帜。基辛格觉得尼克松"性格古怪、不好相处，总是一副紧张兮兮的样子，有些虚伪做作，而且讨厌见陌生人"。尼克松确实很讨厌其他人，这让基辛格觉得很奇怪，为什么这么孤僻的人"竟成为一位政治家"？与尼克松共事多年的白宫办公厅主任鲍勃·霍尔德曼说："他从来没把我当自己人，甚至没把我当人类看待……至今为止，他根本不知道我有几个孩子，也不知道我的其他私事。"

　　尽管基辛格和尼克松深知对方是自己功成名就的有力推手，但是他们私底下相互鄙视，甚至不时用言语中伤彼此。基辛格背地里轻蔑地称尼克松为"疯子"、"我们那位喝醉的朋友"、"笨蛋"，但当面却极尽阿谀奉承之能事。尼克松把基辛格称作"犹太小子"，认为他是"神经病"。但至少有一点，他们是共通的：这个"疯子和神经病组合"都将美国视为全球霸主。尼克松评价伍德罗·威尔逊是"20世纪最伟大的总统"，因为威尔逊以"最宏观的视野定位美国的国际角色"，他声称美国是世界的救世主。基辛格也持类似的看法："美国的历史经验让我们对自身以及自身所干的事业有着超乎寻常的认识，它们超越国界，具有普世价值，惠及全人类的福祉。

只有将视野超越国界，美国自身才具有意义。所以美国人将他们所扮演的世界角色视为自身优雅内在的外化形式。"然而，尼克松和基辛格都没有意识到，美国在行使这种权力时，应该注意最起码的礼节。

　　劳伦斯·伊戈尔伯格与基辛格共事多年，在他看来："基辛格主张权力制衡，他坚信稳定论，而这些目标似乎又与美国经验背道而驰。美国想设立一套道德准则。基辛格对美国的政治体制并不感冒，他的理论的逻辑起点与美国固有政治体系的基本价值和前提假设并不一致。"尼克松和基辛格后来经历了截然不同的命运，尼克松因困于琐事、唯利是图、满腹猜疑和野心勃勃而变得声名狼藉，而基辛格虽然也有诸多缺陷，却获得了诺贝尔和平奖。但是，世人对基辛格犯下"战争威胁罪"的指控一直困扰着他的余生。

尼克松和基辛格在白宫南草坪。他们私底下相互鄙视。与许多高层组合相比，他们显得特立独行。他们的勇敢举措让世界向和平迈进了一大步。但同时，他们也开启了一个残酷的报复性政策时代，给世界造成的阴影远超他们带来的福音。

　　1968 年是整个 20 世纪最不寻常的年份之一，美国乃至整个世界的上空都弥漫着变革的硝烟。这一年的美国总统竞选，把人们的目光带到共和党候选人理查德·尼克松和民主党候选人休伯特·汉弗莱身上。汉弗莱在约翰逊时期担任副总统，多年来谄媚地捍卫总统的对越政策，这影响了他在选民心中的形象。令人惊讶的是，半路杀出个程咬金，一个种族隔离主义者，即阿拉巴马州州长乔治·华莱士决定独立参选，他请已经退役的柯蒂斯·勒梅出山，作为他的竞选搭档。就在大选前不到一个月，民调显示他的支持率高达21%。华莱士宣扬法治，这赢得了广大白人选民的共鸣，因为他们一直担心贫民叛乱、校园混乱和犯罪率上升的社会问题。

1964年，战后婴儿潮时期出生的孩子大都已进入大学。他们朝气蓬勃，怀揣强烈的理想主义。在民权主义的影响下，他们对冷战不屑一顾，青年学生的抗议活动迅速席卷全国。1968年4月，哥伦比亚大学的学生占领了几栋教学楼，以抗议学校对周边黑人社区的歧视性待遇，他们还反对学校对国家军事研究提供支持。校长格雷森·柯克控诉道："我们绝大多数的年轻学生似乎反对一切权威，他们投向了悸动喧嚣的初级虚无主义的怀抱，而这种思潮的唯一目标就是破坏一切。不同年代的人的想法存在难以逾越的鸿沟，甚至还蕴藏着潜在危险，这在我国历史上前所未见。"

柯克对代沟问题的阐述无疑是正确的，但是他对虚无主义的指控，与真相相去甚远。8天以后，纽约出动警察，硬闯教学楼，把抗议者拖了出来。800名学生被捕，另有1 000多人受伤。尼克松对抗议活动如是评价："这场革命试图占领美国高校，并将校园变成激进主义者的堡垒，以实现特定的政治和社会目标。"纽约警察的残暴袭击恰好印证了激进派学生的观点：一旦形势需要，美国官员就会用暴力对待自己的公民，就像他们为了保卫美国的地缘政治利益及美国企业的海外利益而在越南和印尼所干的那些勾当一样。

此起彼伏的学生运动和工人运动在全世界各个工业国家里引起连锁反应，布拉格、巴黎、东京、西柏林、图灵、马德里和罗马都发生了大规模示威游行。在墨西哥城，美国甚至出动警察和军队屠杀了数百名抗议学生。在美国，反战运动大大挑战了民主党的神经，他们开始支持罗伯特·肯尼迪和尤金·麦卡锡。6月，肯尼迪在加利福尼亚初选获胜后不久便遇刺身亡，民主党又把希望寄托在汉弗莱以及他那索然无味的"欢乐政治"上。8月，反战代表和1万名抗议者在芝加哥民主党全国代表大会会场门前集合。等着对付他们的是全副武装的1.2万名芝加哥警察、6 000名国民警卫队士兵和1 000名联邦调查局特工。另外还有7 500名美军士兵被派往黑人社区进行巡逻。电视画面显示，警察挥舞着手中的武器，不分青红皂白地袭击抗议者、围观群众和媒体，事后某权威机构将这次事件称为 "警察暴动"。

　　1968 年 8 月，芝加哥民主党全国代表大会会议门口发生了一起大规模抗议事件。警察挥舞着手中的武器，不分青红皂白地袭击抗议者、围观群众以及在场的媒体，这次骚乱被某权威机构称为 "警察暴动"。

　　令人震惊的是，居然有 2/3 的公众支持警察而不是同情抗议者。尼克松把这部分美国人称为 "沉默的大多数"，并且在总统竞选中利用这部分人大做文章，最终以微弱的优势击败了汉弗莱。约翰逊本以为民主党全国代表大会会议陷入僵局后，最终会请他出面帮忙，但这次警察暴动抹杀了他最后一丝希望。然而，他依然密切关注着会议进程，对于汉弗莱迫切想要达成的对越纲领，他故意从中阻挠。克拉克·克利福德把对越纲领难产称作 "汉弗莱的灾难"。汉弗莱一直静观其变，直到 9 月底，他才让自己慢慢地避开约翰逊那个臭名昭著的越南政策。但是，尼克松声称自己有个秘密计划可以帮助美国迅速从 "越战" 脱身，不过他拒绝过多地透露具体细节。事实上，据国防部长梅尔文·莱尔德所说，这个所谓的 "计划" 不过就是一项把北越打到投降为止的战略而已。

1968 年参加总统竞选的尼克松。他巧妙地利用了反战抗议者的愤怒，声称美国"沉默的大多数"公民也爱国，只不过因为种种原因，他们的声音被反战运动淹没了，他还表示自己有一个能结束越南战争的秘密计划，最终尼克松以微弱的优势击败了休伯特·汉弗莱。

　　总统竞选接近尾声之时，约翰逊启动了之前一度陷入僵局的和谈，命令美军停止轰炸，努力将河内带回到谈判桌前。尼克松担心这个"十月惊奇"会扰乱他的如意算盘，于是派"二战"美军名将陈纳德的夫人陈香梅作为他的代表，接触南越政府。约翰逊很快对她进行监视，10 月底，他发现陈香梅暗中唆使南越总统阮文绍退出谈判，因为尼克松将应允他更优厚的条件。约翰逊认为尼克松这种做法是叛国行为。但是苦于没有证据，怯懦的汉弗莱拒绝揭发尼克松的诡计。白宫助手约瑟夫·卡利法诺在接受采访时说道："约翰逊暴跳如雷。"约翰逊认为，不揭露尼克松的"叛国罪"是"世界上最愚蠢的事"，它证明了汉弗莱"软弱无能、缺乏胆识"，也让汉弗莱与总统宝座失之交臂。

　　距离总统竞选不到一个礼拜之时，南越总统阮文绍及副总统阮高祺果然退出了停战谈判，这就决定了汉弗莱落败的命运。几年后，陈纳德的夫人陈香梅，即尼克松时期女共和党人的主席，承认了她在越南问题上扮演的角色。实际上从发现陈香梅的举动到大选之前，约翰逊几乎放弃了对汉弗莱的帮助，因为他觉得尼克松更有可能继承他的越南政策。约翰逊害怕，一旦汉弗莱上台，他会不惜一切代价在越南寻求和平。约翰逊甚至还让中情局窃听汉弗莱的电话，如果汉弗莱打算公开反对战争，他就能提前得到消息。

当然，尼克松还有另一个重要信息源，那就是亨利·基辛格。这位哈佛大学教授曾是共和党初选时，尼克松的劲敌纽约州长尼尔森·洛克菲勒的贴身竞选顾问。尼克松赢得竞选提名时，基辛格冷笑着说道："这人是个祸害，他绝对不能当选，否则对整个国家而言，将是一场灾难。"他对周围的人说："那个人根本不适合当总统。"尽管如此，基辛格还是暗中向尼克松提供巴黎和谈的消息，因为当时尼克松正试图破坏这场谈判。10 月初，当巴黎和谈取得重大突破，成功制止了一场可能发生的轰炸时，他警告尼克松："在巴黎的美国代表恐怕正在开香槟庆祝呢！"

与此同时，基辛格也不断讨好汉弗莱及其竞选团队。他告诉兹比格纽·布热津斯基："你看，我向来瞧不起尼克松。"他还主动向汉弗莱提供洛克菲勒用于"抹黑"尼克松的材料。汉弗莱天真地认为，基辛格对他忠心耿耿，甚至透露如果他成功当选，打算任命基辛格为国家安全顾问。

尼克松似乎对内政提不起多大兴趣，在他看来，处理这等烦琐无聊的杂事犹如"在皮奥里亚建厕所"那般毫无挑战性。他的国内政策多半是善于迎合的温和派，而非疏远顽固的保守派，他更愿意在外交政策上有所作为。他和基辛格决定绕过国务院那些"成事不足的笨蛋"，由白宫直接掌控外交政策。尼克松正是按此目标选择国务卿，他任命律师威廉·罗杰斯为国务卿，罗杰斯告诉尼克松他对外交政策知之甚少。尼克松坦率地表示，"正是因为他对外交政策不了解，他才适合担当此任"。基辛格几近崩溃地说道："几乎没有哪位总统会因为认定一个人对外交政策无知而选他当国务卿的。"基辛格成功架空了罗杰斯，使他对一些关键情报和决策毫不知情。事实证明，"尼克松—基辛格"的外交政策少了许多意识形态色彩。尼克松在 1967 年宣称："对于广大亚、非及拉丁美洲等背景与我们截然不同的国家和人民来说，美式民主并非最好的政府政治形式。"他建议基辛格忽略非洲。他说道："亨利，把那些'黑鬼'留给比尔·罗杰斯去处理吧，我们集中精力对付世界其他地区。"

8
★★★

"越战"胜负关键：谁耗得起时间

在新旧总统过渡时期，基辛格委托兰德公司制定一整套对越政策。兰德公司把这项任务交给丹尼尔·埃尔斯伯格，他刚刚暗中帮助罗伯特·麦克纳马拉完成了有关美国卷入"越战"情况的秘密研究报告，也就是后来名声大噪的"五角大楼文件"。在起草对越政策时，埃尔斯伯格没有把动用核武器列入其中，没有把它列为基本项或制胜选项，因为他认为美国根本不可能在对越战争中取得胜利。

埃尔斯伯格在他的第二份报告，即《国家安全研究备忘录第 1 号》（*NSSM1*）文件中，提出了一系列问题。美军参谋长联席会议主席作出回应，认为对美国来说最好的选择是在 8 ~ 13 年内控制南越，当然这可能要付出金钱和生命的沉重代价。面对这种预期，尼克松决定迅速让美国从越南脱身，但他强调要"体面"地结束战争，即便这个过程可能意味着美国会失去一些在东南亚地区的利益。

当时卷入"越战"的美军已多达 54.3 万人，尼克松逐渐改变策略，把美军直接参与战争改成美军训练越南士兵，并向越军提供军火。与此同时，他还安抚河内，这种策略的转变并不意味着美国动摇了参战决心。起初，他先加强了在南越和老挝地区的轰炸，到 1969 年 3 月，他又开始轰炸北越在柬埔寨的根据地。

尼克松此举是为了显示自己并不想受现状的束缚，而且必要时他甚至会采取非常手段。1968 年，尼克松在向鲍勃·霍尔德曼解释他的"疯子理论"

时，着重强调了核威胁的作用。人们很难判断尼克松到底是不是在虚张声势，因为当时他还只是副总统。听尼克松谈了有关核武器问题的讲话后，J. 罗伯特·奥本海默回去便告诉一位朋友，他刚刚"见了一位有生以来见过的最危险的人"。事实上，尼克松曾支持利用原子弹轰炸奠边府使法国从奠边府战役中脱身。

　　1970 年正在接受美军训练的南越士兵。1969 年 4 月，尼克松通过了从越南撤军的计划，转变成美军训练越南士兵，并向越军提供武器。如果这种方法不奏效，尼克松决定打出"疯子"牌，即威胁北越，美国将动用核武器。

　　尼克松政府害怕轰炸柬埔寨会引发大规模的公众抗议，于是精心设计了一套双重目标报告系统，用于毁灭证据。每天下午，负责美军在越南边境和空军基地雷达配置点的哈尔上校都会收到一个替代轰炸目标，然后交给他的飞行员们，这些飞行员之前都签过保密协议。也就是说，无论是发出袭击号令的无线电操作员，还是登陆军情报告系统的情报官员都不知道最初拟定的对越轰炸目标其实是个烟幕弹。哈尔知道这种做法违反了《军事法》，最终于 1973 年向国会报告了此事。

　　1969 年 4 月，《纽约时报》曝光了美军轰炸柬埔寨的行动，基辛格狠狠地骂莱尔德是"狗娘养的"，并且指控他泄露了消息。尼克松也对此怒不可遏，他命令联邦调查局局长胡佛对基辛格的 3 名高级助手、1 名国防部官员和 4 名记者进行窃听和监视。之后，被监控的人越来越多。

尼克松担心自己的轰炸和威胁战术无法迫使"民族解放阵线"和北越乖乖就范，于是就和基辛格商定发动一场严厉的攻击。尼克松故意瞒着莱尔德，让海军作战部长托马斯·穆尔上将秘密起草了一份"钓鸭行动"作战方案。基辛格通知国家安全委员会特殊委员会成员负责评估这份方案。他说："我不相信就凭北越这点儿兵力，他们就没有什么可以攻破的软肋了。你们这个小组一定要好好研究，看看我们应该如何对他们发动一次决定成败的残酷袭击。你们要抛开成见，认真评估和研究。"

罗杰·莫里斯是规划小组的研究协调员，他看到方案选定了北越的两处地方作为空中核轰炸目标。他注意到："报告中频繁提及'残酷'这个词……要坚持不懈地'残酷'打击北越，让他们乖乖就范。"海德曼告诉总统特别顾问查尔斯·卡尔森："1969 年春天和秋天，基辛格一直在游说议员，希望他们支持对越实施核打击。"莱尔德指出，核威胁"一直是基辛格主张的一项方案"。即便不使用核武器，"钓鸭行动"也已经够残酷的了。里面的方案包括入侵北越，对河内、海防地区实施密集轰炸，捣毁海防港，轰炸北越的防护堤，从而切断他们的粮食供应。8 月初，基辛格与越南方面在巴黎秘密会晤，他向对方发出了最后通牒："如果到 11 月 1 日为止越南和平解决方案还没有重大进展，那么我们将被迫采取措施，后果必将不堪设想。"10 月 2 日，基辛格向尼克松发送了一份最高保密级的备忘录，里面写道："我们必须准备好，采取一切可能的手段……要对河内方面造成压力，我们决不能手软，必须采取残酷行动。"

9 月下旬，基辛格与苏联驻美大使阿纳托利·多勃雷宁约定会面，他故意安排尼克松总统中途给他打来电话。基辛格接完电话后，紧张地对多勃雷宁说："很遗憾，我们为了把双方带到谈判桌上而进行的努力全都失败了。总统刚刚在电话中告诉我，火车已经出站，沿着铁轨开走了。"

值得庆幸的是，火车又倒回了车站。因为莱尔德和罗杰斯极力反对，以及考虑到大规模袭击不一定有效，再加上美国国内的反战运动，尼克松最终决定取消"钓鸭行动"。他解释说："我的最后通牒要想获得成功，唯一的希望就是让共产党势力相信，如果他们敢于跟我叫板的话，我可以获得百分之百的国内支持与他们抗衡。但就目前的形势看，反战运动席卷各地，这也意味着我获得民众支持的希望也越来越渺茫了。"但尼克松依然不顾一切地宣扬自己的坚定决心。

1969 年 10 月 13 日，尼克松向美军秘密下达核警报。全副核武装的空军战略轰炸机被部署到各大军事基地和民用机场，随时待命。32 架 B-58 战机，144 架 B-52 轰炸机以及 189 部 KC-135 加油机都已整装待发。

尼克松此举是向苏联释放信号，让他们向河内方面强烈施压，劝其回到谈判桌上。莱尔德认为，此举对越南而言纯属徒劳，而且万一苏联误读了美国的意图，后果将不堪设想。威慑不成，美国又于 10 月 25 日进行战略升级，在更多的飞机上装载了核武器，并将它们停放在空军战略基地的跑道上。第二天，美国空军出动装载核武器的 B-52 轰炸机在极圈上空盘旋，有意靠近苏联领空。其实此时苏联与中国关系紧张，而美国领导人却对此浑然不知。当时苏联甚至还试探美国的意图，看其是否愿意联起手来，先发制人地打击中国的核设施，这可是近 10 年前肯尼迪和约翰逊的夙愿。就在这时，中国紧急调动了近 100 万兵力，准备动用核武器应对苏联袭击。于是，苏联将尼克松的挑衅行为理解成美中联合对付苏联，而不是美国对越政策的战略升级。

莫里斯后来承认，"钓鸭行动"的确太过草率："多年来，美军参谋长联席会议一直想要出台这套方案，其实是想速战速决，只可惜这不是一场能够速战速决的战争……这是军事和政治上的双重惨败，它实实在在地在五角大楼发生了。坦白说，那里有许多不懂军事的人在制定军事方案。"连鹰派人士爱德华·泰勒也觉得核轰炸方案并不"理性"。他在接受采访时表示："只有少数傻子（他们真的是傻子）才会建议对越南使用核武器。"

尼克松开始全力镇压 10 月及 11 月的反战游行。白宫散布谣言，声称有共产党员混入反战活动。各种支持战争的团体在白宫的组织下纷纷站出来，谴责反战集会和游行。反战团体的渗透活动进一步加强。另一方面，国会中的反战代表也成了众矢之的。四面楚歌的总统还试图安抚反战运动，他宣布进一步撤军计划，暂停征兵计划，还解雇了义务兵役委员会负责人路易斯·赫尔歇。赫尔歇曾声称征兵处要对应召人员的抗议记录进行审查，他也因此成为激进分子的矛头所向。

1970 年 11 月，一枚炸弹在柬埔寨奥达尔（O Dar）爆炸。从
1969 年 3 月起，尼克松和基辛格就开始秘密轰炸柬埔寨。用尼克松
的话说，他们要"派驻地面部队，把柬埔寨炸个底朝天，而且一切
行动都要神不知鬼不觉"，瞒着国会和那些"反战分子"。

然而，尼克松镇压反战活动的努力似乎收效甚微。10 月 15 日，全国
有近 200 万公民走上街头进行抗议。尼克松回忆道："尽管表面看来，我
可以不理会国内不断高涨的反战运动，但我不得不面对这样一个事实，这
些运动可能会破坏我对河内下达的最后通牒的效力。"

美国社会对战争及相关问题的认识更加偏激，有人甚至提议发动国内
战争。大学校园是这股思潮的最前线。

游行示威、集会、罢课、罢工等运动在各大高校风起云涌，政府和行
业代表都把高校当成必须攻克的堡垒。

激进分子谴责科学伦理的沦丧，致使国家进一步深陷战争的泥潭。反
对战争的科学家往往成为抗议活动的先锋。科学发展协会是美国最大的科
学团体，拥有 10 多万成员。1965 年 12 月，该协会通过了"反战决议"，
成为美国国内首个产生并通过反战声明的学术团体。决议声明：

越南战争的无限延长，为人类带来了深重的灾难，不仅使无数生命因此陨丧，还摧毁了我们一直渴望建立的人道主义价值观和目标……除此之外，我们深知，作为科学家，我们有责任告诉广大公民，目前围绕战争正在如火如荼进行的科学研究，将使我们付出更惨痛的代价。像所有学科一样，如果资源被无止境地用于军事目的，那么科学不但无法蓬勃发展，甚至还有可能遭到严重破坏。

接下来，科学家们反对的呼声更是甚嚣尘上。1966 年 1 月，哈佛大学、麻省理工学院及其他科研机构的 29 位科学家发表联合声明，谴责美国在战争中使用化学药剂摧毁农作物的做法。这份声明由哈佛大学生物化学家约翰·艾德索牵头起草，声讨美军"野蛮使用"化学武器。科学家们指控："事实上，我们现在的做法令人震惊，它显示了我们道德标准的沦丧，也挑战了人类文明的发展。这种做法会让我们在亚洲和世界其他地区埋下仇恨的祸根。"美国科学发展协会敦促麦克纳马拉立即停止喷洒化学药剂，约翰逊也收到一份来自 5 000 多位科学家的联名请愿书，其中不乏诺贝尔奖获得者，他们都要求约翰逊收手。

1967 年 4 月，美国科学发展协会主办的杂志《科学》报道，国防部陷入人才困境，很难招募到科学家进行军事研究。斯坦福大学前国防研究员哈罗德·亚当斯解释道："学术界对越南政策已经心生厌恶，学者们更愿意成为救星，而不是送大家去鬼门关。"接下来的几年中，科学家总是频繁使用"救星"和"送死"这两个比喻，以此来表达他们对军事研究的厌恶之情。

1968 年 4 月，约翰逊宣布不再寻求总统连任竞选，于是科学家们开始纷纷支持反战候选人尤金·麦卡锡。5 月，支持麦卡锡的科学家和工程师团队正式成立，拥有 500 名交纳会费的会员，其中包括逾 115 名美国国家科学院的著名科学家和 12 名诺贝尔奖得主。汉弗莱的支持者万分沮丧，他们坦承已经放弃了努力，不再尝试组建科学家的支持团队。至于共和党方面，理查德·尼克松和尼尔森·洛克菲勒都没有作这方面的打算。

1969 年 1 月，麻省理工学院的毕业生和在校教职工呼吁国家全面停止原定于 3 月 4 日进行的重点军事研究工程。他们提醒公众："科学和技术知识一经滥用，就会成为全人类的主要威胁。"近 30 所高校陆续加入声援。由麻省理工学院开始的事件掀起了全国反战运动的最高潮。一个又一个演讲者强调，科学家需要为他们所从事研究的社会后果担负起责任。哈佛大学的生物学家乔治·瓦尔德在演说中说道："政府的真正使命应该是保护生命，但我们的政府却在全力以赴地让大家去送死。作为科学家，我们选择生存，而不是死亡。"这场演说激情澎湃，《波士顿环球报》甚至撰文称之为"这个时代最重要的演讲"。

这年春季发生的一系列事件加剧了公众对科学的怀疑，斯坦福大学的应用电子实验室被群情激愤的民众占领了长达 9 天，人们对于美军使用生化武器的愤怒日益增加，在强大的国内压力之下，尼克松政府只好宣布暂时停止对越南部分地区使用生化武器。

同时，尼克松对越南的威胁继续升级，但是莫斯科和河内方面都没有拿它当回事。北越外交部长阮基石说他读过基辛格的书。"基辛格说过，如果能让敌人把我们的假意威胁当成真的，那就成功了。如果我们发出真的威胁，敌人却把它当成假的，那是莫大的失败。我告诉基辛格，'不管是真是假，我们越南人都不介意，我想这应该属于第三种情况'。"基辛格曾说过在 8 月份对越南下了最后通牒，但阮基石推翻了这一说法："基辛格从未在秘密会谈中威胁过我们。因为如果他威胁我们，我们肯定会抵抗，会停止谈判。他们也威胁不了我们，因为我们知道他们不会永远待在越南，但是我们越南政府必须永远留在越南。"

阮基石明白了一个美国领导人从未明白过来的基本道理：越南战争胜负的关键在于看谁能耗得起时间，它并不是一场关于领土或兵力的较量。美国疯狂地进行大规模破坏性打击，它的确赢得了每一场主要的战斗，但它不可能赢得这场战争。时间是站在越南人这一方的，越南不需要打败美国，只需拖着它就行。也许，越南人会为争取独立和自由付出惨痛的代价，但胜利终究是属于他们的。北越名将武元甲回忆道：

> 我们赢得了这场战争，因为我们宁死也不愿遭人奴役，苟且偷生。历史已经证明了这一点。越南人民最渴望的就是民族自决。

正是这种意念，让我们在面对强大敌人时始终满怀毅力、勇气和创造力。

从军事力量看，美国人的确比我们强许多倍。但他们与法国犯了同样的错误，他们低估了越南军队抵抗外敌入侵的决心。当美军发起空袭时，胡志明主席说："美国可以派遣成千上万甚至几百万的士兵侵犯我国，这场战争也许会持续 10 年、20 年，甚至更长时间，但我国人民会坚持不懈，与他们战斗到底，直到胜利。敌人可以摧毁我们的房屋、村庄和城市，但越南人民永远不会被吓倒。重获独立之后，我们将重建一个更加美丽的国家。"

美国的政策制定者们信心满满，他们觉得美国财力雄厚，科学技术和武器装备十分先进，越南一定会理性计算，因为越南如想赢得战争所要付出的代价远比得到的收益多得多。但美国人对越南历史和文化的无知简直到了惊人的地步，在这一点上，尼克松多少该负些责任。尼克松曾牵头创立了华盛顿的中国游说团，该组织集合了来自国会、军队、媒体和商界的许多重量级 "反共" 狂热分子，他们指责国会在 1949 年时 "丢失" 了中国，使其投向共产主义的怀抱。20 世纪 50 年代，尼克松还将许多中国和东亚问题专家逐出了国务院。事后，在解释美国对越政策的失误原因时，麦克纳马拉坦承：

> 我从未出访过印支半岛，对那儿的历史、语言、文化或价值观知之甚少。肯尼迪、腊斯克、邦迪、泰勒，还有其他许多人，对这一带或多或少都有知识的盲点。在拟订越南政策时，我们惊恐地发现这是一块我们未知的地区。更糟糕的是，政府并没有相关的专家可供我们咨询，以弥补我们的知识空白。这或许有些讽刺，因为国务院顶尖的东亚及中国问题专家，如小约翰·巴顿·戴维斯、约翰·斯图尔特·瑟维斯和约翰·卡特·文森特等都在 20 世纪 50 年代被 "清洗" 掉了……我们——当然主要是我——严重误读了中国的战略目标，以为它释放出强硬言论是要寻求地区霸权。我们也完全低估了胡志明所掀起的民族主义运动。

美国高层内部基本都对敌人的情况相对无知。相反，越南人却在倾尽全力了解美国。美国步兵拉里·海涅曼,曾因写作小说《帕克的故事》(Paco's Story) 获得美国国家图书奖,1990 年他赴河内参加文学研讨会,在那里,他见到了河内大学美国文学系教授阮连。海涅曼回顾了他们当时的谈话:

> 我问他,战争时他在干什么。他说他的任务是到中国学习英语,然后再到莫斯科大学学习和研究美国文学。等他回到河内,他又立即被派往"胡志明小道"向战士们介绍美国文学,他一路向南召开系列讲座。他向越南士兵讲解了惠特曼、杰克·伦敦、海明威、福克纳、菲茨杰拉德等人的作品。
>
> 许多越南士兵都随身带着美国文学的译本。一名在"胡志明小道"上负责拆除炸弹的年轻女兵兜里一直揣着海明威的书。阮连教授问我:"你在军队里学了哪些关于越南文学的知识?"我听后简直快笑翻了。

当美国领导人和军方对他们入侵的这个国家依旧浑然无知的时候,美国人民却发现他们缴纳的赋税正在支持一场丑恶的战争。11 月 15 日美国再次调兵的时间临近,自由媒体人西摩·赫斯发表了一篇报道,文中指出美军在南越美莱村屠杀了 500 多个手无寸铁的平民。这个村庄因为支持西贡政府而被美军称为"粉色村庄"。很多女性遭到强奸,屠杀也持续了很长时间,美国士兵甚至还在奸淫掳掠的中途停下来吃了顿午饭,抽了口烟。但是越军并未向美国步兵发起报复性反击。

那天,美国军队的地毯式扫荡打破了这个南越小村的平静。军队进村后发现这里几乎都是手无缚鸡之力的妇女、幼儿和老人。尽管如此,他们还是展开了血腥屠杀,凶手基本都是威廉·卡利中尉领导下的陆军第一团士兵。这场屠杀直到休·汤普森的出现才最终停止。汤普森把直升机停在村子里,直升机的一边是杀人杀红了眼的美国士兵,另一边则是吓得四处乱窜的越南百姓。汤普森命令随机成员拉里·科尔本和格伦·安德瑞塔,如果美军试图进一步伤害他刚从枪口救下的越南村民,那么他就向美军开火。科尔本回忆此事时,沉痛地说道:"那都是些老弱妇孺……他们就这么开进村子,强奸妇女、屠杀婴儿,见一个杀一个……这不单单是屠杀平民,他们丧尽天良,简直是要灭绝人类,就差把人下锅煮了吃!他们为什么会这么疯狂?"

这个骇人听闻的事件直到一年多之后才被揭发出来。要不是"越战"老兵罗恩·莱登豪尔的一再坚持,真相也许会永不见天日。莱登豪尔听说了大屠杀事件后一直耿耿于怀,回到美国后,他写了一封两千字的长信寄给 30 位国会议员、政府及军方官员,他在信中披露了此事。

美军大屠杀后的美莱村,到处都是越南百姓的尸体。1969 年 11 月,美国人民通过西摩·赫斯的报道,得知美军于前一年的 11 月在南越美莱村残杀了约 500 名越南百姓。受害者大部分都是妇女、儿童和老人。

在莱登豪尔没发出信之前,美军成功捂住此事。实际上至少有 50 名内部官员知道屠杀事件,也很清楚军队内部在隐瞒这件事。赫斯写了篇报道,但当时美国主流媒体并不理会此事,也拒绝发表他的文章,他只好另辟蹊径,通过电讯新闻社成功将屠杀事件捅了出来。

事情披露后,美国人大为震惊,他们发现越南战争已陷入怪圈,也对美军在"越战"中惨无人道的行径感到愤怒。来自美国印第安纳州的一位农村妇女得知自己的儿子参与了美莱村大屠杀时，万分痛心地告诉记者："我把好好的一个乖孩子交给了军队，可他们却给我带回来一个杀人不眨眼的凶手。"

对于美国媒体报道大屠杀引发的负面效果，尼克松颇为抱怨，他不止一次地对助理亚历山大·巴特菲尔德说："一定是纽约那些卑鄙的犹太人在背地里搞鬼。"

美莱村大屠杀或许只是个极端例子，但美军不分青红皂白杀害越南平民的举动却时时都在发生。参与"越战"的美军炮弹专家汤姆·格伦曾写信给美军对越作战总指挥克莱顿·艾布拉姆斯将军，他在信中这样描述士兵们日常的暴行：

> 很多美国大兵对待越南人民的态度与我们国家一直所期望的道德规范背道而驰……他们甚至违背了正常的人性……
>
> 美国人不分青红皂白地毁掉越南百姓的家，肆意射杀生命，不为别的，就为了图一时之乐……他们拼命开火，已失去了理智，只要碰到"你们越南人"，士兵们就会用残酷的殴打和折磨来"审问"他们。

格伦的信辗转到了驻守在越南周莱的科林·鲍威尔少校手中，他全盘否定了格林的话。"与信中描述的情况正好相反，"鲍威尔说道，"美国士兵与越南人民相处得很愉快。"

美国国内的反战运动持续发酵。1969 年 11 月，约有 75 万抗议者齐聚华盛顿特区进行反战游行；另有 15 万美国公民在旧金山举行抗议活动。尽管抗议队伍十分庞大，但战争的反人道效应已经溢出了战场，在整个美国社会晕染开来。民调显示，65% 的美国人声称对美莱村大屠杀并没太大反感。"二战"期间，美国对日本两大城市进行恐怖轰炸，德怀特·麦克唐纳曾尖锐地指出，这将导致美国社会习惯于反人道行为。麦克唐纳不幸言中了，对人道主义的冷漠氛围在这个民族里再度扩散。美莱村大屠杀曝光后，就像打开了潘多拉的盒子，骇人听闻的消息接踵而至：

公众了解了所谓的"自由开火区",士兵可以击毙该区域内的任何移动物;

公众知道了中情局的"凤凰计划"和"虎笼子"行动,对关押的政治犯严刑拷打,还杀害了好几万人;

公众得知了美军让500多万越南农民背井离乡,迁移到他们划定的难民区;

公众还知道美军在战争中犯下的残酷罪行至少已经激怒了一些还怀有良知的美国人,他们甚至呼吁进行战争审判。

不断爆发的反战运动迫使尼克松取消了"钓鸭行动",但是,1970年4月30日,他宣布美军和南越联合入侵柬埔寨,以摧毁越柬边境的北越驻地。尼克松认为美国绝不做"可怜兮兮的无能的巨人"。

作这个决定时,尼克松不停地酗酒和看电影《巴顿将军》以缓解内心的焦虑。第二天早上,他去五角大楼开会时情绪显得有些激动。一开始,他把学生的抗议运动称为"游手好闲的人焚毁书籍、扰乱校园秩序"。接着,他中断了例会,开起了美军参谋长联席会议。他反复声称,要"摧毁一切革命堡垒"。他强调:"必须作出大胆决策振奋民心。大胆的决策终将被载入史册,比如泰迪·罗斯福曾在古巴发动的圣胡安山战役,战争虽然规模很小,但很有杀伤力,而且美国人民也注意到了。"最后,尼克松用谩骂式的口吻结束了会议:"他妈的!让他们都见鬼去!"联席会议主席莱尔德和基辛格听后神情错愕。

校园再次沸腾了,学生罢课,老师罢工,约有1/3的高校都停课了,暴力事件频发。在俄亥俄州的肯特州立大学,国民警卫队向抗议者开枪,打死4人,伤9人。密西西比州的警察在杰克逊州立大学开枪对一群抗议者进行扫射,结果杀死2人,打伤12人。700多所高校都发生了抗议和暴力冲突事件。《华盛顿邮报》报道:"学生满腔的热血似乎无处安放,只好以抗议、罢课这样强烈的行为发泄出来,整个民族都目睹了这些事件。"数以万计的抗议者从四面八方赶到华盛顿。基辛格把此时的首都称为一座"围城","政府的组织架构瞬间分崩离析"。内政部长沃伦·希克尔提醒尼克松留意抗议者。当他把信息泄露给媒体后,尼克松解雇了他。

　　1970 年 4 月 30 日，尼克松召开新闻发布会，宣布入侵柬埔寨。总统的这一决定让高等院校的大学生们愈加愤慨，也引爆了新一轮的抗议浪潮。

　　200 多名驻外事务处官员联名起草了请愿书，反对美军入侵柬埔寨。尼克松气急败坏地对一名副部长说："把他们都开了！"基辛格的 4 位高级助手纷纷辞职以示抗议，国家安全委员会顾问莫顿·哈普伦也辞去了职务。莫里斯很后悔自己没把相关文件交给媒体曝光，因为他坚信基辛格会阻止尼克松。他对丹尼尔·埃尔斯伯格说道："我们早就该提高警惕，大声指出这种血腥谋杀行为，这就是谋杀。"后来他得出结论，基辛格的冷酷是没有底线的。

　　基辛格在哈佛大学任教的一些朋友告诉他，他们不想再担任政府顾问了。其中一位名叫托马斯·谢林的顾问解释道："我们只看到了两种可能性：要么，总统并不明白出兵柬埔寨意味着入侵另一个国家；要么，总统很清楚地意识到了这一点。但是，我们不敢想象，哪种可能性所带来的后果更加可怕。"

　　尼克松的行为变得越来越飘忽不定。为了与抗议学生进行沟通交流，他甚至早上 5 点就与贴身助手一道参观林肯纪念堂。基辛格担心尼克松可能会精神崩溃。在学生运动的强大压力下，尼克松不得不宣布所有作战部队在 6 月底之前撤离柬埔寨。参谋长联席会议主席莫里承认:"激进团体的反应一直都是左右决策的重要因素,它能抑制决策者的大胆决定。"尽管如此,美军的轰炸行动进一步加剧,柬埔寨的大部分地区都遭到了毁灭性打击。

白宫进一步扩张权力,甚至突破法律的约束以排除异议。白宫内部安全部的负责人汤姆·休斯顿在参议院表示:"我认为,总统处理涉及内部安全或国家安全的问题时,不应该遵循第四修正案。"当大卫·佛罗斯特质问尼克松违宪的做法时,尼克松不屑一顾地回答:"如果总统干了某事,那就说明这件事并不违法。"多年后,乔治·W.布什在为白宫的违宪行为辩护时,也说了类似的话。

9
★★★

打着民主的幌子清除美洲"毒瘤"

尼克松还理直气壮地推翻了智利的民选政府。智利自 1932 年以来就建立了民主国家，这在拉丁美洲实属罕见，但是尼克松和基辛格很快就把局面搅乱了。智利具有特殊且重要的地位，因为它是世界上第一大铜生产国，其出产的铜几乎被两大美国公司肯尼科特（Kennecott）和水蟒（Anaconda）垄断。中情局自 1958 年起就开始干预智利内政，1964 年更是帮助温和派的傅莱义打败社会党萨尔瓦多·阿连德，成功荣登智利总统宝座。接下来几年，美国又花费了数百万美元支持智利的"反共"团体，同时还向其提供 1.63 亿美元的军事援助。美国将智利视为具有重要战略地位的拉美国家，仅次于巴西，1964 年美国还帮助智利推翻了革命政府。与此同时，美国还在其巴拿马运河军事学校和军事基地培养了约 4 000 名智利军官，重点传授镇压叛乱的方法。

从某种程度上来说，肯尼迪和约翰逊还只是遮遮掩掩地行事，在该地区打着"民主"的幌子，而尼克松和基辛格却倾向于赤裸裸地使用武力。尼克松告诉国家安全委员会："我绝不同意在拉丁美洲减少使用武力。但凡是政治权力的主心骨，我们必须施加影响。其他知识分子之类的不受我们影响。"

1970 年，阿连德再次上台掌权，决心重新分配财富，发誓要将控制着智利经济命脉的美国公司收归国有，如 ITT 工业公司等。美国大通曼哈顿银行的大卫·洛克菲勒和前中情局局长、ITT 公司董事会成员约翰·麦科恩开始对白宫施压，于是基辛格命令美国驻智利大使爱德华·克里和中情局智利事务负责人亨利·海克舍尔设法阻止阿连德。海克舍尔向智利最有权势的商人之一奥古斯汀·爱德华兹求助，他拥有几座铜矿，开办了百事可乐装瓶厂，还创办了智利最大的报纸《水星日报》。中情局借机发起大规模的宣传攻势，努力向智利人民灌输，阿连德意图破坏民主。事后，克里谴责中情局无能："我从未在世界上其他地区见过如此可怕、如此大张旗鼓的宣传攻势。我觉得中情局的那些傻蛋只顾着进行'恐怖宣传'……但他们根本不了解智利，不了解智利人民，他们早就该被解雇了。"尽管美国努力横加阻拦，阿连德还是以微弱的优势击败了两大竞争对手。基辛格告诉尼克松："罗杰斯想看看我们怎么扳倒阿连德。"尼克松狠狠地反击："别让他们看笑话。"

9 月 15 日，尼克松与司法部长约翰·米切尔及基辛格举行会谈，会上他向赫尔姆斯下达指示："要阻止阿连德上台，就算上台了，也要把他拉下来。"他让赫尔姆斯动用"最能干的人"，并且许诺"付出任何代价都在所不惜"。他下达命令："进行经济制裁。"尼克松让赫尔姆斯秘密发动政变，不要让罗杰斯、莱尔德以及国家安全委员会成员知情。基辛格主持的 5 人审查小组授权监督中情局的所有秘密活动。麦科恩告诉基辛格，ITT 工业公司的首席执行官哈罗德·杰宁愿意出资 100 万美元赞助秘密政变。

尼克松命令中情局采取双轨行动。第一轨行动有两个组成部分：发动宣传攻势，告诉智利人民一旦阿连德当权必定会带来极其可怕的后果，同时贿赂智利国会有投票权的官员，阻挠阿连德上台；第二轨是发动军事政变。负责美洲事务的助理国务卿查尔斯·迈耶以及基辛格的拉丁美洲问题首席顾问海克舍尔和瓦伊伦·瓦基都强烈反对发动军事政变。瓦基特意写信试图劝说基辛格："我们现在的提议显然违背了我们的基本原则和政策原则……那些原则应该具有重要意义，只有当我们面临最严重的威胁时，比如威胁到了我们的生存，我们才能背弃它们。但是，对美国而言，阿连德是个致命威胁吗？这个问题值得商榷。"

很显然，阿连德并没有对美国人民造成"致命威胁"。基辛格委托专家组起草了《国家安全研究备忘录》，文件表明"美国在智利并没有核心国家利益",阿连德政府并不会打破均势格局。此前,基辛格还轻蔑地把智利称为"直指南极洲心脏的匕首"。但是现在,他害怕智利民主社会政府的成功会产生多米诺骨牌效应,其他地区也会发生类似的人民起义。他说道:"智利发生的事会对其他拉美国家和发展中国家产生影响,如果放眼世界的话,甚至会影响他们与苏联的关系。"

在基辛格看来,智利是否具有民主传统,智利人民是否具有自由表达意愿的权利,这些都不重要。在主持"40人会议"时,基辛格说道:"我不明白我们为什么要袖手旁观,眼睁睁地看着一个国家走向共产主义。"

赫尔姆斯让中情局驻巴西办事处负责人大卫·艾德利·菲利普斯担任智利特遣行动组组长。在赫尔姆斯看来,菲利普斯是这个职位的不二人选,因为他有很多丰富的经验。菲利普斯曾参与推翻危地马拉的民主政府,还在多米尼加共和国镇压过民主起义。尽管菲利普斯手中有23个外国记者可以听他指挥,但他还是觉得第一轨行动无法成功。智利的民选官员都太诚实了,贿赂这个办法行不通。同时他也怀疑第二轨的效用,因为赖内·施耐德将军领导下的智利军队坚决拥护宪法,远离政治的喧嚣。

中情局的宣传在美国国内产生的影响要远大于其在智利的作用。10月19日,《时代》周刊封面用显眼的红色刊登了一篇关于阿连德的深度特写,题目叫《美洲的"马克思主义毒瘤"——智利人萨尔瓦多·阿连德》。《时代》周刊跟中情局一个鼻孔出气,用相同的口吻警告公众:"如果阿连德成功当选的话,而且根据上周票选结果看,这已经成为定局,那么智利在很长时间内都不可能有自由选举的机会了。"文章指出,更糟糕的是,这会产生多米诺骨牌效应,其他国家的共产主义势力也会蠢蠢欲动。

但是,在之后一期的《时代》周刊中,迈克尔·道奇,一位来自明尼苏达州圣保罗的读者,直截了当地指出《时代》周刊的报道有失偏颇:

> 贵刊前一期的头条《美洲的"马克思主义毒瘤"》,标题充满了冷战意味,出于好奇,我忍不住仔细拜读,想看看究竟谁受到了威胁。显然受到威胁的只是美国几家铜业公司、电话公司和各种利益集团。不知何故,我并没有对此感到恐慌。我只是恼怒于贵刊那种简单而偏执的假设——任何形式的马克思主义在世界任

何一个地方通过任何一种形式获得了成功，都是一种威胁。正是
这种思维模式，让我们在越南有了血淋淋的教训。但它却忽略了
一个显而易见的事实：非马克思主义政治家通常都无法满足大众
的切实需求。我在此建议，让我们摒弃冷战思维，本着人道主义
精神，让拉丁美洲人自主地找到解决他们所面临问题的办法。我
们无需干涉太多。

　　第一轨方案落败已成定局，重心就落到了第二轨行动上。在爱德华兹
等人的协助下，美国从政治和经济方面双管齐下，试图打破智利的稳定。
海克舍尔在给中情局总部的一封电报中坦承："上头确实要求我们在智利
煽动内乱。"克里大使警告智利外交部长塞尔吉奥·奥萨："我们将想尽一
切办法让智利和智利人民陷入最大程度的贫困和窘迫。"即便是克里本人，
事后也致电基辛格，表示他对政变内部感到"震惊"。政变的阴谋败露后，
基辛格让赫尔姆斯致电中情局驻圣地亚哥办事处："联系军方，告诉他们
美国政府希望诉求军事解决，我们将一如既往地支持他们……至少营造一
种政变的氛围……准备采取军事行动。"

　　10 月 13 日，中情局秘密服务处主任托马斯·赫拉克勒斯·卡拉迈辛斯
会见基辛格后，致电海克舍尔："发动军事政变推翻阿连德，这个政策保持不
变。"卡拉迈辛斯通知圣地亚哥办事处负责人，要鼓动罗伯托·沃克斯将军、
卡米洛·瓦伦祖拉将军和其他军队要将一同参与政变。中情局向瓦伦祖拉的
两名亲信提供武器和资金，指使他们绑架施耐德将军，这是发动政变的第一步。
但是，10 月 22 日，沃克斯的手下先行一步，暗杀了施耐德。就在一周之前，
尼克松咬牙切齿地对克里说，他要将"这个阿连德的走狗弄得粉身碎骨"。

　　阿连德以 153 比 24 的票数遥遥领先对手，成功当选智利总统。1970
年 11 月 3 日，他正式就职。两天后，尼克松向国家安全委员会发出推翻
阿连德政府的指令："如果我们听之任之，南美洲其他怀有狼子野心的政
客就会觉得他们也可以如法炮制，像阿连德一样获胜，那么我们就会陷入
被动……我们不能让拉丁美洲国家认为，他们铤而走险也能安然无恙。"

　　中情局阻止阿连德上台失利，对尼克松的军事政变计划响应也不是
太积极，这让尼克松很愤怒，他决定进行人事整顿。基辛格的副手亚历山

大·黑格早就敦促尼克松除掉"赫尔姆斯下面主要的左翼分子",并及时改进秘密行动计划。在他的怂恿下,尼克松终于决定着手整顿。他威胁赫尔姆斯,如果不进行彻底清洗的话,就要解雇他,并削减中情局的财政预算。海格知道,这将会成为回忆录中"最受争议的部分"。赫尔姆斯忍痛将原来的6位副手缩减到了只剩2位。尼克松命令他把中情局的控制权交给副局长罗伯特·库什曼将军,赫尔姆斯保留原位,但权力已被架空。赫尔姆斯拒绝执行,他还拒绝让中情局做"水门事件"的替罪羔羊。尼克松最后把他开除了。

1970 年 10 月 24 日,萨尔瓦多·阿连德在自家门口,此时他得知自己成功当选智利总统。11 月 3 日,新总统正式上任。两天后,尼克松便下令要推翻阿连德政权。

美国进出口银行、国际开发署、泛美开发银行和麦克纳马拉领导的世界银行都切断了对智利的经济援助和贷款。美国在智利的商业利益有效帮助了华盛顿搞垮智利政府。这时,中情局介入,它资助阿连德的反对派,同时操控舆论,传播虚假消息,发动反政府的游行示威和暴力行动。1971年,智利国会发起反击,将肯尼科特、水蟒和赛罗矿业等美资公司收归国有,还控制了 ITT 工业公司的管理权。据智利当局计算,肯尼科特和水蟒公司投资智利矿业多年,已经获取了丰厚的利润,因此在国有化过程中,无需对这些公司提供相应的补偿。水蟒公司的一位律师抱怨道："过去通常是我们耍别人,现在轮到我们被耍了。"专栏作家杰克·安德森曝出内幕,直指 ITT 工业公司曾试图阻止阿连德上台,还参与破坏智利稳定,于是 ITT 工业公司也被剥夺了获取相应赔偿的权利。

1972 年 12 月 4 日,阿连德向联合国提起诉讼,控告美国及其跨国公司。在联大会议大厅,阿连德慷慨激昂地做了长达 90 分钟的控诉演说,听众一致拍案叫绝,不禁高呼:"阿连德万岁!"这位智利总统详细描述了美国各机构协同努力,对"智利的民选政府上台就职"万般阻止,"行动未遂后还一再意图推翻"。他痛斥道:"美国的行为居心叵测,企图将智利孤立起来,封锁我们的经济,扼住我们的主要出口贸易——铜出口,还剥夺我们的国际资金来源。"他还道出了所有不发达国家被跨国公司残酷剥削的不幸命运,他说道:

> 一个国家有 80% 以上的出口被少数几家大型外国公司垄断,而这些外国公司一味追求自己的利益,从来不顾他们从中攫取丰厚利润的那个国家的死活,我们再也无法容忍这样的事情……那几家公司多年来一直开采智利的铜矿,仅就过去的 42 年来看,他们就攫取了 40 多亿美元的利润,但他们的初期投资连 3 000 万都不到……我们发现背地里有股恶势力在反对我们,他们没有旗帜却拥有先进的武器和巨大的影响力……我们拥有变成发达国家的潜力,然而我们一直生活在贫困中。我们东奔西跑,四处乞讨贷款和援助,可事实上我们本该是很大的资本出口国。这是资本主义经济制度的经典悖论。

因为智利"决定恢复对本国资源的控制权",阿连德争辩道,各大国际银行串通一气,切断了对智利的贷款。他高亢地说道:"总之,这是资本主义的傲慢。"

他还指出了 ITT 工业公司的剥削行为:"它拥有的资本甚至比几个拉美国家的全国预算加起来的总额还要多。"他指出,肯尼科特铜业公司每年有 52.8% 的利润得益于其 1955 ~ 1970 年对智利铜矿的投资。他谴责这些庞大却完全不负责任的"跨国"公司对主权国家发动战争。他警告说:"整个世界的政治结构正在遭到破坏。"

阿连德的发言,代表了数百万被美国公司无情剥削的拉美人。这些美国公司暗中得到美国外交、军事和情报部门的支持。几十年前,斯梅德利·巴特勒将军和亨利·华莱士都慷慨激昂地发出过相同的控诉。

据《芝加哥论坛报》报道,美国驻联合国大使乔治·H.W. 布什也不禁起立鼓掌,他有些苍白无力地辩驳:"我们认为自己并不是帝国主义者。他指控美国的民营企业在海外搞帝国主义,这让我很困惑。我们认为这展示了美国的善意和强大。"他还声称美国并没有参与任何抵制智利的活动。美国人想看到的,不过是那些被国有化的公司得到应有的补偿。

ITT 工业公司的回应也很虚伪。该公司新闻发言人表示:"我们 ITT 公司从来没有用任何方式介入或干预智利内政……ITT 公司一向尊重东道国欲将我们公司国有化的意愿。"

敢在联合国大会发表这样的演说,阿连德恐怕离死期也不远了。1973 年初,中情局敦促其智利办事处"教唆尽可能多的军方人员推翻阿连德政府并取而代之"。

智利国内的罢工和反政府抗议活动迅速升级。1973 年 9 月 11 日,智利军队司令员奥古斯托·皮诺切特带领其他军官发动了军事政变。阿连德得知军事起义范围已波及全国时,在总统府做了最后一次广播讲话:"我绝不会辞职……外国帝国主义纵容了军方这种忤逆行为,使得他们胆敢违背传统……智利万岁!智利人民万岁!这是我的遗言。我相信,我不会白白牺牲。我相信,我的死至少能给他们留下道德的教训,这是对罪恶、懦弱和叛国行为的有力反击。"接着,阿连德用别人送他的来福枪结束了自己的生命。枪把上嵌着一块金牌,上面写着:"送给我最好的朋友萨尔瓦多·阿连德,菲德尔·卡斯特罗赠。"

事后,皮诺切特上台执政。军事政变后,尼克松和基辛格对政变可能带来的危害进行了评估。已经准备好参加红人队(美国橄榄球队名称。——译者注)季赛开幕式的基辛格在电话中抱怨:"媒体该心疼死了,因为一个'亲共'政府被推翻了。"尼克松咕哝道:"这多了不起呀!这多了不起呀!"基辛格回应道:"如果在艾森豪威尔时期,我们干这样的事该被视为英雄，但现在我们恐怕不能大肆庆祝了。"尼克松说："唉，我们本来就没干什么坏事，你知道，在这件事上，我们基本上没留下蛛丝马迹。"基辛格补充道："是啊，我们没干什么坏事，我们就是帮助他们，尽可能地为他们创造了良好的条件。"尼克松回应道："你说得对……就像人们所知道的那样……他们不可能主动从自由派手中接过权杖……那可是个'亲共'政府，他们就是那样的。"基辛格随声附和："就是这样。而且亲卡斯特罗。"尼克松补充道："好吧，现在主要的事情是先忘记他们是亲共产党的，更重要的是，他们还是反美政权。"基辛格表示赞同："噢，他们简直是在疯狂地反美。"他对尼克松说，自己正要回应外界的批评质疑，但这不会让他太困扰。尼克松说道："是，你一定要好好回应，因为这些恰好是我们要打击的。"基辛格回应道："而且还极其肮脏虚伪。"

皮诺切特铲除了 3 200 多名对手，对成千上万名异见者实施监禁和严刑拷打。智利恐怖高压统治时代来临了。智利军方的杀人小分队四处活动，被称为"死神军团"。基辛格注意到这种情况，立即建议美国政府承认皮诺切特政权，还为独裁政府提供援助。1976 年 6 月，他会见了这位智利独裁者，并对他说："我们很同情也很理解你们在智利进行的努力。"

皮诺切特的杀戮并不局限于智利本土。基辛格访问智利 3 个月之后，皮诺切特指使杀手暗杀了阿连德时期的智利驻美大使奥兰多·勒特里尔，以及勒特里尔在政策研究所的同事罗尼·莫菲特。汽车爆炸事件的发生地，与白宫只隔 14 条街，代号为"秃鹰行动"，这次恐怖暗杀行动由总部位于智利的拉美联合情报机构实施。该情报机构的成员包括智利、阿根廷、乌拉圭、玻利维亚、巴拉圭和巴西等国的右翼政府。美国至少是助推了情报官员之间的信息沟通。该行动由智利情报局责任人曼纽尔·孔特雷拉斯上校策划，他也是中情局的线人，靠出卖情报收了美国人不少好处。被暗杀的大多数人是左翼派领导人。但负责美洲事务的助理国务卿哈利·什劳德曼告诉基辛格，其实暗杀的对象"几乎包括了反对政府政策的所有人"。

基辛格本来是可以阻止"秃鹰行动"的，包括暗杀勒特里尔和莫菲特。1976 年 8 月 30 日，什劳德曼发给他一份备忘录，里面写道："我们必须试图阻止一系列国际谋杀行动，因为它们有可能严重损害所涉及国家的国际地位和声誉。"基辛格同意向智利、阿根廷和乌拉圭发起外交照会，抗议其"在南锥体国家本土及国境线外暗杀颠覆分子、政治家和杰出人物的行为",以此表达"我们的严重关切"。但这份外交照会并没有发出去,9月16日,基辛格取消了这份警告,却通知什劳德曼,他已经"通知相关国家,不要采取进一步行动"。

　　1976年6月,奥古斯托·皮诺切特接见基辛格。尼克松亲自下令,指使中情局暗中策动军事政变,推翻了阿连德政权。皮诺切特上台后,铲除了3 200多名对手,对成千上万名异见者实施监禁和严刑拷打。基辛格注意到这种情况,立即建议美国政府承认皮诺切特政权,还为独裁政府提供援助。

　　按照"秃鹰行动"计划,暗杀小组跟踪并杀害了1.3万个在国外活动的异见分子。另外,还有成千上万人被关进集中营。

10

★★★

美中关系绊脚石

　　尽管尼克松和基辛格因其在越南、老挝、柬埔寨和智利等地的邪恶政策而备受世人诟病，但他们同时在其他地区缓和了紧张局势，并同时为人所称道。实现对华关系正常化便是其中最明显的例子。

　　1972 年 2 月尼克松访华，5 月份，他又出访苏联。苏联担心美国与中国交好会威胁苏联，于是特别热情地接待了尼克松。尼克松和苏共总书记勃列日涅夫在莫斯科签订了《限制战略武器条约》（*SALT*），这是美苏第一个战略武器协议，条约限定缔约双方的防御性反弹道导弹系统数量为两个，还限制了进攻性洲际弹道导弹（ICBM）和潜射弹道导弹 (SLBM) 的数量。条约未能控制核弹头数量的增长，因为它并没有限制分导式多弹头导弹的数量，这种导弹能装载多个弹头，同时轰炸多个目标。条约也没有规定如何处理双方遍地开花的军火库，里面存储的武器弹药能将对方摧毁好几次。但协议双方跨出的第一步，具有重要的象征意义。勃列日涅夫和尼克松还着手解决其他问题，双方承认了东欧边界现状，并且保证尊重 1975 年赫尔辛基协定中有关人权的条款。双方发表了一份联合公报和"基本原则"的联合声明，规定两国"将继续在核时代本着和平共处的原则发展双边关系"。回国后，尼克松在两院联席会议上发表讲话，他说：

　　　　当今世界不再笼罩着恐惧、欲望和战争的阴影，新的希望
　　正在冉冉升起……对于数以百万计的美国人来说，过去 25 年中，

只要是我们所珍惜的，克里姆林宫都会无情地站在我们的对立面；同样，对于苏联人来说，美国就是邪恶的代名词。没有人会相信，甚至在前一段时间也还不相信，这两个水火不容的国家会在不久后坐到一起，其乐融融地洽谈……如今，全世界有 3/5 的人口生活在核战争的阴影之下……上周五，我们在莫斯科目睹了一个旧时代的结束，新时代的到来。

赫鲁晓夫为了实现这个具有历史意义的变革曾作出过不懈努力，但他无法亲眼目睹这一刻的到来；在前一年 9 月，他因心脏衰竭去世。赫鲁晓夫常年居住在一个小木屋中，他敢于批评苏维埃政权，并严厉镇压异见人士。他私自将回忆录流传到国外，也因此激怒了苏联高层。他的作品《赫鲁晓夫回忆录》(*Khrushchev Remembers*) 在西方出版后，很快便销售一空。他在书中怅然地谈论，他和肯尼迪努力希望实现世界和平。苏联中央委员会决定低调处理他的葬礼，将他埋葬在莫斯科公墓的一个角落，长达 4 年不为之立碑。

1971 年 6 月 17 日，美国和日本签署条约，同意于 1972 年 5 月将冲绳归还日本。日本允许美国将冲绳作为越南军事行动的后方基地，并且用作核武器的存放地点。冲绳人民同意了。根据新条约，美国将冲绳出售给日本，但保留其在岛上的军事基地，用作美国在该地区的战斗根据地。日本不仅要花高价从美国手中"购回"冲绳岛，还同意每年替美国支付其在岛上保留的军事基地的花费。在其他地方，美国若要建军事基地，一般要向东道国支付费用，或者至少是与东道国共同承担军事基地的花费。更糟糕的是，日本首相佐藤荣作还暗中允许美国将核武器重新运回冲绳岛，从而破坏了双方此前的协议。

冲绳冲突由来已久。1960 年，美国和日本签订了《日美共同合作和安全条约》，又称《新日美安全条约》，条约规定美国继续占领冲绳岛，并且保留美国在日本其他地方的军事基地。条约引起了日本国内的普遍反对和抗议，日本首相岸信介，即佐藤荣作的哥哥被迫辞职。岸信介还犯了大忌，告诉日本国会，日本宪法并未禁止发展核武器，这被大多数日本人视为巨大威胁。美国驻日大使道格拉斯·麦克阿瑟抱怨道："日本的知识分子和教育工作者中普遍存在反军国主义情绪、和平主义、核神经质和马克思主义倾向，这些思潮孕育着一股潜在的中立主义。"就在前一年，麦克阿瑟迫使日本最高法院的首席大法官推翻东京地方法院的一项裁定，因为该裁决认定在日美军属于"战争威胁"，违反了日本和平宪法中第九条反军国主义条款。这部宪法恰恰是道格拉斯·麦克阿瑟将军，即驻日大使麦克阿瑟的叔叔率美军占领日本时帮助起草的。第九条款规定："作为主权国家日本永远放弃发动战争的权力"，日本"永远不配备海、陆、空军以及其他具有战争威胁的武装力量"。这期间，日本还与美国达成了第一批"秘密协议"，包括日本政府支持美国的核战略和军事筹备活动。其中最过分的要数臭名昭著的"默示协定"了，即"美军无需与日本进行事先磋商，随时可将运载核武器的军事船只停靠日本港口或进入日本领海"。

　　但在尼克松时期，美日两国被压抑已久的紧张关系终于爆发出来。美国突然向中国开启建立邦交的大门让日本十分惊愕和意外，而这又反过来加剧了美日长期以来的军事和经济分歧。美国领导层不断迫使日本废弃宪法第九条，要求其在地区安全防备方面发挥更大的作用。美国还威胁要对日本纺织品实施进口配额，迫使日本削减纺织品出口，更多地进口美国产品，并进一步向美国投资者开放市场。尼克松私底下抱怨"日本背叛美国"，还发誓要"修理日本"。

　　对于美国将日本重新军事化的举措，佐藤荣作向来乐于配合，从某种意义上说，他或许显得过于积极了。1964年11月，他出任日本首相，而就在一个月前，中国的原子弹试验获得成功。1965年1月，他会见美国总统约翰逊，声称"如果中国拥有核武器，那么日本也要拥有"。他补充道："也许目前公众舆论还反对日本拥核，但是我相信公众，尤其是年轻一代，是可以被'调教'的。"当时执政的自由民主党高层都普遍拥有这种想法。时任日本防长、后又出任首相的中曾根康弘委托日本防卫厅出具一份报告，里面指出："日本有可能在不违反宪法的前提下，合法地拥有小当量、战术性、纯粹以防御为目的的核武器。"但是，当时日本防卫厅反对这种做法，正好迎合了约翰逊总统的意愿。

　　1967年12月，佐藤在国会故作真诚地发表了"三个无核化原则"的讲话，试图让日本人民相信政府在反核问题上的诚意。这些原则规定，日本绝不会制造、拥有或允许核武器进入日本，而实际上佐藤三番四次地打破这个承诺，他还对美国驻日大使 U. 亚历克西斯·约翰逊说，这个条款纯属"一派胡言"。1970 年，当日本签署《核不扩散条约》时，美国向其保证，"绝不干涉东京方面独立生产民用核设施项目"。鉴于日本的技术能力和燃料的缺乏，它将始终扮演着"暧昧"的拥核者。

对于尼克松亲近中国和苏联的做法，并非所有人都赞同。北越担心自己会孤军奋战。《纽约时报》发表的一篇社论指出："美军对越展开新一轮大型轰炸后不久，毛泽东主席就会见了尼克松总统；美军炸毁北越港口不久，苏共总书记勃列日涅夫又接见了美国总统。毋庸置疑，河内方面一定认为中国和苏联领导人都会将本国利益放在首位。"

尽管大多数美国人称赞尼克松的大胆举措，但他的右派前盟友很"反感"他的举动。他们认为，尼克松访华、签订军控条约允许苏联拥有与美国同等数量的核武器、将大量美军撤出越南、废除美元金本位制、调控工资和物价、实行凯恩斯主义经济学等做法，都是一种背叛。尼克松还同意建立职业安全和健康署（OSHA）以及环境保护署，赞成保证所有家庭的年收入、支持《平等权利修正案》和《濒危物种法案》，还进一步巩固了《投票权法案》，这些做法都让他们十分不满。

以兰德公司前核武器问题专家阿尔伯特·沃尔斯泰特为首的反对缓和政策及军备控制的人士发起了反击。沃尔斯泰特运用博弈论和系统分析法分析国防政策，他的预测所基于的前提是假定并非苏联可能做什么，而是苏联能够做什么——不管这种做法多么不理智，多么具有自我毁灭性。他担心美国战略空军司令部的轰炸机和洲际弹道导弹恐怕无法抵御苏联的核突袭，于是他主张部署反弹道导弹系统筑起防卫墙。麦克纳马拉也曾提议建立大规模的反弹道导弹系统，但当他得知这要耗费高昂的成本和大量的洲际弹道导弹时，就放弃了这个念头。全国各地的科学家都不约而同地反对反弹道导弹，他们认为这不仅代价高昂、毫无必要、缺乏可行性，而且还会进一步推动军备竞赛。麦克纳马拉知道美国的核威慑能力已经足够了。1964 年当他宣称 400 万吨级当量的核武器就能摧毁苏联时，美国的核储备其实已是这种当量的 42.5 倍，而且发展一直很迅速。

沃尔斯泰特和资深鹰派人士保罗·尼采成立了专业人士委员会，主张采取谨慎的国防政策,力挫《反弹道导弹条约》。他们还招募了理查德·佩里、爱德华·鲁特沃克、彼得·威尔逊和保罗·沃尔福威茨等人加盟。迪安·艾奇逊是该委员会的热情拥护者,他将上述四人奉为"我们的四个火枪手"。威尔逊和沃尔福威茨曾在芝加哥大学与沃尔斯泰特共同做过研究,当时他在那里教授政治科学。佩里还在高中时就是沃尔斯泰特的信徒。

阻止《反弹道导弹条约》未遂后,佩里找到了一份工作,在民主党参议员亨利·杰克逊旗下一个强大的常设调查委员会"挖掘独家消息"。杰克逊采取这种所谓的"地堡式"操作手法,其外交政策团队逐渐将一群重要的新保守主义者纳入麾下。《战略武器限制条约》使得苏联在导弹数量和投掷重量上获得了暂时的优势,杰克逊及其幕僚们对此十分不满。但他们忽视了一个事实,即美国在核弹头数量和技术发展上都遥遥领先。在轰炸机数量上,美国也以 3 比 1 的优势领先苏联。杰克逊谴责美国谈判代表对苏联实行投降主义。他为《战略武器限制条约》增加了一个修正案,规定未来的任何条约都不能允许美国在武器数量上逊于他国。杰克逊敦促白宫解雇军备控制和裁军署(ACDA)的 1/4 职员,包括 12 名参加战略武器限制谈判的官员。军备控制和裁军署的新署长弗雷德·伊克尔行事比较保守,他让沃尔福威茨来填补其中一个空缺的岗位。1974 年,杰克逊的盟友通过了《杰克逊—瓦尼克修正案》,其中规定不要给那些限制公民自由移民的共产主义国家任何贸易利益。基辛格愤怒地声称修正案"是今后美中关系正常化的绊脚石",而这正好迎合了杰克逊、佩里等人的意愿。

11

★★★

亚太战略：内战还是美国侵略

1971 年 6 月，《纽约时报》开始公布五角大楼文件，这是国防部有关越南战争历史的秘密文件，文章表明政府一直向公众欺瞒"越战"真相。1969 年夏天，兰德公司的分析师丹尼尔·埃尔斯伯格成为极少数有幸目睹该文件的研究者之一。他读了很多法国历史，对比了当时美国入侵"越战"的情况，更加觉得美国的对越政策在道德上根本站不住脚。1969 年 9 月，他得出了几个关键结论："几乎从一开始，这就是一场美国的战争。"它是一场"越南人反对美国政策、资金、代理人、技术人员、武器、士兵和飞行员的战争"。这场自 1954 年起的大规模战争，耗费了美国大量的金钱、武器和人力。最重要的是，他明白了以下道理：

> 如果说美国支持法国再次对越殖民时的战争不是一场"内战"，那么越南战争在 1955 年或 1960 年之后也早已不是单纯的"内战"了。战争一方的武器装备和资金完全由外国提供，而且这股外国势力完全按照自己的利益摆布当地政权，这样的战争绝不是内战。到今天为止，大多数美国学者甚至是自由派分子指责我们"干涉了一场内战"，即美国官方早期声称的"北越对南越的侵略"，这其实掩盖了一个更令人痛心的事实。按照联合国宪章以及美国公开声称的原则规定，这是一场外国侵略战争，是美国对越南的侵略。

据埃尔斯伯格回忆,他在五角大楼时的上司约翰·麦克诺顿对兰德公司的研究者说:"如果你们说的都是真的,那么我们其实帮错了对象。"埃尔斯伯格敏锐地意识到,对方这样说还是"没有认清自 1954 年以来的现实,即我们本身就是错误的一方"。因此,在他看来,这场战争是"犯罪"、"邪恶"和"大规模屠杀"。他还知道尼克松所说的结束战争也是一个谎言。事实上,尼克松通过轰炸政策,向北越表明,为了取得"胜利",他可以不择手段。

许多年轻人不惧牢狱之灾,也要抗议战争,以期结束这场绝望的流血冲突,他们的举动鼓舞了埃尔斯伯格,于是他影印了 47 卷麦克纳马拉的研究报告,试图说服一些参议员将这些报告呈交上去,用作公共信息把它公开。不幸的是,他的努力失败了,他只好去找《纽约时报》记者尼尔·希恩。1971 年 6 月 13 日星期天,《纽约时报》刊登了五角大楼文件的第一部分。6 月 15 日,司法部向纽约联邦地方法院发出一纸禁令。接着,法官宣布暂时禁止《纽约时报》出刊。此举史无前例,美国从未对一家媒体动用过禁令。

埃尔斯伯格绕过禁令,又将文件交给了《华盛顿邮报》,试图将《纽约时报》被封后无法发表的那部分都补上。他担心《华盛顿邮报》也会被封,于是将文件复印了好多份又交给了其他 17 家报社。《华盛顿邮报》被封后,五角大楼文件的摘录又不断在《波士顿环球报》和《圣路易斯邮报》刊登。

总之,19 家报社都登载了五角大楼文件的部分内容。与此同时,联邦调查局对埃尔斯伯格进行了为期 13 天的围追堵截,但他早已把自己藏起来了。《底特律新闻报》采访了埃尔斯伯格的父亲,这位共和党人两次都把票投给了尼克松。老埃尔斯伯格为他儿子的行为感到自豪:"为了结束这场愚蠢的杀戮,丹尼尔放弃了一切……如果他确实把报告交给媒体曝光了,而政府因此指控他犯罪……那么至少,他也可能挽救了一些年轻人的生命,而政府恰恰让他们去送死。"

6 月 28 日,埃尔斯伯格自首了。当他朝联邦政府大楼走去时,有记者问:"马上要进监狱了,你有什么感受?"埃尔斯伯格回答说:"如果能帮助结束战争,坐牢又何妨?"6 月 29 日,阿拉斯加州的民主党参议员迈克·格拉韦尔站在国会演讲台上甚至无法顺利地将文件读出来,不过在晚上一次急召的小组委员会会议上,他终于成功地念了出来。他还向媒体公开了大量绝密文件。第二天,最高法院判《纽约时报》胜诉,《纽约时报》和《华盛顿邮报》复刊。然而，埃尔斯伯格却获刑事重罪，被判115年徒刑。

实际上尼克松乐于见到信息泄露，因为它揭发了民主党政府对"越战"的所有谎言。他甚至还希望泄露更多的文件，最好还能曝出肯尼迪与吴庭艳被杀案的相关文件。基辛格认为这的确是个"金矿"，但他犹犹豫豫不肯以身犯险泄露文件，于是尼克松把任务交给了查尔斯·卡尔逊。

兰德公司分析师丹尼尔·埃尔斯伯格了解到美国对越战争在道德上根本站不住脚，也被政府官员的谎言所激怒，于是他影印了四十七卷五角大楼文件，把它们交给《纽约时报》和其他18家报社。埃尔斯伯格因此获刑事重罪，被判入狱115年。

尼克松和基辛格决定彻底搞垮埃尔斯伯格。基辛格对尼克松说："丹尼尔·埃尔斯伯格是当今美国最危险的人。我们必须不惜一切代价让他收手。"7月下旬，基辛格在尼克松面前破口大骂埃尔斯伯格："那狗娘养的，刚开始我还对他抱有期望，但是我太了解他了……我知道他还有更多的信息……我敢打赌，他为这次审判一定准备了很多信息。美国历史上的战争罪行激发了他的大不韪行为。"

7月份，尼克松批准建立白宫特别调查小组。联邦调查局前特工G.戈登·利迪和中情局前特工E.霍华德·亨特奉命进入调查组工作。他们的办公室门上挂了一个"水管工"的标牌，实际上是在动手堵住可能走漏信息的缺口。

9月，他们闯入埃尔斯伯格的心理医生的办公室，希望能找到一些有价值的东西，堵住埃尔斯伯格的嘴。因为尼克松怀疑埃尔斯伯格掌握了他威胁对越使用核武器的秘密文件。但是，这次闯入一无所获，他们只好进一步制订计划，手段卑鄙，还包括了一系列犯罪活动，东窗事发后，尼克松颜面无存，被迫辞职。

1972 年河内的 "春节攻势" 有效地打击了南越军队。为了避免在选战前出现对越战争失败的状况，尼克松考虑痛下杀手，甚至连基辛格都表示反对。尼克松问："……发电厂……码头……我还是觉得现在我们该把堤坝也炸毁。那会把人淹死吗？"基辛格告诉他："大概会淹死 20 万百姓。"尼克松说道："不，不，不……我宁可使用核弹。"基辛格迟疑了下，说道："我觉得，这有些过分了。"尼克松问："你是说核弹？你害怕使用核弹吗？亨利，我希望你能想得长远些，因为回报也会很丰厚。"

于是尼克松发动了自 1968 年上台以来的第一次轰炸北越的行动，他猛烈打击北越的城市、南部的一些据点，还毁坏了海防港。他想把河内夷为平地，宣称 "要让那些混蛋承受一次前所未有的打击"。越南国内顿时哀鸿遍野，平民伤亡人数激增。尼克松毫无悔意，他对基辛格说："你我之间唯一的分歧……就是这次轰炸。你居然他妈的关心起平民来了，而我并不在乎，我一点也不在乎。"基辛格告诉尼克松，他之所以建议尼克松保持克制，完全是基于政治考量，并非出于妇人之仁："我关心那些百姓，是因为我不想全世界都骂我们是屠夫。"

10 月，陷入僵局的巴黎会议突然重启了。基辛格宣布："和平指日可待。"但是，尼克松赢得总统连任后，向河内和海防地区发起了为期 12 天，更加疯狂的 "圣诞节轰炸"，这是 "越战" 有史以来程度最强烈的轰炸。国际社会的抗议声震耳欲聋。和平谈判得以恢复。1 月 23 日，尼克松宣布双方协议，这将 "体面地结束战争，迎来和平"。1 月 27 日，双方在巴黎签署了《关于在越南结束战争、恢复和平的协定》。至此，美国停止军事活动，1973 年 3 月 29 日，最后一支美国作战部队撤出越南。约有 15 万北越士兵仍留在南部，不过他们同意停火。阮文绍是否重新上台执政，取决于全民票选结果，但实际上他并没有花费多大努力去赢得选举。尼克松安抚阮文绍，如果敌方还敢造反，美国一定会加大军事援助力度，对他们展开新一轮袭击。

4 月，就在美军撤离不久，尼克松和基辛格下令恢复对越南北部和南部的轰炸，强度要高于以往任何一次。命令最终被取消了。据《时代》周刊报道，当尼克松得知约翰·迪安向检察官泄露"水门事件"的消息时，他决定停止对越轰炸，因为他不想在面对国会责难的同时激怒公众，导致自己腹背受敌。在他接下来的任期内，尼克松一直在与国会抗争。

越南战争又断断续续拖了两年。1975 年 4 月 30 日，北越占领西贡，战争宣告结束。据统计，这些年美国在越南这块弹丸之地扔下的炸弹甚至比各国在过去的所有战争中用掉的炸弹总量还要多，是各国在"二战"期间耗费炸弹数量的 3 倍。越南农村到处都是未爆弹。1 900 万加仑的化学药剂毒害着越南的环境。南部 1.5 万个村庄中有 9 000 个被美军摧毁。在北方，美军炸毁了六大工业城市，30 个城镇中有 28 个被夷为平地，116 个乡镇中 96 个被摧毁。1969 年，胡志明去世后，勒杜安上台接替北越政权，他在接受记者采访时表示，美国曾在 13 个不同场合威胁使用核武器。战争造成的死亡人数令人惊愕。5.8 万多名美国士兵在战斗中牺牲。但是，越南方面的死伤人数更为惊人。罗伯特·麦克纳马拉后来告诉美国的大学生，战争中死亡的越南人多达 380 万。

美国在柬埔寨制造的恐惧甚于其在越南造成的损害。1972 年 12 月，尼克松向基辛格下达指示："我想让所有能飞的武器都开进去，炸死他们。要不计成本，全方位地轰炸他们。清楚了吗？"

基辛格向他的副手亚历山大·黑格将军转达了总统的命令："总统希望大规模轰炸柬埔寨。他不想听到别的说辞，这是命令，你们照做就行。调动一切武器，轰炸所有移动物体，明白了吗？"

直到 1973 年 8 月 15 日，美国才停止了对柬埔寨的轰炸，因为当时国会削减了战争经费。美国花了 300 万吨军火，轰炸了柬埔寨 10 万多个地方，造成无数平民死亡。柬埔寨经济瘫痪，通货膨胀，尤其是食品价格飙升，生产锐减，水稻产量几乎只达到战前 1/6 的水平。国内饿殍遍野。当然，并非人人都在遭受苦难，富裕的精英阶层依旧挥霍享乐。大批难民涌入金边，人道主义危机爆发。柬埔寨约有 95% 的援助来自美国。1974 年初，美国提供的人道主义援助总额才 250 万美元，而军事援助金额则高达 5.165 亿美元。

战争爆发前，"红色高棉"还是一支弱小的军队，它利用美国的暴行不断发展壮大，就像伊拉克和阿富汗的反美势力一样。"红色高棉"的领导人杜赫说道：

> 每次轰炸后，他们就带人们去看弹坑，看看弹坑有多大多深，看看土地被踩蹦成什么样……炸弹、子弹飞来时，普通人往往吓得屁滚尿流。他们什么都不想了，三四天都不说话。他们太恐惧了，甚至发了疯，这时，我们说什么，他们都相信。正是因为痛恨美军的狂轰滥炸，他们才愿意加入"红色高棉"，把自己的孩子也送进来……有时候，炸弹飞来，炸死了孩子，那么这些孩子的父亲也会投靠"红色高棉"，以报杀子之仇。

1975 年下半年，基辛格对泰国外交部长说："你应该……告诉柬埔寨人，我们愿意与他们成为朋友。他们都是凶残的暴徒，但我们不会让这一点阻碍双方关系。"

幸运的是，河内并没有袖手旁观。1978 年，它试图策动柬埔寨人起来反抗政府，该政府的首脑被越南领导人称为"本世纪下半叶最恶心的杀人犯"。这一年，越南进犯柬埔寨，最终推翻了波尔布特的残暴统治。越南媒体报道："柬埔寨这块曾经的祥和之地……今日再没有了笑容。这片土地到处流淌着鲜血和泪水……柬埔寨是人间地狱。"

尽管美国没有在老挝造成类似的破坏，但这并不表示它没有尝试过。自 1964 年以来，美国一直"秘密"轰炸老挝。这在老挝人眼中已经不是什么秘密了。1967 年以后，轰炸加速。越来越多的平民受战乱之苦。尼克松上台后，更是毫无节制。比利时的联合国问题顾问乔治·沙普利在采访幸存者的基础上，还原了很多细节：

> 1967 年之前，轰炸还远离人口密集区。到 1968 年时，轰炸强度加大，村子里的人们无法进行有序生活。村落开始往偏远地区迁徙，1969 年轰炸达到巅峰时，很多人甚至躲进了深山老林。喷气式飞机每日都盘旋在空中，摧毁了所有建筑物。一切都轰然倒塌。村民们住在战壕或山洞里，只敢在晚上出去干农活。谈判

人员都无一例外地发出威胁，要把对方的村庄炸成平地。最后阶段，袭击目标主要是系统破坏百姓的物质基础。庄稼被毁，粮食颗粒无收。

1965 ~ 1973 年，美国投放了 2 756 941 吨军火，共在 113 716 个地方进行了 230 516 次袭击。巴特寮（1950 年建立的老挝左翼民族主义集团——译者注）控制的石缸阵地区是美军的重点进犯区。该地区的年轻人大都背井离乡加入了巴特寮。美国为首的盟军驱散了剩下的村民。到 1969 年 9 月，该地区基本沦为一片废墟。弗里德·布兰夫曼采访了 1 000 多名难民后，写道："石缸阵有 700 年历史可考的记录，之后就完全消失了。"大多数老挝人遭遇了相同的厄运。

1972 年尼克松顺利连任总统后，还没来得及享受胜利的喜悦就迎来了"水门事件"丑闻，他也因此断送了总统生涯。国会的调查牵扯出了许多腐败和滥用权力事件。亚历山大·巴特菲尔德公布了白宫磁带，好比打开了闸门，一场山洪扑面而来，如果没有它，尼克松或许不会遭到弹劾。当时，巴特菲尔德表示，他希望自己不要被问到关于磁带的事，一旦被问到，他绝不会做伪证。他后来私底下承认，他其实希望委员会问这个问题。他说，当自己与尼克松、利希曼和海德曼等人坐在一起，听着他们讨论下一步该窃听谁的时候，他觉得这些人卑鄙无耻、冷酷无情，根本不值得他去保护他们。公众很快就得知了"水门事件"，约翰·米切尔称之为"白宫丑闻"。

10 月，副总统斯皮罗·安格纽因其在马里兰州当州长时收受贿赂和折扣被迫下台。尼克松任命有亲和力但默默无闻的众议院少数党领袖杰拉尔德·福特取代安格纽担任副总统。有观察家指出："再没有人比福特更适合了，因为这个职位只需要一个一无是处的人。"

众议院司法委员会起草了一份文件，指出弹劾总统的三项理由，分别是妨碍司法公正、滥用总统权力、拒绝向委员会提供相关必要信息。各方纷纷施压，要求总统辞职。许多观察家发现，尼克松变得越来越偏执。因为担心总统会做出什么出格的事，国防部长詹姆斯·施莱辛格私下会见了美国参谋长联席会议主席并告诉他，如果没有施莱辛格的批准，不要执行任何白宫发来的命令。8 月初，尼克松在国会的支持者纷纷倒戈。穷途末路的尼克松，只好于 1974 年 8 月 8 日宣布次日辞职。

杰拉尔德·福特宣布："我们国家长期以来的噩梦结束了。"他后来还因宽大处理"疯子"尼克松，引发了不小的争议。但是，40 位政府官员和尼克松连任委员会的成员却受到牵连，被判重罪。锒铛入狱的有迪安、米切尔、海德曼、利希曼，总统的政治助理查尔斯·卡尔逊、埃吉尔·克罗、杰布·斯图亚特·马格鲁德，以及总统的律师赫伯特·卡姆白什。饰演尼克松的演员大卫·弗莱打趣道："'水门事件'有高尚的一面，至少我把一帮恶人都除掉了，取而代之的是一些我能随时监控的对象。"

"神经病"基辛格毫发无损。1973 年 10 月，他和参与越南停火谈判的专家——北越的黎德寿一起被授予诺贝尔和平奖。美国杰出的政治讽刺作家汤姆·莱勒说道，基辛格获和平奖简直是一出老掉牙的政治讽刺剧，我们再也不能让这样的闹剧重新上演了。与基辛格不同，黎德寿知道和平远未实现，他英明地把奖杯抛在一边。

历史学家卡洛琳·艾森伯格巧妙地指出："尼克松是美国历史上唯一一位不征求公众、媒体、政府官僚机构和外国精英的意见，而敢于让美军连续对三个国家采取军事行动的总统。"

第 3 章

缓和梦碎
重新引爆冷战

　　20 世纪 70 年代末，一场阿富汗内战正在酝酿之中，美国把赌注压在极端主义者身上，与伊朗的极端分子合作煽动叛乱。苏联一旦出兵镇压叛乱，可能引发 4 000 万中东民众发动起义。勃列日涅夫过度乐观，一步步走进美国设置的越南式圈套中。此时，美苏缓和名存实亡。

THE UNTOLD HISTORY OF THE

UNITED STATES

12
★★★

培养"'反共'盟友"

前总统吉米·卡特是非常了不起的，用他自己的话说，堪称美国历届总统之最。尽管约翰·昆西·亚当斯卸任后回到国会，发起了反奴隶制运动，倚靠自己雄厚的财力做出了一些成绩，但是卸任后的卡特取得的成就要傲人得多。1982年，卡特创立了卡特中心，该机构致力于促进民主，改善不发达国家的医疗卫生事业，保障获释囚犯的基本生活。卡特还帮助海地民选总统阿里斯蒂德重获政权，他应邀接受古巴电视台的采访，在节目中呼吁美国结束对古巴的贸易禁运，并恳请卡斯特罗改善公民自由。

1994年，卡特与金日成谈判，双方达成核协议，有效减缓了朝鲜半岛的核武库发展。他密切关注世界各地的选举形势，2004年委内瑞拉选举委员会宣布对总统乌戈·查韦斯进行罢免公投，结果查韦斯获胜，反对派声称选举中存在欺诈，卡特中心的观察则认为这次选举是公平而且开放的。他试图理性分析长期以来都悬而未决的阿以冲突，得出的结论具有高度争议性，招致包括以色列在内各方的批评。他谴责乔治·W.布什入侵伊拉克，呼吁关闭关塔那摩湾监狱，他还指责"布什—切尼"政府是"史上最糟糕的一届政府"。他号召国际社会废除核武器。卡特依然是迄今为止唯一访问了日本广岛的美国总统。因为一系列的勇敢举措和杰出的全球领导力，他获得了2002年诺贝尔和平奖。

尽管卸任后的卡特处世堪称典范，但他在担任总统期间的表现可谓差强人意，他甚至还背叛了自己的信念，让支持者们十分失望，民调显示他当时的支持率只剩下可怜的 34%。卡特作为总统所留下的最经久不衰的遗产，并非其伪善的人权运动，而是他合法地开启了一扇罪恶之门，使得继任者罗纳德·里根的很多野蛮政策有了合法依据。里根上台后采取了一系列政策，重新引爆了冷战，从危地马拉到阿富汗，许多无辜的人们再度沦为受害者，世贸中心成为一个没有硝烟的战场。这些都是怎么发生的呢？那些毁坏其他民主党，包括威尔逊、杜鲁门、约翰逊、克林顿和奥巴马等政府统治的势力是不是在卡特时期就开始作祟了呢？

1974 年 8 月，尼克松辞去总统职务，美国从越南撤军，整个国家开始对过去的政策进行深刻的反思，评估那些对内和对外政策是否导致美国误入歧途。这在美国历史上实属罕见，当然这一切也不是在和善有余但能力和魄力都不足的福特统治时期发生的。用林登·约翰逊的话说，福特是个不会边走路边嚼口香糖的人。他从上任之初就错误百出。

其中的一个错误就是，他宣布亨利·基辛格将继续兼任国务卿和国家安全顾问之职。基辛格深知，当时的美国经济和政治都面临严峻挑战。美国经历了连续 70 年的贸易顺差后，于 1971 年首次出现逆差，而且赤字越来越大。中东的石油输出国"沆瀣一气"，联手组成了欧佩克组织（OPEC），决心报复美国、西欧和日本，因为 1973 年阿以战争中这些国家都站在以色列那一边。第二年，石油价格就翻了两番。20 世纪 50 年代，美国的石油还基本能自给自足，但现在它 1/3 石油供应要靠进口，所以很容易受到欧佩克组织这种惩罚措施的影响。全球的财富和权力逐渐转向中东，美国的很多同盟国纷纷采取对阿拉伯国家友好的政策，基辛格对此十分"鄙视"。基辛格和美国其他高官决定反其道而行之，甚至提议入侵沙特阿拉伯。

美国真的需要另一场战争吗？它显然还未摆脱"越战"失利的阴影，越南这个曾被基辛格轻蔑地称为"不足挂齿的无名小国"却让强大的美国受到了重创。难怪基辛格对美帝国的未来感到悲观。在福特政府时期任职约两个月后，他接受了《纽约时报》记者詹姆斯·莱斯顿的采访。基辛格表示："作为历史学家，你必须明白，任何一个文明，不管它曾经多么辉煌，最终都会走向衰落。历史总在书写着人类的努力、失败和人类无法实现的愿望，或者当愿望终于实现了，却发现与预期相去甚远。所以历史学家必须平静地看待悲剧的必然性。"

85

上图：1974 年 8 月尼克松辞职后，杰拉尔德·福特宣誓就职。
下图：福特与基辛格。福特上任之初就犯了一系列错误，其中
一项就是让基辛格兼任国务卿和国家安全顾问。

1975 年 3 月，北越发起最后一次猛攻，南越几乎没有任何反抗。失去
了美国这个靠山，南越军队变得不堪一击。南越的一名官员将这场战争称
为"世界军事史上罕见的大溃败"。南越军队全面落败后，整个国家陷于一
片混乱。士兵们失去理性，大肆残害军官、昔日的战友和无辜的平民。国防
部长詹姆斯·施莱辛格对福特说，只有动用战术核武器才能防止失败。福
特反对这种做法。记者乔纳森·谢尔指出，"越战"的结局揭露了"这场战

争的本质"。他写道："南越政权完全没有内在凝聚力，它靠外国的武器、资金和政治意愿才勉强得以维持。把这些都拿走，它不过就是一具行尸走肉，所谓的远大政治抱负也会瞬间幻灭。"

　　南越落败之时，基辛格在国家安全副顾问布伦特·斯考克罗夫特的办公室内讲电话。从福特上任开始，基辛格就对美帝国的未来感到迷茫。他在接受《纽约时报》记者詹姆斯·莱斯顿的采访时表示："作为历史学家，你必须明白，任何一个文明，不管它曾经多么辉煌，最终都会走向衰落。历史总在书写着人类的努力、失败和人类无法实现的愿望，或者当愿望终于实现了，却发现与预期相去甚远。所以历史学家必须平静地看待悲剧的必然性。"

　　福特鼓励美国人"恢复'越战'之前的民族自豪感"，而不是让他们从失败的历史中吸取教训。美国不应该支持腐败的独裁政府，去压迫人民的正义要求，但是美国没有吸取这个教训，在未来几年里，它终究在同一个地方重复栽跟斗。

　　在美国的压力之下，阮文绍于 4 月 21 日宣布辞职。4 月 30 日，南越的杨文明将军向北越陆军上校裴丁投降。杨文明说："我从今天早上开始就一直在等待，等着把权力转交给你。"裴丁回答说："你只是交出了本来就不属于你的东西。""越战"虽然结束了，但在未来几十年里，关于"越

战"炮火纷飞和流血牺牲的恐怖记忆始终困扰着美国人。在战争结束两年
前的巴黎和谈中，尼克松签署了一项秘密协议，承诺战后向越南提供 42.5
亿～47.5 亿美元的援助，而且不附带任何政治条件。但是尼克松和国务卿
威廉·罗杰斯对此事矢口否认。罗杰斯坚决地否认道："我们从未对越南
的重建工作作过任何承诺。"福特则认为，北越发动进攻且获得胜利，违
背了《关于在越南结束战争、恢复和平的协定》，他以此为借口切断了对
越的援助。他还对整个印支半岛实行禁运，冻结了越南在美国的资产，对
越南加入联合国投了否决票。

1975 年 3 月，北越发起最后一次猛攻，南越几乎没有任何反抗。
"越战"虽然结束了，但在未来几十年里，关于"越战"炮火纷飞和
流血牺牲的恐怖记忆始终困扰着美国人。

越南人在美国入侵期间饱受创伤，现在他们要在这片满目疮痍的土地
上重建自己的家园。近 400 万越南人在战争中丧生，众多景观被毁，大片美
丽的丛林消失殆尽。2009 年，"越战"期间埋下的地雷和未爆炸弹依然污染
着中部 6 省超过 1/3 的土地。在越南政府、美国"越战"老兵基金会以及广

治省的美国"越战"老兵查克·瑟西等人的不懈努力下，越南 3 000 多英亩土地的安全隐患得以排除。但是，还有 1 600 多万英亩的艰巨任务等在前方。除了战争本身带来的伤亡，战争结束后，还有 4.2 万多名越南人，其中包括很多孩子，被"越战"残余的炸药炸死。美国的"越战"老兵也是一群受害者。据统计，战死的美国士兵约有 5.8 万名，但战争结束后自杀的美国老兵甚至要超过这个数。

　　在"越战"中饱尝挫败的美国，竭力在该地区培养反共产主义盟友。12 月初，福特和基辛格出访印尼，会见了印尼右翼政府独裁者苏哈托将军。就在他们离开的那天，苏哈托军事入侵了刚刚才摆脱葡萄牙殖民统治而获得独立的民族国家东帝汶。苏哈托曾对他的美国客人说："如果我们认为有必要迅速采取行动，推翻东帝汶的左翼政府，希望贵国能够给予理解。"福特向他保证："我们一定会理解，而且不会在这个问题上给你们施加压力。"基辛格则希望苏哈托推迟入侵计划，等他和福特回到美国之后再采取行动，而且一定要速战速决。这次侵略战争又导致了大量的流血牺牲，东帝汶受殖民的时间因此又延长了。据估计，因战争、饥荒和疾病引发的死亡人数为 10 万～20 万，甚至可能更多。30 万东帝汶人民，即该国一半以上人口被迫迁移到由印尼军队控制的集中营里。美国向印尼提供军事援助，一直持续到 1999 年。直到 2002 年，东帝汶才完全获得独立。

13
★★★

"让美国当好最优秀的老二"

尼克松被罢黜后，保守派开始清洗中情局内部的温和派，因为温和派人士认为苏联没有称霸全球的野心。以空军情报局局长乔治·基冈少将为首的保守派，要求中情局局长乔治·H.W. 布什给予中情局内的反苏强硬派（B 队）最大的权限，可以查看国家最高保密级的情报，这样他们就能好好分析苏联情报，以便找出应对之策了。

但在中情局分析师看来，基冈并不可靠，因为他写过许多关于苏联定向能量工程的报告，内容不切实际，一直高声吆喝苏联在这方面的发展大大超过美国。军方和情报部门专家都断然拒绝了基冈的要求，于是他退休后向媒体公布了自己的古怪理论。

1977 年 5 月，他说服《航空与空间技术》周刊的编辑刊登了一篇报道，里面写道："苏联已经取得了高能物理应用的技术突破，而且很快会用于定向能量光束武器中，美国整个弹道导弹系统将被消解，国家的战略原则可能会遭到挫败……完善定向能量武器的军备竞赛已成为现实。"尽管苏联并不存在这样玄乎的技术工程，但美国还是加速了技术研发的步伐，1978 年由国防高级研究计划局牵头，美国启动了天基激光武器项目。最终，一个哗众取宠且花费惊人的战略防御计划（SDI）诞生了。

基冈还误以为苏联正在建造大规模的民防系统，旨在核战争爆发时能保护大部分苏联人口。负责《国家情报评估》苏联版的霍华德·斯托尔茨说，他和中情局其他人都反对类似基冈提供的这种外部调查："我们大多数人都反对，因为我们觉得它是一种意识形态和政治把戏，并不是一种科学的学术评估。我们很清楚那些人提倡这种方式的真正意图。"

哈佛大学的学者、俄罗斯历史学家理查德·派普斯是波兰移民，他有强烈的反苏倾向，受命担任 B 队负责人。派普斯立即邀请保罗·尼采和保罗·沃尔福威茨加盟其团队。卡特总统时期在军备控制和裁军署任职的安妮·卡恩说："B 队成员都有一个共同点，那就是他们都极度敌视苏联。"B 队成员大大高估了苏联的军费支出和军事能力，据他们预测，苏联将在 1984 年初拥有大约 500 架逆火式轰炸机，这是实际数量的两倍多。他们总是对苏联意图作出最丑恶的剖析，指责苏联以缓和为幌子谋取霸权。中情局评估报告认为，苏联的核设施主要是防御性质的，旨在阻止和反击，而不是进攻。B 队却推翻了这种说法。

派普斯抱怨中情局的评估"碰巧迎合了缓和政策，会让苏联在美国的眼皮底下获得成功"。他认为，中情局的"分析师与美国学院派人士一样，对哲学实证主义、文化不可知论和政治自由主义范式情有独钟"。派普斯争辩道，苏联的实际行为"是不能通过理性推理的，因为苏联领导层认为核武器是一种合理的战争工具，适当运用……能够确保胜利"。

派普斯的报告显示，苏联在所有战略性武器发展上都已遥遥领先。中情局称之为"一派胡言"。卡恩总结道："如果你仔细地看看 B 队关于武器系统的具体分析……你就会发现，那都是错的。"

11 月 5 日，B 队成员与中情局的苏联情报分析师进行了大辩论，后者几乎都是年轻人，缺乏经验。参与当年辩论的一名中情局分析师回忆道："我们失败了，尼采等人把我们说得哑口无言。"一位中情局官员说道："这就好比让沃尔特·惠特曼高中的橄榄球队与红人队进行比赛，双方实力太过悬殊。"

中情局吃了败仗，派普斯洋洋得意地表示，"一群乳臭未干，有些才刚刚毕业的小子"胆敢挑战"高级政府官员、资深将军和大学教授"。派普斯说："当 A 队'队长'、分析师泰德·奇利批评 B 队的分析结果时，尼采反问了一个问题，让他完全方寸大乱，我们有些尴尬地看着他，他坐了下来，很长时间都张着嘴，却什么也说不出来。"尽管中情局局长布什及其继任者斯坦斯菲尔德·特纳都与基辛格一样，并不同意 B 队的分析报告，但布什还是决定把这份误读苏联能力和意图的文件纳入情报系统中。

外界对中情局事务的横加干涉使得中情局内部形势变得更加诡异莫测。1978年9月，前中情局高级官员约翰·佩斯利去切萨皮克湾航海后神秘失踪。佩斯利曾任中情局战略研究处副主任，是苏联核武和其他武器方面的专家，曾受命发射间谍卫星。他担任中情局与B队间的联系人。他的儿子声称，佩斯利还负责向媒体透露有关B队的消息。

一星期后，马里兰警方在切萨皮克湾发现一具尸体，尸体已严重腐烂，据当地警方证实，死者正是佩斯利。死者头部有枪伤，警方认为不排除自杀的可能。但如果真是自杀，也太奇怪了，因为尸体腰部两侧绑着两条19磅的潜水腰带，佩斯利有5英尺11英寸（约1.8米）高，而潜水腰带比佩斯利的身高短了4英寸（约0.1米）。

作家尼古拉斯·汤普森写道："如果那真是他的尸体，而且他真的是自杀，那么他其实选了一个很笨的方法。佩斯利惯用右手，他要把腰带系上去，然后侧身对着自己的左太阳穴开枪。"

除了马里兰州警察外，美国中情局、联邦调查局和参议院情报委员会都展开了调查。与此同时，中情局还刊登了各种封面报道，不过很快就被证明并不可信。中情局在介绍佩斯利时这样写道："他大约于1974年离开中情局，是本机构的兼职顾问，基本很难接触机密信息。"

总统外交情报咨询委员会（PFIAB）的前高级职员声称，这种轻描淡写的说法"令人震惊"。他在接受《巴尔的摩太阳报》采访时说道："毫无疑问，佩斯利在去世之前仍然有权访问高度机密的情报。"该报社对此事进行了长达3个月的调查。

总统外交情报咨询委员会的一位前白宫幕僚透露："B队成员的名单就是佩斯利拟定的，他的工作就是审查这些人的背景，然后与我们讨论。团队成立后，他安排组员定期开会。整个团队的运作就是由他负责的。"据《巴尔的摩太阳报》报道，佩斯利死前正在写B队工作"回顾性分析"，以供内参。在船上发现的文件都是佩斯利记录的有关这个项目的历史资料。此外，他还拥有苏联国防开支和苏联军事准备方面的高度机密文件。

在发生了一些更邪门的事件后，坊间流传着各种揣测。中情局的一些内部人士告诉记者，他们相信是克格勃谋杀了佩斯利。还有人认为他是克格勃的"间谍"，被中情局发现后遭到暗杀。佩斯利的妻子出来指认说，尸体并不是她丈夫的。她聘请了一位律师和调查员。她说道："我觉得有一些阴谋正在进行当中。"她还指责中情局"污蔑"她丈夫。两家保险公司起初拒绝向佩斯利太太支付赔偿金，因为他们怀疑她的丈夫可能还活着。参议院情报委员会经过长期调查后，决定对结果实行保密。这个谜底至今未解。

与此同时，强硬的反缓和派分子开始在多个层面上兴风作浪。1976 年 3 月，尼采、詹姆斯·施莱辛格和美国前助理国务卿尤金·罗斯托开始行动，于 11 月成立了"当前危机委员会"（CPD）。早在 1950 年时他们就成立过这样的委员会，当时尼采还在国家安全委员会任职。B 队的 3 名成员，即尼采、派普斯和威廉·范·克里夫加入了 CPD 的执行委员会。早期的支持者有梅隆家族的继承人理查德·梅隆·斯凯夫和后来的中情局局长威廉·凯西。委员会成员包括《评论》杂志编辑诺曼·波德霍雷茨、理查德·派瑞、迪恩·腊斯克和罗纳德·里根。"当前危机委员会"在立会声明中提出警告，苏联正在通过"强大的军事积累"寻求全球主导地位，它打着军备控制的幌子，暗地里积极准备战斗，以期赢得核战胜利。

B 队和"当前危机委员会"努力地破坏情报机构，引导国家政策往右偏，许多基金会和智库在资金和智力方面的支持也助推了这种形势。梅隆家族、库尔斯家族和约翰·M. 奥林基金会主席威廉·西蒙等纷纷慷慨解囊。受到资助的还有美国传统基金会、美国企业研究所、哈德逊研究所、曼哈顿学院、华盛顿法律基金会、司法研究所、胡佛研究所、自由之家、伦理与公共政策中心等。这些利益集团还支持了一系列右翼出版物，包括《国家利益与公共利益》、《评论》和《美国观察家》。

这股蓬勃发展的右翼势力认为温和派的杰拉尔德·福特一无是处。他们很想让里根那样真正强硬的右派人物入主白宫。福特和他的白宫办公厅主任唐纳德·拉姆斯菲尔德试图平息外界对福特的批评。1975 年 10 月，他们对内阁进行大换血，被戏称为"万圣节大屠杀"。拉姆斯菲尔德接替施莱辛格担任国防部长；布伦特·斯考克罗夫特将军取代基辛格担任国家安全顾问；布什接替威廉·科尔比担任中情局局长；拉姆斯菲尔德的副手迪克·切尼出任白宫办公厅主任；副总统纳尔逊·洛克菲勒被告知他将于

1976 年离任。怒不可遏的基辛格当即起草了一封辞职信，但他并未寄出。此次人事调动，处处都可以看见拉姆斯菲尔德的痕迹。尼克松曾将拉姆斯菲尔德称为"无情的混蛋"。基辛格后来也说拉姆斯菲尔德是他见过的最无情的人。

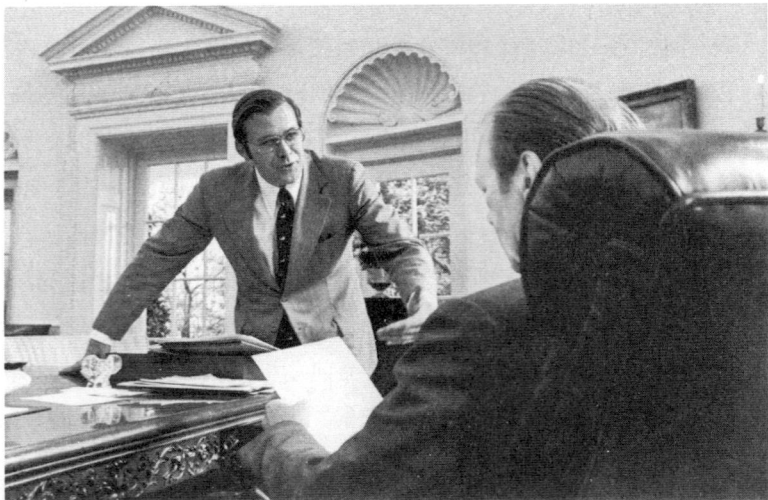

　　为了平息右翼势力对福特政府的批评，福特和他的白宫办公厅主任唐纳德·拉姆斯菲尔德于 1975 年 10 月对内阁进行大换血，被戏称为"万圣节大屠杀"。拉姆斯菲尔德接替施莱辛格担任国防部长。此次人事调动，处处可见拉姆斯菲尔德的痕迹。尼克松曾将拉姆斯菲尔德称为"无情的混蛋"。在五角大楼担任新职位后，拉姆斯菲尔德发出警告，苏联威胁要在军事力量上超越美国，所以缓和政策不符合美国利益。

　　拉姆斯菲尔德一改他往日温和派的作风，开始稳步向右翼势力靠拢，他成了 B 队的坚定捍卫者，强烈反对基辛格的缓和政策。1976 年初，他阻止了新一轮战略武器限制谈判。福特后来写道："国防部长拉姆斯菲尔德和参谋长联席会议反对谈判，我认为他们必定胜券在握。"拉姆斯菲尔德警告，苏联威胁要在军事力量上超越美国，所以缓和政策不符合美国利益。福特心领神会，于 1976 年 3 月宣布："我们将放弃缓和策略。"

　　显然，这样的宣示仍不足以让右翼势力感到满足。里根痛斥尼克松、福特和基辛格等人的"温和"政策，他认为这只会让美国在与苏联的较量中丧失斗争意志。3 月下旬，他指责基辛格曾经说过的一番话，即"美国的时代已经过去，今天是苏联的时代……作为国务卿，我的职责是通过谈判，让美国当好最优秀的老二"。毋庸置疑，基辛格否认自己曾经说过那样的话。

14

★★★

鹰派心腹如何设计卡特外交思维

福特设法躲过了共和党新保守主义派的攻击，但是在 11 月的选举中以微弱的劣势输给了佐治亚州前州长吉米·卡特。卡特家财万贯，是种植花生的农民，长期在主日学校担任老师。他是浸信会福音派教徒，以民粹主义和自由选举人身份参选，在黑人、农民和心怀不满的年轻人中拥有高支持率。

卡特不是一般的农民，他是大农场经营者，正如历史学家利奥·利布夫指出的那样，他的政见与"一战"前的进步人士相似，强调科学效率和公共道德，而不是罗斯福新政和伟大社会的改革者们所提出的建设福利国家。卡特承诺重建政府公信力，弥合因"水门事件"、越南战争造成的政府机构间的分歧，协调各部门在性别、种族等问题上的意见。

但是卡特并不知道，美国的外交政策其实主要是由"三方委员会"制定的。该机构由美国大通曼哈顿银行的主席大卫·洛克菲勒于 1972 年成立。此外，洛克菲勒还是曾经颇具影响力的外交关系协会（CFR）的负责人。近期一些事态的发展令洛克菲勒和他的许多密友都陷入困境。美国对越战争遭遇前所未有的"滑铁卢"，经济也面临动荡局势。尼克松对此作出的回应在许多人看来是另一个危险信号。他放弃了美元金本位制，实施工资和价格调控，还征收进口关税，这些措施破坏了自 1945 年以来主导美国经济的自由国际主义理念。劳工组织和国会向来努力限制进口，并对跨国公司向国外输出工作机会的做法进行惩罚，尼克松的经济措施显然符合他们的要求，但外交关系协会的成员担心这会导致经济民族主义重新抬头，甚至可能引发国际贸易战。

左图：吉米·卡特在一家教堂门口，此时他正在佛罗里达州杰克逊维尔参与选战。

右图：1976 年纽约市民主党全国人民代表大会会址前，一名卡特的支持者高举竞选旗帜。卡特家财万贯，是种植花生的农民，长期在主日学校担任老师，他以微弱的优势战胜了福特。他以民粹主义和自由选举人身份参选，在黑人、农民和心怀不满的年轻人中拥有广泛的支持率。卡特承诺重建政府公信力，弥合因"水门事件"、越南战争造成的政府机构间的分歧，协调各部门在性别、种族等问题上的意见。

外交关系协会成员在"越战"问题上分歧明显，所以在整个阶段中没发挥多大作用。洛克菲勒想寻找新的工具以稳定国际秩序，于是他听取了哥伦比亚大学教授兹比格涅夫·布热津斯基的建议。1970 年，布热津斯基撰写了著作《两个时代之间》（*Between Two Ages*），他在书中呼吁西欧、美国、日本组成"发达国家共同体"，一同主宰国际秩序。这两个纽约人在海豹港度假期间刚好住附近，于是他们私下策划了一个能将上述理念转化成现实的组织。

1972 年 6 月，秘密组织彼尔德伯格集团在荷兰欧斯特贝克的彼尔德伯格酒店召开年会，洛克菲勒提议建立一个组织，重振资本主义秩序，加强三大洲国家领导人之间的联系。布热津斯基既是彼尔德伯格集团的成员，也是外交关系协会的一员，他满腔热情地支持这个提议。7 月，该集团的 17 名成员齐集在纽约，就在洛克菲勒名下的一栋大楼内举行策划会议。会议决定新成立的组织初始成员定为三大洲各 60 名，分别在纽约、巴黎和东京等地设立办事处。多数成员都反对"当前危机委员会"昭然若揭的"反共"意图，他们希望将苏联纳入国际体系中，以促进各国经济相互依存，实现资本和贸易的自由流动。第三世界国家的经济和政治问题应在冷战框架体系之外进行讨论和解决。

布热津斯基是该委员会北美分支的执行董事。身为波兰外交官的儿子，他可能是组织创始成员中最冥顽不灵的"反共"分子，他还把卡特发展成会员。他和洛克菲勒认定卡特是个可造之材，这位来自美国南部的州长虽然眼下还只是无名之辈，但他极度渴望认识世界。卡特自信且怀有雄心壮志，他已经开始与自己的贴身顾问讨论竞选总统事宜。然而，若想引起全国选民的注意，他似乎还需下点工夫。1973 年 12 月，当他出现在哥伦比亚广播公司的电视节目《明星猜猜看》上时，阿琳·弗朗西斯、吉恩·沙利特等节目组成员甚至都不知道卡特是干什么的。也许给布热津斯基留下深刻印象的是卡特在 1972 年民主党全国代表大会上的表现，他提名了强硬的"反共"分子——参议员亨利·斯库普·杰克逊为总统候选人，这是新保守主义者最喜欢的候选人。

布热津斯基和洛克菲勒在卡特身上看到了某种闪光点，他们对卡特的潜力深信不疑，很快就成为他的"铁杆"支持者。卡特的竞选团队副经理彼得·伯恩透露："大卫·洛克菲勒和兹比格涅夫·布热津斯基都认定卡特能成长为一位理想的政治家。"在竞选期间，布热津斯基担任卡特的外交政策顾问，并为他撰写演讲稿。卡特上台后，有 26 名"三方委员会"的成员进入政府任职，其中包括副总统沃尔特·蒙代尔、国务卿塞勒斯·万斯、国防部长哈罗德·布朗、财政部长迈克尔·布卢门撒尔和美国联邦储备委员会主席保罗·沃尔克。卡特让"三方委员会"的另一位成员斯坦斯菲尔德·特纳代替布什担任中情局局长；其他"三方委员会"成员，如沃伦·克里斯托弗、安东尼·莱克和理查德·霍尔布鲁克等也都官居要职；最重要的是，卡特任命布热津斯基为国家安全顾问；而同样是"三方委员会"成员的基辛格在卡特任期内没有一官半职。

尽管卡特缺乏经验，但他凭着"三方委员会"的关系网和中间派的本能，上任之后开始小心翼翼地带领美国走进"卡特时代"。他的首要任务之一是削减国防开支。早在竞选期间，他就曾谴责美国的核讹诈："我们限制其他主权国家发展核武器，自己却在做另一套，这种自相矛盾的做法连我们自己都无法接受。"

卡特反对这种大国强加给弱国的双重标准，他认为美国"并没有权利让其他国家放弃发展这种武器"，除非美国能积极主动地毁灭自己的核武库。他意识到，"全世界都在翘首以待，不过不会等待太久；有效的武器削减拖的时间越长，其他国家发展核武器的可能性就越大"。

卡特的坦诚让人顿觉耳目一新，他还承诺要恢复美国在世界上的道德公信力，要从"越战"中吸取教训。他宣称："美国再也不能对其他国家的内部事务进行军事干涉了，除非该国事务直接和明显地威胁了美国或美国人民的安全。"他发誓不会重复前任的低级把戏，不会用"虚伪的语言甚至明显的谎言"来粉饰美国入侵越南的事实。卡特宣布："美国将协助人类塑造一个正义、和平和真正人道的世界……我们发誓要限制全球军备……今年，我们将朝着消灭世界上所有核武器这一终极目标大踏步迈进。我们呼吁其他国家人民能与我们一同携手，因为实现这一目标意味着生存而不是死亡。"他的豪言壮语仿佛重新点燃了人类的希望。

卡特对越南战争的评价到底有多少发自肺腑的成分？恐怕这就不得而知了。但它们起码显示了他在执政理念上有别于其前任的决心，也代表了这位新总统的风格比大家印象中的更加崇尚自由。1976 年竞选期间，有记者质疑卡特关于"越战"问题的立场，因为在此之前他是不折不扣的"越战"支持者。卡特回应："我在 1971 年 3 月时就提议全面撤军。"然而，同年 8 月，卡特专门撰写了一篇专栏，他在文中表示，自己最初支持美国卷入"越战"以对抗"共产主义侵略"，但是现在，"我们不能光为了赢而不惜付出一切代价，所以是时候回家了"。第二年，他支持尼克松轰炸北越、捣毁海港的政策，呼吁美国人"不管是否赞同该决策，都要全力支持尼克松总统"。即便到了1975年4月下旬，当西贡准备向共产党及其支持者缴械投降时，他依然告诉记者，他支持美国再向西贡政权提供5亿～6亿美元的军事援助，以巩固该政权。

因此，卡特在外交政策上不可能像大家猜想的那么自由。不过，他选择了鸽派人士保罗·渥克担任军备控制和裁军署署长，同时选用自由派人士、非裔美国人、亚特兰大前市长安德鲁·杨担任美国驻联合国大使，而且卡特最初同意万斯的实用主义做法，竭力冷却布热津斯基之流的"反共"热情，这些举动都激怒了"当前危机委员会"。

卡特与苏联领导人勃列日涅夫签订第二阶段《关于限制战略性进攻武器条约》。条约吹嘘得天花乱坠，但象征意义大于实际作用。条约允许美苏两国继续发展核武器，只不过速度稍有减缓。

卡特上台初期的确取得了一些成绩。他重新谈判《巴拿马运河条约》并取得成功。1978年，他推动了《戴维营协议》，该协议规定以色列从1967年中东战争期间占领的埃及领土上撤军，还促成了两国建立外交关系。

在军备控制上也取得了一定进展。渥克与苏联进行第二轮战略武器限制谈判,以减少核导弹和轰炸机,他说服卡特抵制五角大楼要求建造 B-1 轰炸机的压力。第二阶段《关于限制战略性进攻武器条约》表面看来意义非凡,但象征意义大于实际作用。因为条约允许美苏两国继续发展核武器,只不过速度稍有减缓。到 1985 年时,美苏可添加 4 000 个核弹头,并在条约生效的 5 年内部署一个新的核武系统。"当前危机委员会"的成员一致谴责该条约,声称这会让苏联获得"战略优势",让美国处于被动地位。他们呼吁大规模增加国防和民防开支。斯凯夫基金会向"当前危机委员会"注资 30 多万美元后,第二阶段《关于限制战略性进攻武器条约》的反对者数量更是以 15 比 1 的压倒之势大幅超过支持者。

卡特在外交政策方面缺乏经验,这终将束缚他的手脚,于是他对布热津斯基及其他鹰派顾问的依赖日渐加深,卡特的改革主义执政路线也就此画上句号,冷战思维逐步渗透到卡特时期的外交政策中。布热津斯基很快对程序进行了重大调整,以便左右总统决策。过去通常由中情局官员给总统作日常汇报,现在布热津斯基亲自接手汇报工作,而且汇报时还不允许其他人在场。他写道:"自卡特总统上任第一天起,我就坚持每天早上的情报汇报工作由我亲自来做,而且要清场。中情局想找位官员一同出席早会,但我觉得这不利于坦诚地讨论问题。"布热津斯基拒绝了特纳的建议。布热津斯基在回忆录中透露了他精心设计的整个过程,以便系统地塑造卡特外交政策思考模式:

> 实际上,每天早上的汇报会很有讲究,我会重点强调一些根据我的判断希望总统能好好考虑的问题,会上我还可以向总统植入一些基本理念,也可围绕一些概念或战略性问题与他展开深入讨论。这在总统上任之初尤为重要,因为这个阶段我们要制定长远目标,设定好优先要干的事。我有时会在早会期间,向卡特建议他在作公开声明时应该强调哪些重点,包括表达方式和措辞等。他特别善于采纳建议,很多时候他会把我们在汇报会上讨论的成果用于之后的新闻发布会或公众见面会,几乎一字不差,这一点常常让我很惊讶。

布热津斯基一向以自己是卡特的导师和心腹为豪，他通常还会采取附加措施以确保卡特完全听取他的意见。除了每天早上的汇报会之外，他开始每周向卡特递交一份国家安全委员会报告，这份报告"是高度机密的私人文件，仅供总统参阅"。报告首页通常是布热津斯基的评论，他会在文中"对卡特政府的表现直截了当地评头论足，提醒总统要特别注意的事项，偶尔写上批评意见，并试图向他提供一个全球视角"。

卡特与布热津斯基。卡特任命布热津斯基为国家安全顾问，他的改革式执政风格也就此画上句号。身为波兰外交官的儿子，布热津斯基是典型的鹰派人士，具有强烈的"反共"倾向，他通过精心策划，系统地改造了卡特的外交政策思维。

布热津斯基注意到，有时候卡特并不同意他的分析，甚至会被报告"惹毛"。布热津斯基具有强烈的"反共"倾向，将苏联视为 300 年来唯一能与美国抗衡的一极，必须严厉对待苏联人。卡特政府的政策走向表明了布热津斯基的"反共"思维最终征服了卡特，他们开始一个鼻孔出气。

15

★★★

攻击苏联人权，支持伊朗专政

卡特上任时承诺推进人权，但他把人权作为攻击苏联的工具，导致美苏关系日趋紧张。苏联声称自己在近几年中扩大了公民自由，减少了政治犯的数量，反讥美国公民享有的权利不如苏联人。在克里姆林宫的指示下，苏联驻美大使阿纳托利·多勃雷宁质问万斯："如果苏联把美国结束种族歧视或改善失业作为缓和的前提，那么美国会怎么样？"

对于苏联支持埃塞俄比亚的门格斯图·海尔·马里亚姆政权，卡特也反应激烈。1974 年埃塞俄比亚发动政变，推翻了海尔·塞拉西皇帝，门格斯图上台执政。

在那几年里，苏联利用非洲及其他第三世界国家的动荡局势，团结各进步党派，努力推动社会主义模式在全球的发展。但是过度卷入第三世界事务，又令苏联在经济、政治和军事上都陷入僵局。苏联干涉埃塞俄比亚事件就是其中一例。

1977 年下半年，卡斯特罗支持非洲解放运动的事迹使苏联领导人深受鼓舞，他们对门格斯图的求助给予了积极回应。当时门格斯图四面楚歌，一方面邻国索马里侵犯埃塞俄比亚，另一方面索马里扶持的厄立特里亚反对其统治，要求民族独立。

尽管苏联屡次指责门格斯图的残暴统治，但还是大幅增加了对埃塞俄比亚革命政府的支持，提供了逾 10 亿美元的军事装备，并派遣 1 000 名军事顾问。他们还协助将 1.7 万名古巴士兵和技术人才运往埃塞俄比亚进行支援工作。大多数非洲国家支持苏联的干涉行动，在他们看来，这是对索马里侵略行为的合法回应。

起初，卡特反应比较平淡，因为他也同苏联领导人一样，认为美苏缓和与控制军备是美国对外政策的第一要务。然而，布热津斯基敦促总统要摒弃"软弱"外交，强势地面对苏联。这位国家安全顾问认为，"总统不仅要受人爱戴和敬重，还必须有威信，令人望而生畏"。他建议卡特"挑一些有争议的话题，有意识地采取手段，表达愤怒，展示强硬，从而产生冲击效应"。

卡特认为埃塞俄比亚事件就是一个良好的契机。卡特不顾万斯的强烈反对，指责苏联利用"军事力量和军事援助"在海外"扩大影响力"。卡特谴责苏联的行为令布热津斯基倍感振奋。他后来在多个场合都表示："《战略武器限制条约》的美丽谎言都在（埃塞俄比亚的）奥加登埋葬了。"右翼势力更是猛烈抨击苏联在非洲的冒险主义。里根警告：

> 从目前发展看，苏联极有可能获得成功，如果他们成功，那么整个非洲之角都将沦陷。即便不是直接控制，苏联至少也能在那儿施加巨大影响。
>
> 他们可以扼住海上航线要塞，随心所欲地威胁西欧和美国的海上石油运输。更重要的是，一旦控制了非洲之角，莫斯科就能摧毁阿拉伯半岛那些具有强烈"反共"倾向的政权……也许几年后，我们将面对一个强大的苏联帝国，从亚的斯亚贝巴到开普敦将布满苏联模式的门徒。

苏联领导人没有料到美国会有如此强烈的反应，因为美国也在其势力范围加强影响。不过苏联的确高估了美国允许苏联与其平起平坐的意愿。苏联精英阶层和许多知识分子开始质疑苏联介入阿富汗、安哥拉、埃塞俄比亚、莫桑比克、索马里和南也门等地的举动是否明智，因为这些国家的专制领导人一再声明不愿在政治和经济问题上唯苏联马首是瞻。

卡特四处宣扬人权，招致苏联的反感。1978年7月，苏联认为异见人士安纳托利·夏兰斯基涉嫌为中情局做间谍，对其予以监禁13年的裁决，卡特为此"谴责"苏联。卡特的指控让苏联领导人备受羞辱，不过，美国驻联合国大使安德鲁·杨在接受法国记者采访时说的一番话，削弱了卡特对苏联的指控。安德鲁表示，美国的监狱里也关押着"成百上千甚至是成千上万所谓的政治犯"。

指责苏联的人权状况，并同时支持其他国家肆意侵犯人权，这种矛盾行为无疑是一场危险的游戏，有时还可能导致事与愿违。1967 年，英国宣布从苏伊士运河以东地区撤军的计划，美国决定填补这一空白。它在印度洋的迪戈加西亚岛上建立军事基地，该岛几乎有 2 000 个原住民在 1968 ~ 1973 年被英国人驱逐。美国将以该军事基地为跳板，保护自己在波斯湾的利益。

美国还将自己的命运与伊朗国王密切地联系在一起，此时，伊朗和以色列已俨然化身为美国在波斯湾地区经济和地缘政治利益的坚定捍卫者。波斯湾拥有世界石油探明储量的 60%，因此海湾地区的产油国在世界经济事务中扮演着重要角色，它们不但从美国和欧洲进口大量货物，还把大量石油外汇（或石油美元，即石油输出国在国际市场销售石油所得且大多用于国外投资。——译者注）投资到美国银行。

20 世纪 60 ~ 70 年代，美国向伊朗提供了大量先进武器。令后人啼笑皆非的是，美国甚至敦促伊朗建立大规模的核能项目来保存其丰富的石油储量。

中情局推翻了深受民众爱戴的伊朗民选领导人，新的伊朗统治者上台后开始残暴统治。美国领导人热情地向伊朗的新独裁者张开怀抱，无疑触怒了广大伊朗民众。

伊朗国王及其现代化方针的主要反对者阿亚图拉·鲁霍拉·霍梅尼说道："告诉美国总统，他在伊斯兰国家强制实施非正义行为，在伊朗人民心目中，他是当今世界最可恶的人。"正因为霍梅尼的各种反美反政府言论及活动，1964 年伊朗当局将他驱逐出境。在之后的 15 年里，这位被迫流亡海外的伊朗宗教领袖持续对伊朗国王及其美国支持者进行指责和控诉。

伊朗人民的不满情绪持续发酵，20 世纪 70 年代的经济危机更是加剧了这种趋势。伊朗国王继续无视人权，但卡特还是一如既往予以支持，他下令继续增加对伊朗的售武数量。卡特和这位被《纽约时报》称为"几近专制"的伊朗国王过从甚密,许多人谴责卡特的人权主张已经名存实亡。1977年11月,伊朗国王夫妇会见卡特,下榻白宫。双方会谈期间,卡特初步批准向伊朗出售6到8座轻水核反应堆。加上伊朗国王正在洽谈的从法国和西德购买的那14～18座,伊朗的核能项目规模就相当可观了。

为了显示对这位处境堪忧的伊朗盟友的支持,卡特总统夫妇前往德黑兰与伊朗王室欢度除夕夜,两国首都民众都对此进行了游行抗议。400人的宴会厅极尽奢华,每张餐桌上的5个水晶葡萄酒杯显得格外耀眼。卡特热情洋溢地赞美主人的款待,他说道:"我们的会谈取得的成果是无价的,我们建立了无可替代的友谊。本人十分感激伊朗国王,他的睿智和统治经验对于我这个初出茅庐的新任领导人来说很有帮助。本人对他感激之至,也与他建立了无比深厚的个人友谊。"

随后几个月中,伊朗各地再次掀起大规模抗议。9月,伊朗国王宣布戒严令。布热津斯基对卡特提出建议:"要么积极支持国王,要么在伊朗策动一场军事政变。"他担心苏联会乘虚而入,加强对海湾地区的渗透,于是要求五角大楼拟订方案以便美国占领伊朗石油产区。12月,他又警告卡特,美国正面临"冷战以来最大规模的溃败,其后果甚至比'越战'失利还要严重"。

布热津斯基开始幕后操纵,研究在伊朗发动政变的可能性。据美国驻伊朗大使威廉·沙利文回忆:"我接到电话,对方转达了布热津斯基的意思,问我能否策动军事政变镇压伊朗革命……我很后悔,我当时的回答有些见不得光。"

1979年的1月份,伊朗国王被迫出逃。布热津斯基担心红色势力控制伊朗。美国中情局和国务院严重低估了原教旨主义的威胁,因为他们收到的情报并不十分准确。国务院伊朗事务处官员亨利·普利希特回顾了当时的情形:

> 1978年11月下旬,我们召集了所有伊朗问题专家,讨论如何应对伊朗形势,预测接下来将会发生什么……就在前一天晚上,我应邀前往美国大学做演讲,听众中有很多伊朗学生。当我问他

　　1978 年，卡特总统夫妇前往德黑兰与伊朗王室欢度除夕夜，两国首都民众都对此进行了游行抗议。卡特热情洋溢地赞美主人的款待，他说道："我们的会谈取得的成果是无价的，我们建立了无可替代的友谊。本人十分感激伊朗国王，他的睿智和统治经验对于我这个初出茅庐的新任领导人来说很有帮助。本人对他感激之至，也与他建立了无比深厚的个人友谊。"卡特离开后不久，伊朗就爆发大规模骚乱。1979 年 1 月，伊朗国王被迫出逃。

　　伊朗革命爆发，民众进行抗议，反对国王统治。美国中情局和国务院严重低估了原教旨主义的威胁，因为他们收到的情报并不确切。

107

们伊朗局势将如何改变的时候，他们不约而同地回答："建立伊斯兰政府。"

但是在第二天我们国务院的会议上，当整个屋子的专家都各抒己见，讨论伊朗局势时，他们的说法是这样的："国民阵线可能会建立自由政府，霍梅尼将退至（伊朗北部的）库姆。"轮到我发言时，我回答："会建立伊斯兰政府。"整个屋子没人赞同我的说法。

1979 年 2 月，77 岁的阿亚图拉·霍梅尼回到德黑兰，人们像欢迎英雄凯旋一样恭候他归来。霍梅尼立即根据伊斯兰教法着手建立伊斯兰共和国，目标是创建新的伊斯兰政权。

中情局总部伊朗事务的负责人向该局驻德黑兰的工作人员保证："不用担心美国驻伊朗大使馆会再受袭击。现在唯一会引发袭击的因素就是美国允许逃亡的伊朗国王入境，但是在这个节骨眼上，没有人会蠢到去做这种事。"

的确，没有人会这样做，除了卡特，因为他迫于基辛格、大卫·洛克菲勒、布热津斯基和伊朗国王其他朋友的压力。

卡特此举终于引发伊朗众怒。11 月，伊朗学生闯入美国大使馆，抓走了两名美国人质，扣押时间长达 444 天。卡特担心苏联会介入平息原教旨主义运动，于是下令派遣 25 艘军舰进入波斯湾，包括 3 艘装载着核武器的航母和 1 800 名海军陆战队员。他还冻结了伊朗在美国的资产，并且下令停止从伊朗进口石油。

这些措施都无法迫使伊朗释放人质，美国公众开始变得焦躁不安。参谋长汉密尔顿·乔丹提醒卡特："美国政府对释放人质无能为力，也无法对伊朗进行应有的报复，美国人民对此感到很失望。"但卡特继续保持克制。霍梅尼不信任苏联，而且他严重依赖左翼势力，因此苏联也很难对伊朗局势有什么作为。1979 年 12 月，苏联入侵阿富汗，霍梅尼的反苏情绪加深；1980 年 9 月，苏联盟友伊拉克入侵伊朗事件更进一步加剧了霍梅尼的反苏倾向。

在伊朗问题上，美国人有一点至少是很幸运的。艾森豪威尔曾提出"原子能为和平服务"计划，于是美国向全世界许多国家都出售了研究反应堆，其中包括伊朗，美国向伊朗提供了高浓缩铀。有些核反应堆使用的浓缩铀浓度甚至高达 93%。伊朗国王下台前不久，美国还向伊朗出售了 58 磅的武器级铀。幸运的是，革命政府上台时，燃料尚未交付，订单暂时叫停了。

16

★★★

苏联入侵阿富汗，掉进越南式圈套

世界各地似乎都危机重重。中美洲地区几十年来遭受美国支持的右翼势力的独裁统治，终于在 20 世纪 70 年代末爆发了革命。在尼加拉瓜，"民族解放阵线"为纪念英勇就义的游击队领袖奥古斯托·桑地诺，将队伍命名为"桑地诺民族解放阵线"，他们扬言要推翻总统安纳斯塔西奥·索摩查·德瓦伊莱。索摩查家族对尼加拉瓜长达 43 年的残酷而腐败的统治导致民怨载道，贫穷的被压迫阶级开始团结起来。卡特政府担心桑地诺运动的成功会刺激邻国的革命武装力量，特别是危地马拉、洪都拉斯和萨尔瓦多等地。布热津斯基主张军事干涉，认为"如果我们在自己的后院都无法平息事端"，那将是一种奇耻大辱。正当卡特考虑这个建议时，"桑地诺民族解放阵线"于 1979 年上台执政，并大张旗鼓地开始了土地、教育和医疗改革，这是自古巴革命成功后，拉丁美洲第一个成功上台的革命政权。新政权释放出信号以求改善与美国的关系，美国国会积极回应，很快向新政府拨出 7 500 万美元紧急援助。之后，有媒体报道，尼加拉瓜暗中从古巴运送武器到萨尔瓦多，于是卡特下令停止援助，这时距离 1981 年 1 月里根上台只有 12 天了。

卡特也面临着萨尔瓦多的动荡局势。萨尔瓦多被一小撮富裕家族统治长达一个多世纪，他们穷尽手段剥削劳苦大众。20 世纪 70 年代，萨尔瓦多的敢死队四处流窜，谋杀反对残暴统治的平民。1980 年大主教奥斯卡·罗梅罗遭暗杀后，各种叛乱组织联合形成"马蒂民族解放阵线"（FMLN）。

到 1980 年末,"马蒂民族解放阵线"在各地攻无不克,卡特迫于布热津斯基的压力,又恢复了对独裁政府的军事援助。

阿富汗 1974 年的人均收入才 70 美元,这个落后国家也在酝酿着一场巨大的风暴。1976 年,美国国务院宣布,美国"不会,也不应该在任何方面负责'保护'阿富汗"。然而 1978 年 4 月,亲苏的努尔·穆罕默德·塔拉基和哈菲佐拉·阿明发动叛乱并上台掌权,形势也因此改变。新任国家元首塔拉基宣称:"阿富汗人民的未来将会是一片光明。"《纽约时报》的记者威廉·鲍德斯对此表示质疑:"用世界上其他任何地方的标准衡量,阿富汗的未来似乎并没有那么光明,该国的人均寿命才 40 岁,婴儿死亡率高达 18%,全国只有不到 10% 的人能够读书认字。"鲍德斯继续写道:"阿富汗几乎没有高速公路,也没有铁路,多数人居无定所或者家徒四壁,过着赤贫的农牧民生活,与 2 000 多年前亚历山大大帝统治时期的境遇相去甚远。"

苏联与阿富汗前一届政府关系友好,因此苏联反对发动军事政变,尽管阿富汗前统治者镇压阿富汗共产党的事时有发生。新政府上台后实施一系列改革措施,包括女性教育计划、进行土地改革和推进工业化,同时还推行严厉的镇压手段,这一切都使阿富汗的游击队员蠢蠢欲动,这些极端分子都秘密藏身于巴基斯坦,准备伺机而动。一场阿富汗内战处于酝酿之中。

美国把赌注都放在极端分子身上。卡特很反感叛军的宗教狂热和反动观点,他最初拒绝了布热津斯基提出的反对新政府的秘密行动计划。于是,布热津斯基与中情局携手训练叛军,确保他们的资金来源。2 月,极端分子在阿富汗首都喀布尔绑架了美国大使阿道夫·斯皮格尔·杜布斯,当阿富汗警方和苏联顾问冲进他被扣押的那家酒店时,他已经遇害。随后,美国进一步介入。

在日益高涨的极端主义运动中,布热津斯基看到了更多的机遇而不是危险。多年来,美国与伊朗和巴基斯坦进行情报合作,在巴基斯坦境内策动右翼原教旨主义运动,与亲苏政府作对。布热津斯基后来承认,早在苏联入侵阿富汗之前,美国就一直支持阿富汗游击队,他说道:"1979 年 7 月 3 日,卡特总统签署了第一个指令,秘密援助喀布尔亲苏政权的反对者。当天我写了一张便条给总统,向他分析,这一援助会诱发苏联的军事干预。"

布热津斯基明白，苏联担心阿富汗叛乱会导致中亚地区 4 000 万当地居民发动起义。阿富汗领导人一直催促莫斯科派军队镇压起义，苏联方面多次拒绝，勃列日涅夫还反过来敦促他们缓和与政敌的关系。苏联领导人已经敏锐地判断出，是美国与伊朗和巴基斯坦的极端主义分子合作煽动叛乱。但苏联依然不敢轻举妄动，进行干预。葛罗米柯道出了他们的担忧："如果妄加干预，我们千辛万苦取得的成就可能化为泡影，比如缓和局面会遭到破坏；第二阶段限武谈判将就此搁浅，无法达成最终协议（不管你们怎么看，对我们苏联来说，这始终是重中之重）；勃列日涅夫会见卡特也不太可能了……我们与西方国家特别是德意志联邦共和国的关系也会受到影响。"

苏联决定推翻镇压军首领阿明的势力，由塔拉基取而代之。但事与愿违，塔拉基不幸身亡，阿明政权进一步稳固。此后，阿明不但加剧了对国内革命的镇压，还向美国寻求帮助。苏联害怕其南部邻国出现亲美政权，在边境上布满美国军队和导弹时刻威胁苏联的安全，因此苏联领导人决定扶持巴布拉克·卡尔迈勒上台，取代阿明政权，当然苏联也深知这可能导致阿富汗局势动荡，最终苏联不得不出兵平息事态。

苏联军方反对军事干预，担心会触怒中东，从而让苏联在一块毫无利益瓜葛的土地上身陷泥潭，无法自拔。但勃列日涅夫有种愚蠢的乐观，他认为这场战争三四个星期就能结束。这时美苏缓和名存实亡，美国国内反对战略武器限制谈判的呼声日益高涨，北约决定在欧洲部署新一轮中程弹道导弹，因此勃列日涅夫出兵干涉的决心也更加坚定了。不过，历史学家梅尔文·莱弗勒告诉读者："当苏联决定插手阿富汗事务时，他们想到的是此举带来的威胁，而不是机遇。"

勃列日涅夫不顾军事顾问的谨慎建议，于 1979 年圣诞节那天紧急调遣 8 万多名苏联士兵。就在苏联入侵阿富汗前夕，中情局官员还肯定地告诉卡特，根本没这回事。全世界都嘲笑苏联的举动，认为它正中美国的下怀，帮美国消灭了苏联边境一个亲莫斯科的政府。布热津斯基欢呼雀跃，他认为莫斯科已经进入了自己设置的越南式圈套中。

当时正值美苏冷战如火如荼，卡特立即将苏联入侵阿富汗的行为称为"自'二战'之后对世界和平的最大威胁"，这种说法太过夸张，连《纽约时报》的专栏作家罗素·贝克也忍不住提醒总统，类似的事件还有柏林危机、朝鲜战争、苏伊士运河危机、古巴导弹危机以及越南战争。1980 年 1 月 23 日，卡特发表国情咨文，他说道：

> 被苏军占领的阿富汗地区具有重要的战略意义：全世界可供出口的石油中 2/3 以上产自于此。苏联占领阿富汗后，其军队距离印度洋不到 300 英里，邻近海上石油运输的枢纽霍尔木兹海峡，苏联正在试图巩固其战略地位，这对中东石油的自由出口构成了极大威胁……
>
> 我们要彻底坚定自己的立场：任何外国势力试图控制波斯湾地区都被视为损害美国的核心利益，美国一定要动用任何必要手段，包括军事手段在内，杜绝这种损害。

最后一句话被奉为"卡特主义"，在克里姆林宫看来，这是白宫在下战书，甚至是不惜发动核战争的宣言。万斯试图想将它从演说词中删掉，在国务院交给白宫的演说草案中他特地做了删除的标记。但是布热津斯基一再强调保留这句话，他还对白宫新闻发言人乔迪·鲍威尔说："没有这句话，整篇演说就空洞无物。"鲍威尔向卡特表示，国家安全顾问的话言之有理。

接着，助理国务卿威廉·戴耶斯在接受全国广播公司（NBC）的电视新闻采访时，重申了不惜使用军事手段甚至发动核战争的威胁，他指出："苏联人应该知道，人类历史上有两次使用过这种可怕的武器，而两次都是由美国总统下达命令的。"

苏联认为美国的指控纯属无稽之谈，但美国方面却很认真，卡特召回了美国驻苏大使，提出停止第二轮限武谈判，切断了美苏两国的贸易往来。他禁止美国运动员参加即将在莫斯科举行的奥运会，下令增加国防支出，并派国防部长哈罗德·布朗到中国，打探中国领导人是否愿意加强美中两国的军事合作。

正如勃列日涅夫很多军事顾问所警告的那样，苏联的军事干涉确实在阿富汗内外的中东地区都引发了大规模抗议。巴基斯坦白沙瓦的反抗组织与来自沙特阿拉伯、埃及和巴基斯坦其他地方的极端分子一道，携手援助阿富汗境内的抵抗组织。35 个中东国家的首脑齐集巴基斯坦首都伊斯兰堡，共同谴责苏联侵略。布热津斯基开始伺机煽动苏联中亚地区穆斯林的潜在不满。

　　早在几十年前，美国就利用原教旨主义对抗世俗阿拉伯的民族主义。现在又故伎重演，欲利用极端主义对抗苏联，这就意味着美国要与巴基斯坦总统穆罕默德·齐亚-哈克将军合作。齐亚政府实行残暴统治，严重侵犯人权又执意发展核武器，因此 1977 年卡特切断了对该政府的援助。但现在形势有变，苏联出兵阿富汗不久，美国又开始向巴基斯坦提供大量的军事和经济援助，条件是齐亚政府要支持叛军在阿富汗反对苏联的干涉活动。1980 年 2 月，布热津斯基亲自前往巴基斯坦和沙特阿拉伯，达成经济援助和军事合作事宜。沙特情报机构负责人图尔基·费萨尔亲王对中情局一名官员说：“我们不采取行动，我们不知道怎么行动，我们只知道开支票。”最终，沙特同意对美国作出相应的配合。

　　1980 年 3 月，兹比格涅夫·布热津斯基与巴基斯坦士兵。穆罕默德·齐亚-哈克政府实行残暴统治，严重侵犯人权又执意发展核武器，因此 1977 年卡特切断了对该政府的援助，但这时美国又开始向巴基斯坦提供大量的军事和经济援助，条件是齐亚政府要支持叛军在阿富汗反对苏联的干涉活动。布热津斯基亲自前往巴基斯坦和沙特阿拉伯，促成财政和军事支援事宜。

尽管卡特放出狠话，但美国毕竟无法将苏联军队赶出海湾地区，也无法轻易发动核战争。于是卡特只能设法改善局面。他迅速在索马里、肯尼亚、阿曼等地建立军事基地以部署美国军队，一旦海湾地区发生危机，数千名美国士兵就能立即前往控制局势。他还与沙特阿拉伯等海湾地区国家进一步加强双边关系。卡特发布"总统令 59 号"，对核战略作出重大调整，从原先相互毁灭的核战争策略转变为确保美国胜利的"灵活"和"有限"核战争发展战略。尽管卡特此举旨在努力消除核武器，但效果不甚理想，"总统令 59 号"反而促使了常规武器和核武器的大规模增加。在这种情况下，美国准备打一场持久战，首要目标是反抗苏联领导人，同时在许多地区与苏联展开争夺。

于是，卡特口口声声要让世界更安全的美丽诺言瞬间成了泡影。在卡特任内，他支持中子炸弹研究，授权在欧洲部署核武器巡航导弹，下令派出第一艘针对苏联的三叉戟潜艇，还实现了核弹头数量的成倍增加。卡特入主白宫期间，"当前危机委员会"试图阻止第二阶段限武谈判和增加国防开支的愿望都通通实现。事实上，卡特任期结束前，他的想法与上任之初甚至南辕北辙，他同意"当前危机委员会"提出的遏制苏联的政策。由此美苏缓和以失败告终。尽管他当初带着最好的意图，但是他为里根接任总统后带入白宫的极端观点奠定了基础。安妮·卡恩在《扼杀缓和》（*Killing Détente*）一书中作了如下总结：

> 1980 年总统竞选时，双方外交和国防政策的议案并无本质差别，一边是卡特政府所提出的发展 MX 导弹系统、三叉戟潜水艇、快速部署部队、"隐形"轰炸机和巡航导弹，具备先发制人和抗击打能力，国防开支增加 5%；另一边是罗纳德·里根等共和党人主张在以上基础上再发展中子炸弹、反弹道导弹、B-1 轰炸机和民防，国防经费增加 8%。

卡特并未实现大幅度减少国防开支的承诺，相反还明显增加，他任期之初国防预算为 1 152 亿美元，任期结束时，预算已增加到 1 800 亿。他从未为自己的出尔反尔道歉。在连任选举中，他甚至还与共和党人就谁该为国防开支的降低负责任展开了激烈的争论。7月初,国防部长哈罗德·布朗在NBC《今日秀》节目中公开指责共和党于1969～1976年将国防开支减少了35%以上,而卡特政府在第一任期内将预算增加了10%,而且卡特还打算在第二任期内再提高25%。前国防部长梅尔文·莱尔德对布朗提出的数字表示质疑,不过他也承认美国国防开支在卡特任内的确比在尼克松和福特任内增长得要快。

在苏联看来,美国的政策转向令人担忧。后来担任中情局局长的罗伯特·盖茨事后承认:"到1980年时,苏联人所看到的卡特与大多数美国人心目中的卡特截然不同,卡特似乎带着更多的敌意和威胁。"那时,苏联人不知道卡特下一步还会做出什么事来。1979年末至1980年初,美国的预警系统出过4次故障,甚至触发了美国战略部队的战斗警报。苏联克格勃认为这并非系统故障,而是五角大楼故意使的伎俩,目的是为了麻痹苏联,以便未来真正拉响战斗警报时,可以趁苏联毫无防备时出奇制胜。苏联并非唯一的惊弓之鸟。盖茨在回忆录中记录了布热津斯基对1979年11月9日事件的反应:

　　那天凌晨3点,布热津斯基就被他的军事顾问威廉·奥多姆的电话惊醒了,奥多姆告诉他,苏联已经架好了220枚对准美国的导弹。布热津斯基知道,总统需要在苏联袭击后3～7分钟内作出是否进行报复性打击的决定。于是他告诉奥多姆,自己将等待进一步消息,核实苏联是否发动袭击及其预定的打击目标,然后向总统报告。布热津斯基认为我们必须反击,所以他告诉奥多姆让战略空军司令部作好战斗准备。过了一会儿,奥多姆回电话报告说,他已进一步确认,苏联的2 200枚导弹都作好了全面攻击的准备。就在布热津斯基打算报告总统的前一分钟,奥兰多又打来第3个电话,他说美国的其他预警系统并未发来苏联袭击的报告。布热津斯基没有唤醒妻子,就这么独自一人在午夜呆呆坐着,他认定半个小时内所有人都必死无疑。所幸,这只是虚惊一场。有人不小心把军事演习的磁带植入了计算机系统。事情弄清楚后,布热津斯基才回到床上,不过,我相信他应该辗转难眠了。

事件被媒体披露后，在克里姆林宫引起了巨大反响。苏联驻美大使多勃雷宁向华盛顿转达了勃列日涅夫的"深切担忧"。布热津斯基和国防部起草了此事的回应报告，美国国务院高级顾问马歇尔·舒尔曼如此评价该报告："美国无缘无故又受到了一场屈辱，这并不适合卡特、勃列日涅夫这种国家元首级别的沟通往来。"舒尔曼认为那"太过幼稚，不符合美国的身份"，他质问道："为什么我们要这么低声下气？"

卡特任期内，美国经济陷于疲软，他对很多外交危机处理不当。在1980 年总统大选前夕，卡特的表现不尽如人意，对很多事情无能为力，连任竞选前景堪忧。而真正令他总统连任无望的恐怕是 1980 年 4 月的伊朗人质危机。当时，美国彻底搞砸了人质救援行动，一架直升机与燃料机相撞，造成 8 名美国人在伊朗沙漠送命。伊朗政府还挑衅地展示烧焦的尸体，进一步羞辱美国。国务卿万斯反对这个草率的救援方案，辞职以示抗议，他是自威廉·詹宁斯·布赖恩后，第一个以辞职相抗议的国务卿。他辞职 4天后，美国突袭伊朗，后果不堪设想。专栏作家玛丽·麦克格蕾指出，万斯还曾在约翰逊政府时期任职，当时他也反对另一场战争，他很清楚自己在关键时刻辞职将导致政府内部不和。事实上，她写道："他显然是有意而为之。他很久以前就发现，在愚蠢的决策前保持沉默，是对国家最大的不负责任。"卡特总统的支持率跌至 40%。

万斯是卡特政府中备受尊敬的官员，但他所做的外交努力屡次被布热津斯基的强硬观点击倒，万斯也越来越被边缘化。到 20 世纪 70 年代末，万斯的影响已经慢慢减小，几近消失。《华盛顿邮报》评论："万斯先生与总统逐渐貌合神离。国务卿与早期的卡特，即仁慈和理性主义的代言人，总会相互协调，在美国最终找到合适的坐标。但是如今，不管是卡特还是万斯，他们面对的世界已经泛滥着权力和邪恶。"《华尔街日报》指出，万斯此举背后的刺激因素是 1978 年以来"卡特政府日趋强硬的外交政策"，总统一味"听取布热津斯基的方案"。几天后，万斯接受了媒体采访，他表示国家安全顾问应该是不同观点的协调者，"而非外交政策的制定者或对外宣布者"。

几天后，卡特本人也加入了这场口水战。他有些小家子气地在费城市政厅会议上声称，新任国务卿埃德蒙德·马斯基是一名比万斯"更坚强、更富外交经验的高级政治家，一定会在国际舞台上更好地传递美国的外交立场"。在伊朗人质危机期间，卡特躲在白宫，因为自己的决策失误一直不敢面对公众，这是伊朗人质危机半年后他首次在华盛顿之外的地方发表讲话。

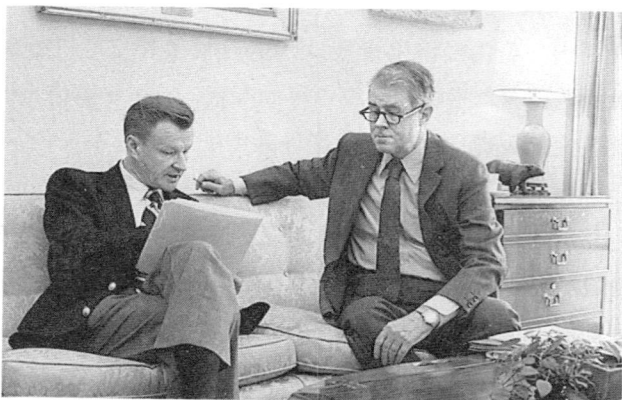

布热津斯基和国务卿塞勒斯·万斯。万斯是卡特政府中备受尊敬的官员，但他所做的外交努力屡次被布热津斯基的强硬观点击倒，万斯也越来越被边缘化。1980年4月，美国彻底搞砸了德黑兰人质救援行动，一架直升机与燃料机相撞，造成8名美国人质在伊朗沙漠送命。

伊朗革命后，美国高层尽力迎合伊拉克独裁者萨达姆·侯赛因，将他视为中东地区制衡伊朗政权的法宝。美国担心伊朗式的原教旨主义会威胁科威特、沙特阿拉伯和约旦等地的亲美政权。布热津斯基还设法将伊拉克与苏联轨道隔离开来。1980年9月，萨达姆在美国的默许下入侵伊朗，控制了沙塔亚拉伯河通往波斯湾的航道。但是，伊拉克并没有像美国情报机构预测的那样，安享其胜利果实。一个星期之后，联合国呼吁停火。10月下旬，两边摇摆的卡特宣布，如果伊朗释放美国人质，美国将兑现伊朗上一任政府向美国购买的3亿~5亿美元武器的协议。里根竞选团队认定，"十月惊奇"可能会助推卡特连任竞选。据悉，他们与伊朗政府达成秘密协定，卡特政府的伊朗问题专家、哥伦比亚大学的政治学者加里·西克称之为"政变"。那时候，总统竞选还处于胶着态势。10 月中旬的一项民意调查甚至显示，卡特暂时领先。许多细节已经无法核实，但已知的材料显示，里根的竞选官员会见了伊朗领导人，希望伊朗把人质扣留到里根赢得竞选之后，并且承诺允许以色列向伊朗运送武器。

1992 年，印第安纳州的国会议员李·汉密尔顿对此事发起质询，苏联国防及安全问题最高国防委员会提交了一份回应报告，显示当时里根团队的高级竞选官员与伊朗官员在欧洲进行了一系列秘密会谈。所涉及的人员有：里根竞选团队经理，即后来的中情局局长威廉·凯西；中情局前局长，即副总统候选人乔治·布什；国家安全委员会官员，即后来的中情局局长罗伯特·盖茨。他们都参加了会谈，并且向伊朗当局表示，里根上任后会向伊朗提供更多的武器和军事援助。1981 年 1 月 21 日，里根就职第一天，伊朗释放了扣押的美国使馆工作人员。之后，美国继续通过以色列向伊朗出售武器，往往以私人交易的方式，并一直持续了好几年。萨达姆提出早日结束"两伊"战争，即伊拉克交出沙塔亚拉伯航道的控制权，而伊朗承诺不再干涉伊拉克，但这个方案白白浪费了。美国还从中火上浇油，"两伊"战争持续长达 8 年，造成 100 多万人死亡，损失高达 1 万多亿美元。

第 4 章

里根浩劫
民主敢死队

里根是传播民主的英雄吗？真实的里根将让你大跌眼镜！里根政府在中美洲和非洲发起了一系列秘密行动，在阿富汗扶植反苏势力。当里根谎称为了记者的安全而大举入侵格林纳达，这难道是 20 年后伊拉克战争的彩排？里根暗中希望利用核武器打败敌人，一场浩劫即将降临。

THE UNTOLD HISTORY OF THE

UNITED STATES

17

★★★

史上"最不靠谱"总统

1987 年，总统罗纳德·里根在柏林下战书："戈尔巴乔夫总书记，如果你寻求和平，寻求苏联和东欧的繁荣，寻求自由化，那么就过来吧！戈尔巴乔夫先生，打开这扇门！推倒这堵墙！"

1989 年 11 月 9 日，距离里根这番激动人心的话不到两年半，柏林墙轰然倒塌。苏联帝国在东欧的堡垒就此崩溃。1991 年，苏联解体，冷战就此结束。许多人称赞里根，认为他赢了冷战。有人甚至将他奉为美国最伟大的总统之一。但里根真的是播撒自由和民主的英雄吗？真的是他结束了人类历史最危险的时期吗？里根及其政府是否有另外一个不为人知的阴暗面呢？他的脸上总是浮现着其他总统脸上难得一见的微笑，这些微笑背后又隐藏着什么？

罗纳德·里根，电影演员出身，曾在 1967 ~ 1975 年担任加利福尼亚州州长。他信奉家庭观念，却与自己的孩子形同陌路，是历史上第一个离婚的美国总统。他才疏学浅，但有很强的宗教信仰；政见保守，很少对国家政策提出建设性意见，也没有兴趣了解细节。副总统乔治·H.W. 布什向苏联驻美大使阿纳托利·多勃雷宁坦承，他首次听到里根对国际关系的看法时，"几乎不敢想象"。国家安全委员会的苏联问题专家理查德·派普斯坦言，在国家安全委员会会议上，总统"真的很迷茫，很不自在，他无法理解会上讨论的话题"。新一届政府形成时，反恐协调员安东尼·奎因顿接到指示，每天早上前去向总统汇报工作。奎因顿说："我向总统汇报工作，当时在场的还有副总统、中情局负责人、联邦调查局局长以及几位国家安全委员会成员。总统一边吃着糖，一边听着，然后就打起瞌睡来……令人十分沮丧。"里根这种心不在焉的样子也让吉米·卡特备受困扰。因为卡特要向新任总统交接工作，告诉他将要面对的挑战、各国领导人概况、对核武器的指挥和控制等。据卡特的助手乔迪·鲍威尔回忆，"头儿真的认为让里根在就职前了解这些情况非常重要，但他在介绍情况时，里根居然没有任何疑问。他还以为里根不做笔记是因为没带笔和纸，就递给了他一套纸笔。没想到里根说，谢谢，不用了，他能记住。这简直糟透了。"

罗纳德·里根是最没文化、最不好学的白宫主人。新一届政府形成时，反恐协调员安东尼·奎因顿接到指示，每天早上前去向总统汇报工作。奎因顿说："我向总统汇报工作，当时在场的还有副总统、中情局负责人、联邦调查局局长以及几位国家安全委员会成员。总统一边吃着糖，一边听着，然后就打起瞌睡来……令人十分沮丧。"

里根的许多亲信都被他惊人的无知所震撼。1982 年末，里根出访拉美回国，他在接受记者采访时表示："嗯，我此行收获良多……你一定感到很奇怪，拉美居然不是一个国家，而是很多个独立国家。"当里根总统告诉加拿大总理皮埃尔·特鲁多："苏联带了一名美国牧师到莫斯科，然后又将他送回美国当演员权益保障协会的发言人。"特鲁多调侃道:"(里根)这人到底是从哪个星球来的?"里根指着众议院议长奥尼尔的书桌甚是喜欢,奥尼尔说这是格罗弗·克利夫兰用过的,里根特别兴奋地告诉奥尼尔,他在电影《荣誉之季》中正好饰演克利夫兰。奥尼尔听到后,简直惊呆了,他告诉里根,这张桌子是克利夫兰总统用过的,而不是投手格罗弗·克利夫兰·亚历山大。在众议院任职 34 年的奥尼尔说:"里根是我所见过的最无知的一位总统。"

里根简单化的世界观很像东拼西凑的大杂烩,里面掺杂了标志性建筑的明信片、柯里尔和艾夫斯石版组画、好莱坞史诗大片、本杰明·富兰克林等人的名言警句,还有中国的福饼。他写道:"我总是觉得,我们应该用实际行动清楚地向世界表明,美国是有高尚道德的民族……美国的实力用于为全世界的善事服务。"

他总是难以分辨现实和幻想。1983 年末,他在总统办公室会见以色列总理伊扎克·沙米尔,其间他告诉沙米尔,"二战"时他是一名摄影师,拍摄了同盟国解放纳粹死亡集中营的场景,当时的痛苦场面让他深深动容,于是他保存了胶卷,以防有人怀疑大屠杀的真实性。沙米尔被里根的事迹感动了,回国后他把事情告诉了内阁同僚,《以色列晚报》还专门刊登此事。后来里根又把故事的改编版告诉了西蒙·维森塔尔和拉比·马文·海尔,他对他们说自己曾与陆军通信兵一起,拍摄了死亡集中营的惨状,还在战争结束仅一年后把照片展示给别人看。听到这个故事后,《华盛顿邮报》的记者卢·坎农指出,里根"二战"期间或战后初期都从未离开美国。这个故事纯属虚构。

记者们又大张旗鼓地报道了里根说的其他瞎话。有人认为,总统的幻想症可能是年纪大了,记性不好所致,但《芝加哥论坛报》专栏作家迈克·罗伊科推翻了这种说法,他说自己早在 1968 年就见识过里根捏造事实的能力,当时里根为了强调社会上违法乱纪行为的猖獗,声称近一个月内芝加哥有 8 名警察被打死。罗伊科很好奇,就展开了调查,发现最近几个月都没有发生芝加哥警察被打死的事件,一年才偶尔出现一两例。里根经常讲述芝加哥"福利女王"的故事,说她有 80 个名字、30 个家庭住址、12 张社会保障卡,卡里面存有超过 15 万美元的免税收入。但是每次讲述,这些数字都会发生变化，有时说她有 127 个名字，收到过一百多张支票，但中心思想没有变，就是攻击黑人贪婪、不诚实，一味从辛勤工作的白人那里窃取劳动成果。

历数里根的种种不靠谱已成为美国人茶余饭后的必备话题。里根经常虚构名人名言，包括奥利弗·温德尔·霍姆斯和温斯顿·丘吉尔的名言。也许有时也用得恰到好处，他的新闻发言人拉里·斯皮克斯后来承认，是自己编造了那些引语，然后交给里根，以备不时之需。

会见访客或与内阁官员谈话时，里根总是手持工作人员为他准备好的一叠卡片，照着念。有时，他不小心弄错了卡片，读出来的内容与来访者毫无关系，场面往往陷入尴尬。他凭着个人的经验进行推理，从而形成了自己独特的世界观。当事实无法为他的前提假设服务时，他总是选择性地忽略。1982 年，原先的加州最高法院大法官威廉·克拉克担任国家安全顾问，当他发现里根对世界知之甚少时，不禁为之震惊。他立即指示五角大楼和中情局制作相关影片，详细解释安全问题，介绍里根可能需要打交道的世界各国领导人的情况。

里根的执政风格随心所欲，再加上缺乏外交经验，因此下属们都钩心斗角争抢幕后指挥棒。副总统布什就是其中一位，布什家族与洛克菲勒、摩根和哈里曼等大利益集团渊源颇深，他也因此在政坛树立了一定威望。从耶鲁大学毕业后，布什搬到得克萨斯州，成为一名石油商人，1970 年他竞选参议员失败。理查德·尼克松曾精心策划，任命他为共和党主席。

吉恩·柯克帕特里克也在里根时期的外交政策中发挥了突出作用。这位保守的民主党人是乔治城大学的政治学者，她之所以支持里根是因为他坚定的"反共"倾向，她曾被任命为美国驻联合国大使。柯克帕特里克向里根竞选团队提供建议，通过玩文字游戏，用"权力主义政权"代替"极权政体"，从而巧妙地为他们支持右翼独裁统治的行为开脱。她与她的同事，乔治城大学伦理与公共政策中心主任欧内斯特·莱福法沆瀣一气，毁掉了吉米·卡特的人权和改革计划。

莱福法是萨尔瓦多到南非一带专制政权的坚定拥护者，却阴差阳错地当上了负责人权事务的助理国务卿。《纽约时报》写道："他是极端保守主义者，在谈到人权保护法时，他嘲笑现有政策只是毫无意义的儿女情长，认为伤害盟友是极大的错误。"他轻描淡写地驳回了人们对阿根廷和智利酷刑的深切关注，认为它是"伊比利亚传统遗留的产物"。

里根会见驻联合国大使吉恩·柯克帕特里克。这位保守的民主党人是乔治城大学的政治学者，她之所以支持里根是因为他坚定的"反共"倾向。柯克帕特里克向里根竞选团队提供建议，通过玩文字游戏，用"权力主义政权"代替"极权政体"，从而巧妙地为他们支持右翼独裁统治的行为开脱。

1981 年，他掌舵的研究中心挨了不少批评，因为他们收了雀巢公司一大笔钱，违心地做了一项有助于其产品推广的研究。这份研究报告卖力地劝说广大母亲用配方奶粉代替母乳喂养婴儿，可是有证据显示，配方奶粉使得不发达国家或地区的婴儿营养不良比率提高了 3 倍。1981 年 6 月，美国参议院外交关系委员会认为莱福法不再适合担任助理国务卿之职。委员会的所有民主党成员(8 名)加上 5 名共和党成员都投票反对他继续任职。继任者是同样充满争议的埃利奥特·艾布拉姆。

18
★★★

罪恶经济政策

里根的不专业似乎让下属有更多的机会献计献策，左右国家大政方针，但并非所有人都乐意充当这样的角色。国家安全顾问弗兰克·卡路西的助手科林·鲍威尔将军回首往事时，这样说道："总统被动的管理风格给我们造成了巨大的负担。在不清楚意图的情况下提出建议，常常令我们感到茫然，我们花了很长时间才慢慢习惯……有一天早上……弗兰克发出慨叹：'天呐，其实我们并没有权力管理这个国家！'"曾担任过里根竞选经理、白宫办公厅主任和财政部长的詹姆斯·贝克将外交政策的形成称为"各方巫师斗法的结果"。

虽然里根的顶级顾问们常常为了能在国家政策上拥有更多的话语权而相互掐得死去活来，但他们在某些事情上却有着惊人的默契，比如都热衷于在他国开展秘密活动。他们与国务卿亚历山大·黑格和布什一起，通过国家安全计划小组在中美洲和非洲发起了一系列行动，并在阿富汗扶植反苏势力，进一步深化卡特的计划。

这一时期的全球经济阵痛客观上为他们的行动铺平了道路。20世纪60～70年代初期，第三世界国家凭借丰富的资源，经济获得高速发展，这一趋势到70时代中期逐渐停滞，因为全球经济疲软影响了它们靠出口原材料所得的收入。第三世界国家债务激增，持续发展无望，使得原本就陷于贫困的人们雪上加霜。那些通过革命推翻殖民主义，并且尝试社会主义道路的国家成为重灾区，许多人开始质疑左翼发展模式的可行性。里根将这种混乱视为千载难逢的机会，认为美国可以趁机修理不听话的政府，展现资本主义制度的优越性。

20世纪70年代后期，苏联经济也开始走下坡路，从此一蹶不振，到1982年油价暴跌时，形势更是急剧恶化。苏联军事开支庞大，约占国内生产总值（GDP）的1/4，沉重的军费负担进一步拖垮了国民经济。里根决心好好利用这个机会。1981年1月29日，他在首次召开的新闻发布会上以近乎谩骂的方式指责共产主义，20多年来美苏共同努力缓和冷战紧张局势所取得的进步毁于一旦。

卡特时期，中情局基本上受制于总统，无法大展拳脚，但到里根时期情况有了新变化，中情局俨然化身为"'反共'事业"先锋队。中情局分析师向来以专业和洁身自好著称，也因为与该局行动小组保持距离而引以为傲。里根时期，局面有所变化。布什的B队在凯西任中情局局长时期开始收获果实，中情局分析师的耻辱也就此开始。里根政府中的强硬派是坚定的"反共"分子，他们希望中情局提供情报支持他们对苏联的一切指控，认为苏联是危险分子，野心勃勃地实行扩张主义，不管这种认知离现实有多远。凯西是华尔街的著名律师，腰缠万贯，也是虔诚的爱尔兰天主教徒。据他的副手罗伯特·盖茨所言，凯西入主中情局，"就是要发起一场反苏大战"。盖茨透露："里根的工作班子将他们的到来视为一场充满恶意的接管。"凯西读了克莱尔·斯特林的《恐怖主义网络》（*The Terror Network*）后，相信苏联是一切国际恐怖主义的罪魁祸首。中情局苏联事务办公室主任梅尔文·古德曼在接受采访时表示："我们很多人都会见了凯西局长，试图告诉他，斯特林书中很多所谓的'证据'无非都是中情局故意抹黑苏联的宣传，目的是为了在欧洲媒体上宣传'反共'思想。但是，凯西很轻蔑地指出，他从斯特林身上学到的比从我们身上学到的要多得多。"将斯特林的话奉为圭臬的还有黑格、沃尔福威茨，国务院顾问迈克尔·莱丁和国务院官员罗伯特·"伯德"·麦克法兰。然而，中情局的专家们都心知肚明，苏联千错万错，实际上错在挫败了恐怖主义。

凯西和盖茨开始清洗中情局中拒不肯与之同流合污的分析师。如果他们提交的报告与里根政府的口径不一致，凯西就会肆意篡改。古德曼于1966～1986年在中情局担任高级苏联情报专家，通过观察，他指出，"中情局将苏联军队描绘成一只章鱼，其爪子伸向世界各地，这个形象符合里根政府对苏联'邪恶帝国'的指控"。古德曼接着谴责道："中情局忽视了苏联历史上最重要的发展时期，即苏联帝国和苏联本身的崩溃，而这一切主要归咎于盖茨当家期间所形成的文化和流程。"

里根与中情局局长威廉·凯西。凯西腰缠万贯，是华尔街的著名律师，也是虔诚的爱尔兰天主教徒。用中情局副局长罗伯特·盖茨的话说，凯西入主中情局"是为了发动一场反苏大战"。在他的领导下，中情局将苏联描述成可恶的扩张主义者，而这一形象显然与现实相去甚远。

虽然中情局的情报处名声一落千丈，但该局行动小组的发展却呈燎原之势。驻萨尔瓦多美国军队的顾问约翰·瓦格尔斯坦上校曾这样说道："真正的反叛乱技术是将叛乱遏制在襁褓中。"这种理念可以用于解释美国暗中支持和训练萨尔瓦多、危地马拉的政府军镇压叛乱，以及美国在尼加拉瓜发动的叛乱。里根称，这些"自由战士"经常对受害者痛下杀手，强奸、阉割、斩首或肢解，无所不用其极。危地马拉士兵杀人不眨眼，1981 ~ 1983 年，他们屠杀了 10 万名玛雅农民。为了练就心狠手辣的本事，新兵入伍时都会遭受残酷的魔鬼式训练，比如遭毒打、侮辱或被按进污水中差点淹死，或者长时间地浸在粪坑中。长期受到羞辱和迫害的他们，终于开始变得残酷至极。1982 年 12 月，危地马拉军队开进北方的杜斯艾雷斯村进行屠杀，死亡人数超过 160 人。士兵们拎起 65 名孩子的脚，把他们的头狠狠地撞向岩石。而就在前一天，里根访问洪都拉斯，这是他的拉丁美洲之行中重要的一站，当时他为危地马拉总统埃弗拉因·里奥斯·蒙特鸣不平，认为这位通过军事政变刚刚上台掌权的福音派教徒很"冤枉"。里根向记者保证，这位独裁者"诚挚承诺建设民主"。里根总统称他为"诚实而有责任感的伟人"。里根还说道，鉴于危地马拉近期人权大幅改善的情况，他正在考虑恢复对其进行军事援助。早在 1977 年，因为该国人权惨状，卡特政府切断了对其的援助。美国大使弗雷德里克·查宾宣布"杀戮已经停止……危地马拉政府已经走出黑暗，步入光明"。

当天，里根还会见了洪都拉斯总统罗伯托·苏亚佐·科尔多瓦，当时他正在美国支持下发动反叛乱战争。据《洛杉矶时报》报道，"会面在东洪都拉斯一个戒备森严的军用机场里进行，那是一栋'单调的建筑'。士兵们驾驶着载人高射炮在与甘蔗田接壤的跑道上巡逻，军用直升机在跑道上空盘旋……天气如此炎热潮湿，白宫官员们身上穿的细条纹西装显得很不合时宜"。国务卿乔治·舒尔茨低声对一名记者说："这是我见过的最奇怪的场面。"

这次出访还碰到一些意想不到的情况。在哥斯达黎加，人民革命运动领袖塞吉奥·埃里克·阿尔顿在国家剧院的包厢里突然起身，厉声指责美国总统在中美洲搞"军事化"活动。

在哥伦比亚，里根着实被贝利萨里奥·贝坦库尔·夸尔塔斯总统算了一计，这位哥伦比亚总统在祝酒期间批评里根将古巴和尼加拉瓜从维护半球和平与发展的队伍中"隔离"和"排挤"出去，却一再纵容右翼政府的谋杀行为："作为一国首脑，我们不能眼睁睁地看着在这块我们共同的土地上每天都发生那么多屠戮行为，我们不能看着那么多人丧命而无动于衷。仅仅在萨尔瓦多一国，就新增了 3 万座坟墓，强烈冲击了许多混账领导人的良知。"里根的随从对这种攻击深感愤怒，而且他们对波哥大市出现的骚乱和游行示威，对于街道两边的群众看到里根车队后不断大喊"滚蛋！""美国人滚回家去！"等场面也颇为不满。里根连美洲所有"独立国家"都没搞清楚，他出访巴西时，大喊"向玻利维亚人民致敬"，极大地侮辱了东道国巴西。里根宽赦凶残统治者的奇葩行为在美国本土引起了不小反响。《纽约时报》专栏作家安东尼·刘易斯以一篇名为《你好，成吉思汗》打响了攻击总统的第一炮，他在文中写道："在'反共'名义下，美国总统刚刚友好地会见了一名制定大规模屠杀政策的暴君。尽管美国人一直坚信，他们的国家代表了当今世界全人类的基本道义，但是友好会见暴君这种事的的确确就发生在里根时期的美国。"刘易斯在报道中详细描述了危地马拉士兵在农村的罪恶行径。他们开着直升机杀进村子，用砍刀把妇女砍死，焚烧小屋，把人的眼珠子抠出来，企图把村子从游击队手中夺回来。刘易斯援引《波士顿环球报》对这次反游击运动的评论，这是一次"介于大屠杀和种族灭绝之间"的行动。刘易斯注意到，除了纵容危地马拉和萨尔瓦多的领导人之外，里根还热情地对其他残酷统治者笑颜相迎，包括最近出访华盛顿的韩国和菲律宾的独裁统治者，以及即将成为巴基斯坦独裁统治者的穆罕默德·齐哈-亚克。齐哈自 1977 年执政以来，"一路披荆斩棘排除异己，还经常使用酷刑"。最后，刘易斯发出声嘶力竭的提醒，也道出了几十年来美帝国主义的真相："这是我们所有人的耻辱。也许里根政府的罪恶经济政策会随着时间的流逝被人们淡忘，但他对人类的残忍行为将永远玷污美国的声望。"

　　刘易斯义正词严地表达愤怒之情，许多媒体和组织机构都纷纷声援，国际特赦组织、美洲观察、半球事务委员会以及其他人权组织都发布报告，详细描述正在进行的谋杀和暴行，美国人类学协会特别安排了新闻发布会，让危地马拉耶稣会牧师里卡多·菲拉发表公开演说。菲拉曾在乔治敦大学接受过培训，他指出，对印第安人有组织的大屠杀的目的是"消灭幸存者"，这样就"不会有人记得"曾发生过什么了。他解释道："所以那些婴儿和孩子才会惨遭毒手。实在令人难以置信。如果那些孩子幸存下来，那么他们长大成人后必定会替父母报仇……那些小生命要么死于屠刀之下，要么头被人撞向石头或房梁。"菲拉神父讲述了其中一场对印第安人的大屠杀，足足持续了 8 个小时，刽子手中途还休息了一下，吃了顿饭。他说道："士兵们杀死了妇女儿童，然后停下来把从牛身上割下来的肉烤着吃了。他们看着那些还没被割掉喉咙的老人像绵羊一样叫喊时，不禁哈哈大笑。大屠杀结束后，他们打开从印第安人手中抢来的收音机，一边听一边高声歌唱。"

1983 年 1 月，里根停止了军事禁运，开始授权出售军事硬件。但国会的抵制迫使危地马拉不得不先靠美国的盟友以色列给予军事援助。以色列还向萨尔瓦多和尼加拉瓜反政府武装组织提供军事援助。中情局对危地马拉的军事支持有增无减。1983 年 8 月，奥斯卡·温贝托·梅希亚·维克托雷斯通过政变推翻了里奥斯·蒙特政权，一段成为"暴力"统治的时期结束了，但暴力并未真正离去。政变后，中情局和国务院提交报告，指出危地马拉的政治谋杀和绑架事件与日俱增。1984 年 2 月，美国驻危地马拉大使弗雷德里克·查宾致电华盛顿，声称"危地马拉的人权现状十分可怕"。第二天，负责人权事务的助理国务卿埃利奥特·艾布拉姆与两名国务院官员批准了一项秘密报告，敦促国会酌情根据危地马拉人权改善的状况，恢复对它的军事援助。

1986 年，国务院在一份秘密报告中承认了派遣"安全部队和右翼准军事组织"绑架和谋杀农村社会工作者、医务人员和社工等一系列活动，这些活动最早可追溯到 1966 年，在 1984 年时达到顶峰。危地马拉的官方历史澄清委员会于 1999 年发布一份报告，详细说明了危地马拉军队对玛雅村庄进行的 626 起大屠杀，里面称之为"种族灭绝"。报告指控美国中情局以及其他美国政府机构对屠杀者提供的直接或间接支持，这些暴行导致约 20 万人丧生。

19
★★★

招募雇佣兵，纵容敢死队

美国在尼加拉瓜犯下的又是另一种暴行。索摩查领导下的尼加拉瓜国民警卫队的一些前任成员在洪都拉斯聚集，他们在中情局局长凯西的协助下密谋重新掌权。他们以"反抗军"自称。在这里以及世界许多其他地方，凯西将卡特时期遮遮掩掩的秘密行动大张旗鼓地发展壮大。他设立中美洲特遣部队执行这些行动，还任命杜安尼·科拉瑞奇为拉丁美洲事务负责人。科拉瑞奇堪称最完美的傀儡，他对拉丁美洲一无所知，从未有过在该地区任职的经验，也不会说西班牙语。

美国驻尼加拉瓜大使安东尼·奎因顿在一次采访中指出了战争的起点："这次秘密战争始于1982年3月15日，当天中情局指使尼加拉瓜特工炸毁了连接尼加拉瓜与洪都拉斯的桥梁。"事实上，战争更早之前就开始了。1982年12月，国会禁止将政府资金用于推翻桑地诺政权。在里根政府时期，像舒尔茨这样的温和派对外交政策几乎没有话语权，而强硬派的势力越来越大，执意对尼加拉瓜及周边地区实施残酷的政策。里根对国会隐瞒了中情局的行动。凯西多次撒谎，故意误导众议院和参议院的情报委员会。盖茨说道："凯西从入职那天开始就一直藐视国会。"舒尔茨后来说他在1987年1月时已经向国家安全顾问弗兰克·卡卢奇抱怨过："我告诉他，我对情报部门没有信心，他们一直误导我、骗我、排挤我。"然而，国会仍然大幅度提高情报预算，其中大部分都拨给了中情局。

为了成功绕过国会，凯西和国家安全委员会官员奥利弗·诺斯精心策划了一次非法活动。在以色列军火贩子的牵线搭桥之下，美国用高价把导弹卖给了它在伊朗的敌对势力，所得利润用于资助拉丁美洲的反抗军，拉美的毒贩在这一环节充当媒介，当然他们也因此拥有美国市场的准入权。拥有美国的资金和中情局的指导，反抗军立即发展到 1.5 万人。中情局还从危地马拉和萨尔瓦多等国招募雇佣兵，从海外展开独立攻击，轰炸和破坏沿海地区商业港口。

　　直到 1984 年，里根还是全力捍卫美国策动的秘密活动，甚至全然不顾事实为何，睁着眼睛说瞎话。里根说："尼加拉瓜人民生活在水深火热之中，极权主义和军事独裁统治笼罩着他们，而统治者却过着穷奢极欲的逍遥生活，还公然向邻国输出革命。独裁统治极其危险，加上古巴、苏联集团和阿拉伯激进主义者的瞎掺和，情况更令人头疼。"里根甚至得寸进尺，将反抗军称为"开国元勋"和"道德标兵"，这个夸张的说法招致美国历史学家组织的强烈批评。里根所说的"道德标兵"掩盖了反抗军折磨、蹂躏、屠杀平民的行径，简直臭名昭著。反抗军采用恐怖战术袭击学校、医疗机构、公共合作社、桥梁和发电站，战争中丧生的 3 万平民多数惨遭反抗军的毒手。参谋长联席会议的一名顾问称反抗军是"当今世界最奇怪的民族解放组织"。在他看来，他们"就是一群杀手"。据美国大使馆透露，先前担任反抗军领导的人士声称，如果平民不肯加入，不是被枪杀、刺死，就是被活活烧死。这位领导人还说道，被绑架的女性"日日夜夜都被强奸"。

里根将反抗军称为"开国元勋"和"道德标兵"，大学共和党人纷纷响应，分发这类传单，呼吁支持"尼加拉瓜的自由战士"。这些所谓的"自由战士"因虐待、残害和屠杀平民而臭名昭著。

暴行也蔓延到萨尔瓦多，美国领导层决定在此地尝试他们的"后越战主义"反叛乱政策，他们努力在不投入大量美军的前提下镇压萨尔瓦多起义。首先，美国将萨尔瓦多军队大幅增员并进行现代化改造，到 1983 年时，军队人数已达 5.3 万人，大多数士兵在美国佐治亚州的本宁堡或美国开办的巴拿马美洲军校接受训练。在卡特和里根时期都担任美国驻萨尔瓦多大使的罗伯特·怀特向国会证实：

> 50 年来，萨尔瓦多一直受富人和军方残酷腐败的联合统治。1979 年年轻军官发动武装起义，试图打破这种局面。当时正值里根纵容右翼极端势力之时，于是全国共和党联盟、民族主义共和联盟（ARENA）和前陆军少校罗伯托·达布松势力的迅速崛起。
>
> 民族主义共和联盟（ARENA）是仿照纳粹党建立起来的暴力法西斯党派……其创始人和支持者多为流亡海外的富人和活跃在萨尔瓦多本土的民间人士，海外流亡者的核心聚集地是迈阿密。ARENA 武装力量主要由官兵、萨尔瓦多现役士兵和安全部队构成……我们大使馆曾投入了大量资金核实这些右翼暴力分子的身份，以及他们在佛罗里达州迈阿密地区的接头人……在迈阿密的 6 个富人头目解释说："要重建国家，必须首先完全摧毁它，搞垮经济，使得大量工人失业，推翻当前的军政府，让更好的军官取而代之，然后来个大清洗运动，除掉三四十万甚至 50 万人……"这些疯子都是什么人啊！他们内部到底是怎么运作的？……为首的 6 个人曾是萨尔瓦多的大财主……他们秘密接头，开会策划阴谋，并将意思传达给罗伯托·达布松的支持者。

1981 年 3 月，中情局向副总统布什报告，"在过去一年中，大财主的走狗罗伯托·达布松指使右翼分子敢死队，谋杀了数千名左翼嫌疑人和左翼势力同情者"。就在里根总统宣誓就职后不久，曾参与人道主义救援工作的 3 名美国马利诺修女和 1 名天主教信徒遭到强暴。美国驻联合国特命全权大使吉恩·柯克帕特里克坚称，"这些修女并不单纯是修女"，她们还是"'民族解放阵线'的政治积极分子"。国务卿亚历山大·黑格称她们为

"佩枪修女",他还在国会委员会上暗示道:"从修女们所乘的交通工具来看,她们可能是要破坏交通。"

还有一宗暴行不得不提。1981年底,由美国训练并武装的萨尔瓦多士兵屠杀了厄尔蒙左提村的767名村民,受害者包括358名13岁以下的儿童,他们要么被刺死、被斩首,要么死于机关枪的扫射之下,而女性则遭强奸。《纽约时报》驻萨尔瓦多记者雷蒙德·邦纳试图揭露此事,但《华尔街日报》等其他亲里根的媒体纷纷撰文诋毁邦纳。《纽约时报》不堪舆论压力,将邦纳调离萨尔瓦多。政府官员串通一气,掩盖这起大屠杀丑闻,形势变得更加恶劣。1982年底,半球事务委员会发布报道,称萨尔瓦多和危地马拉发生了拉丁美洲地区最严重的侵犯人权事件:"萨尔瓦多政府教唆准军事小组实施斩首、酷刑、分尸、灭尸等惨绝人寰的恶行。"然而,负责人权事务的助理国务卿埃利奥特·艾布拉姆却称这份报告"不可信"。

乔治·布什似乎没办法同情美国后院人民遭受的疾苦。早在教皇约翰·保罗二世访问中美洲之前,布什就说,他不明白为什么天主教牧师会妥协自己的宗教信仰,而支持马克思主义哲学和策略,支持叛军。巴黎圣母院院长西奥多·海斯伯格解释道,贫困以及社会不公很容易让牧师支持马克思主义者或其他能改善现状的政党。布什回答说:"也许我就是一个右翼极端分子吧,可我真的很疑惑,我就是不明白。"

1984年,基辛格担任中美洲问题两党全国委员会主席,美国对中美洲的经济和军事援助也稳步增长。杰西·赫尔姆斯参议员在其中起到了关键作用。白宫政府官员故意隐瞒萨尔瓦多警察、国民警卫队和国库警察的恶行,不知情的国会就继续拨款援助他们。在卡特和里根时期,国会拨了近60亿美元资助这个美洲弹丸小国,萨尔瓦多成为该时期人均接受美国援助最多的国家。与此同时,敢死队继续屠杀生灵,死亡人数高达7万名。20世纪80年代,约有50万萨尔瓦多人为了逃避暴力,迁往美国,但多数人被遣返。1984年,美国移民局官员承认,约有1/40的萨尔瓦多人寻求庇护,而多数逃离尼加拉瓜的"反共"主义者则受到了美国的欢迎。

1980年,美国顶尖的新保守主义杂志《评论》发表了一系列论文,谴责保守派所谓的"越南综合征",即美国人因害怕重蹈越南战争的覆辙而束手束脚,不敢使用武力解决国际冲突。里根赞同上述症状,他说:"长久以来，我们一直生活在'越南综合征'的阴影之下……这种症状不断向我们暗示，我们是帝国主义侵略者……现在我们应该清楚地认识到，我们实际上是在开展一项神圣的事业……如果我们一直背负着罪恶感，那么我们就对不起在'越战'献身的 5 万名美国年轻士兵。"

20
★★★

疯狂研发新武器，谁是核战赢家

因长期身陷尼加拉瓜和萨尔瓦多军事代理人的角色，里根开始渴望有一次迅速胜利的战争，重振美利坚民族的自信，消除"越战"阴影。

1983 年，他终于等到了机会。当时格林纳达的一个激进团体推翻了莫里斯主教革命政府，谋杀了主教领袖，格林纳达是加勒比海上一个小岛国，人口约 10 万。主教在去世之前宣称，美国"这一帝国主义洪水猛兽"正在发起运动，破坏格林纳达的稳定。美国官员不顾联合国、美洲国家组织以及英国首相玛格丽特·撒切尔的强烈反对，以格林纳达现行政局不稳为由，决定出兵入侵，并颠覆新政府。他们还强迫加勒比国家假装呼吁美国干预。

幸运的是，里根政府有良好的时机。正当美国准备出兵时，黎巴嫩的美国海军陆战队兵营发生了一起恶性卡车爆炸事故，导致 241 人死亡。公众悲痛欲绝，为了转移人们的注意力，里根宣布入侵格林纳达以拯救在该岛国医学院的美国留学生，因为他们面临生命危险。该医学院的院长发起一项调查，有 90% 的美国留学生表示，他们愿意留下来。

美国为了避免受到越南战争时的那种审查，于是禁止媒体随同自己的入侵部队进入格林纳达，谎称是为了"记者的安全考虑"，还同意由官方提供战事素材。出乎意料的是，7 000 名美国入侵士兵居然途中遭遇一小撮装备简陋的古巴士兵的强烈抵抗。整个行动可谓出师不利：29 名美国士兵死亡，100 多人受伤，9 架直升机坠毁，大多数军队迅速撤回。

在敢死队屠刀下丧生的人们，头骨被抛在萨尔瓦多的岩石堆里。1981 年 3 月，中情局向副总统布什报告："在过去一年中，大财主的走狗罗伯托·达布松指使右翼分子敢死队，谋杀了数千名左翼嫌疑人和左翼势力同情者。"美国继续资助和推动中美洲国家的镇压叛乱活动，里根政府中的新保守主义官员开始否认有关萨尔瓦多政府实施暴行的报道。

来自怀俄明州的国会议员迪克·切尼参与了入侵后第一次国会代表会议，他高度赞扬美国在全世界树立起来的全新的热心肠形象。另一位代表团成员，即来自华盛顿的众议员唐·邦克嘲笑学生身处危机的借口时，切尼在《华盛顿邮报》上狠狠抨击了他一番。这种谎称的借口就好比是 20 年后伊拉克战争的彩排，切尼声称，"美国人面临迫在眉睫的危险"，"我们通过种种外交途径确保他们安全撤离"，格林纳达新政府"威胁着整个地区的安全"。代表团的另一名成员，即来自加利福尼亚的众议员罗恩·戴鲁姆斯批评切尼歪曲事实，他指出，"美国的司马昭之心路人皆知，只不过以留学生的安全为借口，其目的是入侵加勒比的一个黑人小国家，实行军事化外交政策"。戴鲁姆斯还推翻了保护学生的说法，他说："我们的代表团根本找不到证据显示入侵之前，格林纳达的美国留学生人身安全受到威胁。事实上……那个校园距离不设防的海滩不过 20 米，如果美军的首

要目的是保护学生的安全，为什么花了 3 天才到那儿？"联合国大会以 10
比 1 的选票通过决议，认为美国"武装干涉格林纳达"是"公然违反国际法"。

美军错误轰炸精神病医院，导致了至少 21 名精神病人丧生。美军第
82 空降师的指挥官爱德华·特洛巴夫将军告诉记者，格林纳达人民革命
军在战斗中表现很逊，而在该岛国修建跑道的一小撮古巴人倒是很会打仗。
他告诉来访的国会议员，没有证据表明医学院的美国留学生受到威胁。里
根批评媒体将这次行动称为"入侵"，因为它实际上是一次"营救行动"。

里根在向美国人民演讲时一再强调，美国安全受到威胁，"该国的军
火库中装满了武器和弹药，足够让上万恐怖分子用来对付美国"。里根还
推翻了格林纳达这个与世无争的热带岛国是旅游胜地的说法："我们曾以
为格林纳达是个友好的旅游天堂，但其实不是。它是苏联和古巴的殖民地，
是助长恐怖活动、破坏民主的军事堡垒。"他断言："我们介入其中可谓恰
逢其时，及时制止了一场即将到来的灾难。"

接着，里根自豪地宣告："美国屈居弱势的时代结束了。我们的军队
已经发展壮大，稳稳地屹立在这片土地之上。""越战"的耻辱已经远去。
他声称，参加"越战"的美国士兵并没有肩负"必须赢得战争的使命"。
他坚称："我们没有输掉'越战'，当战争结束，美国士兵都回家的时候，'越
战'本身也就失去了意义。"1988 年 12 月，美国国防委员会的一份报告总
结道："'越战'失利的阴影依然影响着美国在其他地方的干预活动。"

美国试图为在黎巴嫩牺牲的海军陆战队员报仇，但却搞砸了。1985 年，
凯西与沙特政府合作，决定暗杀黎巴嫩真主党领袖穆罕默德·侯赛因·法
德拉拉酋长，于是在他的住所附近策动了一起大规模汽车炸弹爆炸事件，
导致 80 人死亡，200 人受伤，但法德拉拉安然逃脱。

里根政府残酷践踏中美洲和加勒比地区人民，同时也剥削美国工人阶
级和穷人的利益，他们沦为了美国大规模军事建设的牺牲品。而美国当前
危机委员会的 50 名正式成员却对此感到欢欣鼓舞。1980 年总统大选之后，
国防部前部长梅尔文·莱尔德就发出警告，"国防开支激增"将是"美国
最糟糕的事"。里根对此置若罔闻，他始终认为美国军事力量弱小，容易
受到苏联的攻击，他说："今天我们面临着更大的危险，形势比日军偷袭
珍珠港后更加危急。我们的军事力量绝对无法捍卫这个国家。"

里根的恐吓战术奏效了，1985 年美国国防开支比 1980 年增加了 51%。为了增加军费，里根将国内项目的联邦经费支持削减了 30%，顺利将本该用于国内建设的 700 亿美元资金转移到军事领域。

参议员霍华德·M. 梅岑鲍姆称赞预算主管大卫·斯托克曼削减预算的高超技巧。但他接着说道："但是，我觉得你很残忍、不人道、不公平。"到 1983 年，救助无自理能力儿童（AFDC）项目标准提高后，48 万人失去了接受援助的资格，另外 29.9 万符合条件的人发现原有的福利减少了。里根敦促国会将发给贫困人群的 120 亿美元食品券减掉 20 亿美元，原本的 35 亿美元学校午餐预算减掉 10 亿美元。医疗补助、儿童营养、住房和能源援助等预算也大幅缩减。用于城市基建的联邦基金几乎削减了一半。里根在大力剥削穷人的同时，却大幅减少了最高所得税税率，从他上任之初的 70% 减少到他离任时的 28%。

更新、更高级的武器迅速投入生产，MX 洲际导弹之前因花费过于高昂等原因一直搁置，但在里根时期迅速研制生产。这种洲际导弹通过在循环轨道中不断移动而隐藏准确位置，基本上能很好地抵御苏联先发制人的核攻击。里根深知苏联经济停滞不前，很难跟上美国的步伐。

核武器预算也迅猛增长。1981 年，美国遏制政策的总设计师乔治·凯南谴责核武器以失控般的速度发展，他说道："我们不停地生产武器、发展导弹，新武器带来的破坏性比过去的更强。我们几乎是毫无意识、不知不觉地在生产研发，就像中了邪似的，就像梦里的人，就像直奔大海的旅鼠，无法自控。"

里根和布什却从未觉得大规模发展军备有何不妥。他们不同意核战争将导致相互毁灭的普遍看法，并开始计划着要赢得核战争。

1980 年，核武器狂热分子科林·格雷和基思·佩恩等人提出了一个方法。"美国应该做好打败苏联的计划。"他们认为这个过程可能要牺牲 2 000 万美国公民的性命。他们断言，在核战争中获得生存的关键，是建立有效的指挥结构，以防止混乱、保持沟通顺畅。军方将这一结构称为"C3"：指挥、控制与通讯。为建立坚实的核武系统，里根投入了大量资金。他执意将苏联作为假想敌。他认准了苏联拥有一个庞大的民防系统，但实际上并不存在。

1983 年末，美国以格林纳达现行政局不稳为由，入侵了这个加勒比海小国，颠覆了其革命政府。行动并没有想象中顺利，29 名美国士兵牺牲，100 多人受伤，9 架直升机坠毁，大多数军队迅速撤回。

美国入侵格林纳达之时，医学院的美国留学生正在等待疏散。里根宣称，这次军事入侵是为了营救身处险境的学生，但学生们实际上并没有面临什么危险。该医学院院长在美国留学生中发起一项调查，高达 90% 的学生表示想要继续留在该国。

五角大楼 1984 ～ 1988 年的规划蓝图中，中东地区防卫排名第二，重要性仅次于北美和西欧的防卫计划。计划如是解释：

> 我们的首要目标是保证持续获得波斯湾地区的石油，防止苏联通过其代理人或直接控制石油产区。最重要的是，如果苏联要获得海湾地区的石油，它必然要冲破重重障碍，挑起重大冲突。不论如何，我们都应该作好准备，让美军直接进驻该地区，以防海湾地区的石油安全受到威胁。

为了实现这一计划，美国斥资 10 亿美元用于军事基地的现代化，并在科米索和意大利等地部署核武器巡航导弹，以确保射程能达到整个中东地区。美国还卷入"两伊"战争。美国向伊朗提供武器，帮助它逐步扭转战局，1982 年中期，伊朗开始向伊拉克第二大城市巴士拉进军。这时，美国政府官员又改弦易辙，决定"通过一切必要的合法手段"阻止伊朗获得胜利。尽管他们清楚地知道，伊拉克正在使用化学武器。11 月 1 日，美国国务院高级官员乔纳森·豪依告诉国务卿舒尔茨，伊拉克"几乎每天都用化学武器"对付伊朗。1983 年 12 月，里根派特使拉姆斯菲尔德前往巴格达会见萨达姆·侯赛因。据美国大使馆报道，萨达姆对拉姆斯菲尔德的来访及里根总统的信件表现出"明显的快感"。拉姆斯菲尔德向萨达姆保证，美国将尽其所能停止对伊朗出售武器。

次年 3 月，拉姆斯菲尔德再次出访伊拉克，主要是向萨达姆表明，美国的首要任务是击败伊朗，而不是对伊拉克使用化学武器进行惩罚。里根政府国家安全委员会伊拉克问题专家霍华德·泰彻后来在法庭宣誓证词中承认，美国"积极支持伊拉克，向伊拉克提供数十亿美元贷款，提供军事情报和军事建议，密切监控第三国家向伊拉克出售武器的情况，以确保伊拉克拥有足够的军备"。美国国防部情报局的 60 多名军官都为伊拉克提供过作战方案。泰彻表示，凯西利用一家智利公司向伊拉克运送集束炸弹，这种炸弹能有效抵制伊朗的人海战术。美国、英国和德国的军火制造商欢天喜地地向伊拉克提供军火，以满足其不断增长的需求。一些美国公司在商业委员会的许可下，向伊拉克提供炭疽，后来被伊拉克用来发展生化武器，从而开展化学战争。1984年2月，伊拉克军方厚颜无耻地发出警告："入侵者应该明白，每一种有害昆虫，都有相应的杀虫剂消灭它，无论它的数量有多庞大，伊拉克就握有这种杀虫剂。"

伊朗要求联合国安理会调查。尽管美国情报局的报告已经证实了伊朗方面的指控，但是一连好几个月美国都保持沉默，最后美国在3月初批评伊拉克使用化学武器。当伊朗提议发起联合国决议，谴责伊拉克使用化学武器时，美国驻联合国大使柯克帕特里克还游说其他国家投"弃权票"。在伊拉克大使的建议下，美国抢先伊朗一步，于3月底在安理会通过了一项主席声明，反对使用化学武器，但并未提及伊拉克是有罪的一方。

1984年11月，美国恢复了与伊拉克的外交关系。伊拉克不仅一直持续对伊朗使用化学武器到"两伊"战争结束，而且在1987年年末，伊拉克空军还对本国库尔德公民投放化学武器，因为伊拉克政府指控他们支持伊朗。1988年3月，伊拉克对哈莱卜杰村发动化学战，标志着伊拉克化学武器的使用到达巅峰。此举在美国引起公愤，包括许多政府官员也怒不可遏，尽管如此，美国情报局在1988年时对伊拉克的援助实际上还是增加了。1988年12月，美国政府授权陶氏化学公司向伊拉克出售价值150万美元的杀虫剂，陶氏化学公司也是美国对越战争凝固汽油炸弹的制造商。

伊拉克使用化学武器以及美国暗中支持这种令人发指的行为让伊朗领导者阿亚图拉·鲁霍拉·霍梅尼很愤怒，他于1979年上台执政后毅然停止了前伊朗国王的秘密核武计划，他谴责核武器有悖于教义。1984年，霍梅尼扭转了局势，联合国安理会再次启动反对伊拉克使用化学武器的决议。

一方面美国加强对伊拉克萨达姆政权的支持，另一方面里根继续他夸张的反苏论调和挑衅苏联的行为。1983年，他出席在佛罗里达州奥兰多举行的全国福音派协会年度大会，他在会上敦促各位听众"要公开反对将美国置于军事和道德劣势地位的国家……决不能无视历史，不能忽视邪恶帝国的好斗性"。1983年11月，美国在英国部署巡航导弹，在西德部署潘兴Ⅱ导弹，同月，美国还进行"优秀射手"演习（Able Archer 83），这是一次大规模核武器军事演习。1983年底，美苏两国关系跌至20多年来的最低谷。两国在世界各地展开代理人战争，如今两国正面交锋似乎也近在眼前。苏联的一些官员认为，美国即将发动对苏攻击。

　　里根好斗的言辞令公众胆战心惊。《浩劫之后》以及其他描述核战争的电影票房良好，观众看后对核战争的危害有了更感性的认识，民众要求停止发展核武器的呼声越来越高。有精神病学家称，美国和苏联的孩子生活在核战争即将爆发的噩梦中，这是自 20 世纪 60 年代初以来极其罕见的现象。即便是核武器的设计者也不太习惯核战争威胁不断上升所带来的影响。物理学家西奥多·泰勒首次出访苏联时便有所顿悟。他将自己的切身体验告诉了精神病学家罗伯特·杰伊·利夫顿，利夫顿的调查研究在核研究领域引发了一场革命：

　　　　走在莫斯科红场，泰勒看到很多年轻人在举行婚礼时参观列宁墓和不知名的烈士墓，他们脸上洋溢的幸福令泰勒印象深刻。当他在五角大楼熟读情报数据，以及与潜在核袭击计划有关的莫斯科市中心航拍照片时，突然想起了很多年前，他的孩子出生的那个夜晚，而不是他与妻子缠绵的岁月。站在红场，泰勒突然哭泣起来，不能自已："我看到那些满脸幸福的人儿，从四面八方来到陵墓拜祭。那些想要用炸弹毁掉这一切的人，简直是疯了……是精神错乱了。"他曾有过类似的经历，"但第一次我真真切切地站在苏联的大地上，看到了我所做的一切可能会毁掉眼前这些实实在在的美好事物"。在此之前，莫斯科不过就是"一组抽象的数据、符号……压力、热量……"需要用"尺寸合适的炸弹"来与之"匹配"。

　　泰勒决定放弃武器研究，投身于更能保全人类生存的研究领域。
　　尽管里根一直大言不惭，但是他也担心核战争爆发的可能性。而且他对核武器认知有限，1983 年，当他说轰炸机和潜艇都不运载核武器时，着实震惊了国会议员。但他对核武器的本能厌恶是发自内心的，也是真诚的。他反复告诉已经不知所措的顾问，他觉得核武器很"邪恶"，希望消灭它们。从很大程度上说，里根的恐惧深受其宗教信仰影响，尤其是他对世界末日说深信不疑。
　　《圣经》上记载了一场血腥灾难，导致了历史的终结和耶稣的回归，他认为这可能在现实世界中发生。他由此想到了核战争，认为自己有责任保护美国人民。里根总统的国家安全事务副顾问伯德·麦克法兰说道："从他相信世界末日说开始，他就一直认为核战争也是这样一场灾难。那么，该怎么办呢？里根的回答是，搭起帐篷或圆形罩子，保护自己的国家。"

里根决定在全国范围内建造高科技的大气屏蔽层，以保护美国未来免受导弹侵袭。但这个看似无害的防御盾实际上对苏联是个重大挑衅。防御盾如果建起来的话，可能无法在苏联先发制人的袭击中保护美国，但在美国率先攻击苏联的前提下能有效抵御苏联的报复性回击。

里根很清楚引发国际危机有多么轻易。1983年9月，苏联军事人员误把一架进入苏联领空的大韩航空客机当成了间谍机，苏联几番警告，对方都置若罔闻，最后苏联将客机射了下来，机上269人全部遇难，其中包括61名美国人。里根指责"大韩航空惨剧"是一次"野蛮事件"，犯了"反人类罪"。但他在回忆录中得出了一个不同的教训："如果我们能从大韩航空事故中得到些什么启示的话，那就是这个世界很容易就走到剑拔弩张的边缘，所以我们需要核军控。如果像一些人猜测的那样，苏联飞行员只是误把客机当成了军用飞机就造成了这种劫难，那么如果苏联军人当时扣动的是核武器的扳机，那么又会造成怎样不堪设想的后果呢？"

在接下来的一个月里，他对核战争的担心更加强烈。看了电影《浩劫之后》的预告片后，里根在日记中写道："片中北约与俄罗斯的核战争把堪萨斯州的劳伦斯市夷为平地。这部700万美元的年度巨制深具震撼力，让我对自己所做的事感到非常沮丧。"一向淡定的里根一连志忑了好几天。他的顾问很是担心，于是邀请了温伯格的苏联问题专家、负责国家安全政策的国防部副部长理查德·佩里来开导里根。

尽管佩里和其他人偶尔也能说服里根支持核发展计划，但这并不符合他内心深处的真实愿望，里根的担忧也并未减弱。恰逢1983年秋，他了解到苏联领导人把他的那些好斗言辞和军事升级做法当真了，认为他正在准备发动战争。

里根11月18日的日记内容被曝光。他担心苏联"陷入了被攻击的疯狂妄想之中"，所以他打算安抚他们："在美国，没有人想那么做，他们怎么会认为有人想发动核战争呢？"之后他得知《浩劫之后》播出后，舒尔茨将出现在美国广播公司（ABC）的节目中，不过这对他已经不重要了，他现在更关心的是电影会否引爆公众对他发展核能政策的强烈反对："我们知道这是'反核'宣传，但我们要因势利导，告诉公众这部电影恰恰告诉我们为什么要继续发展核武器。"就在同一天的日记中，里根还写道："与韦塞将军在军情室的一次最发人深省的经历，就是韦塞将军向我介绍了美国应对核攻击的全盘计划。"

里根后来在回忆录里写道："3 年来，我明白了很多关于苏联的令人很惊讶的事：苏联领导层的很多人都由衷地害怕美国和美国人。这本来不是什么新鲜事，但确实让我感到惊讶。事实上，我一开始还很难接受这个结论。"

他就职时还不太了解苏联实际上是担心美国先发制人。"但是，随着我与苏联领导人打交道的经验越来越丰富，再加上其他美国官员告诉我的事，我开始慢慢意识到，苏联官员不但害怕美国这位强劲的对手，还担心美国会成为潜在的攻击者，会对他们率先扔下核武器。"

尽管里根觉得这种想法不可思议，但他确实发现"五角大楼还是有部分人坚信美国发动核战争'必胜'"。他认为这帮人"疯了"，但他也开始明白为什么苏联会当真。10月，他对舒尔茨说道："也许我该见见尤里·安德罗波夫，提议消除所有核武器。"

苏联领导人担心《第 59 号总统指令》所昭示的先发制人策略，这份指令由"当前危机委员会"成员亲手策划。苏联还采取具体步骤来确保其核威慑的生存能力，形式类似于早期艾森豪威尔的发展计划。

1983 年，美国在欧洲部署潘兴导弹和巡航导弹，更是加剧了他们的担忧，因为这意味着苏联领导人启动报复性打击的时间更少了。大卫·霍夫曼在他获得普利策奖的著作《死亡之手》（The Dead Hand）中详细描述道，苏联领导人考虑构建起全自动化的系统，即"死亡之手"，如果领导人丧失指挥能力，计算机将自动发起核反击。苏联战略火箭部队的瓦莱里·亚林尼奇上校说道："这完全就是疯了！"正是出于遭受核打击的顾虑，苏联设置了一个系统，只有少数地下掩体的当值人员有权启动。1984 年 11 月，苏联进行系统测试，随后很快投入运行。

亚林尼奇很快便碰到了一个深层次问题，这个问题也同样困扰着美国的核设计者：他想知道，如果国家已经摧毁了，那么苏联的当值人员是否真的会决定启动核武器？他解释道：

> 我们派一名年轻的陆军中校坐在那儿，如果通讯坏了，他只听到"隆隆声"，一切都在颤动，那么他可能就没办法启动系统。如果他不启动程序，那就没有了报复。如果半个地球都毁了，那么报复又为了什么？为了摧毁另一半地球吗？根本毫无意义。即便如此，那位中校也可能会说："不，我不想启动。"没有人会因此谴责他，或者将他处死。如果我是他，我不会启动。

亚林尼奇明白，操作者临场反应的不可预测性限制了这套系统的威慑效果。他还觉得，苏联隐瞒这套系统的存在其实很不理智。

里根回溯了他早期对于废除核武器的承诺：

> 本人刚刚担任总统之时看到过一组令人震惊的数据，让我永远难以忘怀。五角大楼的报告指出，如果美苏发生核战争，即便美国"赢了"，也至少将有 1.5 亿美国人丧生。我很难想象，那些幸存的美国人此后将过着什么样的生活。整个星球都被污染了，"幸存者"将无处生存。也许核战争并不意味着人类的灭绝，但一定意味着人类文明的消亡。没有人能够真正在核战争中"获胜"。

尽管里根痛恨核战争，他却抱着一个阴暗的想法，就是利用核武器打败敌人。这种想法在一次里根为电台广播检测声音时不小心流露出来，引来一片哗然。"美国同胞们，很高兴告诉你们，今天我已经签署了一项法令，能永久性地将苏联人驱逐，轰炸将在 5 分钟后开始。"里根并不知道，他在说这些话的时候，磁带正在转动，讲话播出后，迅速在国内外引起强烈反响。科罗拉多参议员加里·哈特认为，里根如此"缺乏判断力"可能是由于连任竞选造成的压力，但他更担心的是"如果那个时候他说出的是真心话，那就太可怕了"。据《纽约时报》报道，这则消息成为了当天欧洲各大媒体的头版头条。巴黎《世界报》认为，应该请心理学家进行鉴定，里根"到底是表达内心压抑已久的欲望，还是走火入魔中邪了"。西德社会民主党认为里根"不再是生命之神，不再是全西欧的强心剂"，而是"一位不负责任的老者……他可能分不清自己是在拍战争片还是在号令一个超级大国"；而绿党喊道："这个低级的笑话让每个正常人都心灰意冷。"苏联塔斯通讯社援引一位西方领导人对里根的描述，"他微笑地看待这桩可能大规模灭绝人类的暴行"，并且谴责"里根的和平论调十分虚伪"。《消息报》称之为"一次可怕的声明"。

在美国国内，争议依旧持续。评论家质疑里根能否胜任总统职位。白宫办公厅副主任迈克尔·迪弗承认，里根经常在内阁会议上打盹，更是让事情雪上加霜。《纽约时报》前资深编辑约翰·奥克斯诘问，美国人有何信心认为这样"一个肤浅、鲁莽的人"能带领人们走出危机？他与其他传媒人士一道指出里根在基本政策问题上思维混乱，包括在税收政策上自相矛盾的声明，他们认定里根无法胜任总统之职。麻省理工学院前院长杰罗姆·维斯纳曾在肯尼迪和约翰逊时期都担任过科学顾问，他将里根的"黑色幽默"称为"口头的罗夏墨迹测验"（利用本身毫无含义的墨迹图版测试人们的想法，是著名的投射法人格测验。——译者注），并质疑他妥善处理核问题的能力。有些人甚至怀疑总统的精神状态。在那段时间里，里根曾在他的农场就军备控制问题接受了记者采访，但是尤其让记者感到特别困扰的是如何拍到合适的照片。《洛杉矶时报》记者罗伯特·舍尔描述了现场情况："他什么都没有回答，美国总统似乎茫然了，光做手势不说话，场面多次陷入尴尬。然后，一直陪伴在侧的总统夫人南希走过来救场，她轻轻地动了动嘴唇，说道：'我们尽力而为。'里根重复她的话：'我们正在尽力而为。'"

里根身边的人倒是竭尽全力地想要保全他。乔治·舒尔茨站在里根一边，因为里根通常会优先选择谈判而不是交战。在南希·里根和迈克尔·迪福的支持下，舒尔茨与政府中的好战分子展开了激烈交锋。里根授权舒尔茨改善美苏关系。1982 年中期，美国和苏联就大幅减少战略部队展开新一轮谈判：签订《削减战略武器条约》，简称 START。但另一方面，里根继续认同"当前危机委员会"的看法，慨叹美国的军备处于劣势。他在 1982 年底说道："你经常会听到这样的说法，认为美国和苏联正在军备竞赛。实际上是苏联在参赛，而我们没有……今天，不论从何种标准衡量，苏联的军事力量都处于绝对优势。"这种言论显然有些耸人听闻，美国在军事上仍然保持微弱优势。1985年，美国拥有11 188枚战略核弹头，而苏联有9 907枚。从弹头总量看，算上战略、中程和战术性弹头，美国以20 924枚领先苏联的19 774枚。全球核武库继续增长，在1986年达到顶峰，核武器超过7万件，总体破坏力相当于轰炸广岛炸弹的150万倍。

据科学家测算，哪怕一次小小的核交战都会释放出大量的烟雾、灰尘，它们会进入大气遮挡太阳，延长地球的低温期，从而造成许多植物的死亡，所以军备控制更为迫在眉睫。有人甚至得出了可怕的预言，认为核战争导致的"核冬天"会造成地球上生命的终结。

苏联的急速发展改写了历史进程，美苏两个军事超级大国间的紧张关系也随之动荡起伏。1985年3月，在位两年半的康斯坦丁·契尔年科去世，成为第三位在任时辞世的苏联领袖。54岁的米哈伊尔·戈尔巴乔夫继任，为苏联政局注入了新的气息和思路。他年轻时就目睹过战争的恐怖。在苏联共产党任职期间，他曾多次游历西方。担任总理后，他希望实现梦想，重振苏维埃社会主义民主，改善人民生活。像赫鲁晓夫和其他先前的改革者一样，他深知，如果不遏制军费的持续激增，上述一切都无法实现。

后来，他这样形容自己刚上台时的局面："国防支出正在挤压国民经济的最后一滴血。"看看兵工厂和农业器具生产基地就能切中问题要害了。"兵工厂的车间里正在制造现代化坦克……拥有最先进的设备。而农具生产车间正在制造旧式拖拉机，运用的是落伍的模型传送带。"造成这种差异的原因显而易见。戈尔巴乔夫写道："在前一个五年计划期间，军费开支的增速比国民经济的增速要快两倍，这个吸血鬼吞噬了人们辛勤劳动的果实。"但戈尔巴乔夫发现很难获得评估现状的硬数据。他说："更糟糕的是，我们无法具体分析问题。所有与军工厂有关的数据资料完全保密。即便是政治局成员也无权过问。"

直到今天，他们也无法得到确切数据。中央委员会成员维塔利·卡泰耶夫可能保存着最详细、最准确的记录。据他估计，1985年苏联国防部的预算占经济总量的20%。国防部下属9个部门，其中大部分部门无法通过名称识别其功能，比如负责苏联核项目的部门，名叫"中等机械制造部"。

军工生产消耗了 50 多个城市创造的经济效益,据国家安全局局长威廉·奥多姆测算,它占去了苏联总体预算的 20% 到 40%。

为了实现民族振兴,戈尔巴乔夫必须结束军备竞赛,将资源重新分配到生产领域。他还必须结束在阿富汗的战争,他认为这场冲突从一开始就是个"致命错误",现在则成了一个"流血不止的伤口"。实现这些目标无疑将重塑苏联的国际形象,因为在过去 10 年中,苏联形象已严重受损。戈尔巴乔夫的一位外交政策顾问谢尔盖·塔拉先科评论道:"戈尔巴乔夫政府面临的首要问题是修复苏联形象,以防苏联再次被视为'邪恶帝国'。"戈尔巴乔夫准备迎接来自国防部的反抗。

戈尔巴乔夫给里根写过不少非同寻常的信件。1985 年 3 月 24 日,他写了第一封信。这封信极有可能是 40 年前由亨利·华莱士执笔的信件:

> 贵我两国在社会制度和意识形态方面都截然不同。但我们认为,双方不能因此而相互敌视。每种社会制度都有它存在的权利,它应该与其他社会制度和平竞争,而不是诉诸武力和军事手段以证明其优越性。任何国家的人民都有权自行选择其发展道路,其他国家的人民不应该向其强加本国意志。

10 月份,戈尔巴乔夫在写给里根的信中,引用了肯尼迪在美国大学毕业典礼上的讲话,他在信中写道:"尽管存在分歧,但他们必须从客观现实出发,既然我们生活在同一个星球上,我们必须学会彼此相处。"

戈尔巴乔夫面临的一个重大问题在于,美国总统身边是否有人与他一样,秉持共同实现世界和平与繁荣的美丽愿景。里根在上任前就告诉过他的第一任国家安全顾问理查德·艾伦:"在美国对苏政策上,我的想法很简单,或者说很单纯。那就是,我们赢,他们输。"里根对此供认不讳。但是,里根最初对戈尔巴乔夫的回应比较积极。他请苏联领导人接见访苏的美国代表团,其中包括众议院议长奥尼尔。

戈尔巴乔夫感觉到,赢得冷战的决心让里根对他的战略防御计划更加执着,也就是后来被人们称为"星球大战"的计划。这位苏联领袖清楚,如果苏联发射成千上万颗导弹对付美国,这个系统根本没什么用,所以它的真正目的在于美国先发制人后，防止苏联发起有限反击。他也知道，苏联多发射一些导弹和核弹头就能让系统瘫痪，或者使用隐形战机就能避开系统侦察。而且制造更多的导弹和隐形装备所花的经费远低于建造反制战略防御系统设备所需的成本。戈尔巴乔夫写信给里根："'星球大战'计划已经严重破坏了稳定。我们迫切建议你立即停止这项破坏稳定的危险计划。"10月，戈尔巴乔夫在华沙公约领导人会议上谴责美国的战略防御计划和军国主义："他们企图通过战争和军事讹诈战胜社会主义。战略防御计划的军事意图昭然若揭……其目的是为了确保永久性的技术优势，不仅要超越社会主义社会，还要超越美国的西方盟友。"

里根总统发表全国电视演说，解释他的战略防御计划，即"星球大战"计划。这个烦琐的导弹防御系统成了里根与苏联领导人米哈伊尔·戈尔巴乔夫谈判中的绊脚石。

尽管戈尔巴乔夫与里根在战略防御计划、人权、军事设施建设和第三世界冲突等问题上存在严重分歧，但是11月，双方还是在日内瓦举行了友好峰会。他们虽然并未在政治或意识形态上达成共识，但却建立了良好的私人友谊。晚宴上，他们热情地祝福彼此。戈尔巴乔夫引用了《圣经》里的格言："石头扔出去了……终究要把它们慢慢捡回来的。"他继续说道：

"现在是时候了，把那些抛出去的石头捡回来。"里根发现，当天正好是斯大林格勒战役 43 周年纪念日，于是顺水推舟地说道，他希望这次峰会"是全人类的另一个决定性的转折点，世界会更加和平和自由"。

会后，双方带着希望，同时也不敢掉以轻心。苏联领导人担心里根痴迷于他的"星球大战"计划，害怕这会让美国陷入危险的自满之中。戈尔巴乔夫担心，里根没有真正的话语权，就像他担任"通用电气剧场"节目的主持人一样，里根也许只不过是美国军工部门的传话人。

戈尔巴乔夫及其支持者真诚地渴望裁军、实现缓和、实行民主改革。戈尔巴乔夫最信任的外交政策顾问之一安纳托利·切尔亚耶夫之后一再表示："缓和政策是真诚的。我们渴望缓和、希望和平，我们热切盼望着……看看中央委员会书记叶戈尔·李加契夫，他是个保守派，对吗？他甚至有些反动，然而就连他也会站起来，对着戈尔巴乔夫大声问道：'我们到底要眼睁睁看着军工产业吞噬我们的经济、农业和消费品行业到何时？我们到底要忍受这个怪物到何时？难道我们还要继续把本该属于我们孩子的食物送进它的血盆大口中？'"

戈尔巴乔夫决定更加积极地推进"和平攻势"。1986 年 1 月，他写信给里根，大胆提出"在本世纪结束之前……完整清算世界各地核武器的具体步骤"。此间，他提出清除部署在欧洲的所有美国和苏联的中程弹道导弹，停止核试验，大幅削减战略武器，变更《反弹道导弹条约》，允许美国继续研究战略防御体系，但禁止其在 15 年内进行部署。前一年的 8 月份，他单方面宣布暂停苏联的一项核试验。

美国方面的回应使得苏联对里根的真正意图更加疑虑重重。美国宣布了一系列新的核试验计划。它还增加了对阿富汗穆斯林游击队的援助，在其他很多地方采取了挑衅行动。

1986 年 4 月 26 日，乌克兰切尔诺贝利核反应堆事故带来了极大的毁灭性，这更进一步推动了戈尔巴乔夫的反核运动。这场事故本身造成了约 8 000 人死亡，受直接影响的人口更是不计其数。政府试图淡化事件的严重性，结果却弄巧成拙，苏联在国际社会颜面尽失，因为事故导致大量放射性粒子外溢到西欧及其周边地区。更重要的是，这次事故让苏联人民更真切地认识到，就算一次小小的核战争都孕育着巨大危险。据苏联总参谋长谢尔盖费·阿赫罗梅耶夫元帅回忆，切尔诺贝利事故"使得苏联人民对核危机的认识更加具体了，它仿佛就是触手可及之事"。苏联外交部副部长亚历山大·别斯梅尔特内赫指出："切尔诺贝利核试验烈度相当于最小的核爆炸的 1/3，即便如此，其危害已经波及半个欧洲，试想一下，如果我们把所有核武器都用上，将带来什么后果？" 1986 年 7 月，戈尔巴乔夫在政治局会议上表示："绝不能以核战争的手段延续理性政治，因为核战争将导致所有生命的终结，而政治也将就此消亡。"

1985 年日内瓦峰会全体会议上，里根与戈尔巴乔夫握手。

苏联此前还有些彷徨和纠结，如今切尔诺贝利事故使其意志坚定。5 月，舒尔茨建议里根利用苏联的弱点，同时推动里根的核军控议程。他告诉总统："苏联并非无所不能，也没有无处不在的影响力，可以随时扬言要消灭我们。相反，我们将赢得胜利。事实上，我们已经遥遥领先。"舒尔茨强调苏联只在一个领域领先美国：弹道导弹。因此，减少弹道导弹数，很符合美国的利益。

1986 年 10 月，里根和戈尔巴乔夫在冰岛会面。戈尔巴乔夫提出了一整套裁军的大胆举措，令人目瞪口呆。在开幕式上，戈尔巴乔夫侃侃而谈，让里根措手不及，据戈尔巴乔夫回忆，愣神的里根总统想要找到合适的应对方式：

> 里根不停地翻阅手上的卡片，试图从密密麻麻的笔记中找到答案。我多次想就我提出的上述问题与他进行讨论，但都以失败告终。于是，我决定尝试下具体问题，还是没有得到什么答案。里根总统一直在翻看笔记。卡片弄乱了，有些还掉到了地上。他开始整理卡片，从中寻找答案，应对我的问题，但没有找到。根本没有现成的答案，美国总统及其助手所准备的是一场完全不同的对话。

戈尔巴乔夫提出将进攻性战略武器削减一半，消除美苏在欧洲的所有中程弹道导弹，允许英法保持原有的军火库，冻结短程导弹，停止核试验，允许按美国要求进行现场核排查，在未来 10 年中将战略防御系统测试限制在实验室内。起初里根还没有完全明白戈尔巴乔夫这些提议的意义，也没有领会他实际上向美国长期以来提出的要求作了让步，里根的漠然反应搞得这位苏联领导人十分受挫。休会期间，里根到美国大使馆咨询他的顾问。保罗·尼采说，据他观察，这是他们在近 25 年里接到的最好的苏联提案。第二天，讨论继续。戈尔巴乔夫催促里根抓住这一千载难逢的机会。里根在某些问题上作了妥协，但在战略防御计划上态度坚决。戈尔巴乔夫反驳道，如果里根坚持破坏《反弹道导弹条约》，那么他就无法说服苏联人民及其盟友，大幅减少战略武器。里根主动提出，愿意在时机成熟的时候，与苏联分享战略防御计划。里根的顾问杰克·马特洛克回忆当时的情况："戈尔巴乔夫最后气炸了，他的声音提高了八度，说道：'不好意思，总统先生，我不能将你所说的分享战略防御计划（SDI）的事情当真。有很多东西，你们都不愿与我们分享，比如油井设备、数字化制导机械工具，还有挤奶机。分享 SDI 信息恐怕会引发第二次美国革命吧！我们还是务实些，面对现实吧！'"

专家谈判代表们彻夜会谈，试图早日敲定一个双方都能接受的协议。

美方由尼采带队，苏方由谢尔盖·阿赫罗梅耶夫率领。美国军控与裁军署副署长肯尼斯·阿德尔曼提出："定义战略武器，将轰炸机武器排除在外，双方达成接近的数量限额，这些我们只花了一个晚上就达成了，毫无疑问，这比我们在过去5年中进行的无数次谈判所取得的成效更大。"

但是到了第二天早上，谈判再次搁浅。戈尔巴乔夫道，他们同意减少战略性武器和中程核武器，却不同意全面禁止核试验和遵守《反弹道导弹条约》。戈尔巴乔夫万分沮丧地说道："我们回家吧，什么成果都没有。"讨论完其他事项后，戈尔巴乔夫作了最后一次努力，提出让美国国务卿舒尔茨和苏联外交部长爱德华·谢瓦尔德纳在午餐时会面，看看能否解决双方分歧。

午餐期间，苏联外交部长指出，苏联已经在很多问题上作出让步，所以他敦促美国在战略防御计划（SDI）上也要作出适当妥协。美方想出了一个方案，既能确保其现有的谈判优势，又能让它继续进行战略防御计划。当天下午的会上，戈尔巴乔夫提出，《反弹道导弹条约》的有效期为10年，在这期间美苏双方都必须遵守，不能在实验室之外的地方进行反弹道导弹系统或组件测试，双方还需在5年内将进攻性战略武器减少一半，余下部分在之后的5年内消除。美苏领导人进一步就细节问题进行磋商后，双方各自会见了他们的亲密顾问。里根向团队中最保守的成员佩里咨询道："美国能否在苏联设置的限制之下继续研究战略防御计划？"佩里担心全面军备控制协议将会振兴苏联经济和社会，于是答道："总统先生，如果我们同意他们的提议，就不能进行战略防御计划研究，SDI计划将就此扼杀。"随后，里根又征求了舒尔茨和尼采的意见，他俩都不同意佩里的说法，敦促里根接受戈尔巴乔夫的提议。

双方回到谈判桌前，戈尔巴乔夫注意到里根的措辞有所改变，从"消除所有战略性武器"变成"消除所有进攻性的弹道导弹"，而后者恰恰是苏联的强项，因此戈尔巴乔夫表示反对。里根最终让步了，问道："我们是否还记得……10年之后，所有的核爆炸装置都要销毁，包括炸弹、战场系统、巡航导弹、潜艇武器、中程系统导弹等等？"戈尔巴乔夫点头同意："我们可以在上面列出所有武器。"舒尔茨回答："那就这么办吧！"戈尔巴乔夫表示，如果里根肯将SDI试验控制在实验室内，他早就准备好签署"消除核武器协议"了。里根犹豫不决，他坚持进行大气测试的权利，谈判又陷入僵局。戈尔巴乔夫作了最后一次抗争：

> 如果我们签署了一揽子协议，里面包含了苏联在许多基本问题上的重大让步，那么毫不夸张地说，你将成为一位伟大的总统。现在，你离目标只剩两步之遥了……如果谈不拢，那么我们就此分道扬镳，再也别提"雷克雅维克协定"了。以后再也不会有这样的机会了，至少，我觉得自己没有这样的机会了。
>
> 我坚信我们可以达成协议。否则我不会提出立即与你会面；我不会以苏联领导人的身份，带着我们做出妥协的众多严肃的方案，千里迢迢来到这里。我希望这些方案能得到贵方的理解和支持，相信我们可以解决一切问题。如果事成了，我们实现了大幅削减和销毁核武器的目标，那么所有批评你的人都将闭上嘴。否则他们就是与全世界绝大多数人民为敌了，因为整个世界都希望我们成功达成协议。另一方面，如果我们不能达成协议，它显然将成为下一代领导人的职责，你和我都没有太多时间了。
>
> 美方基本没有作出什么让步，甚至连一小步都不愿意妥协，这种情况下，很难达成协议。

然后苏联外长谢瓦尔德纳"颇为动情"地插话说，如果将来的领导人看到今天的会议记录，发现双方在消除核武器上的立场如此接近却没有达成协议，恐怕永远不会原谅这代领导人。里根说，在文本中加上"实验室"这个词，会让他在美国国内遭遇重大的政治危机。戈尔巴乔夫回应说，如果他允许美国将军备竞赛带到大气空间，并且允许它 10 年后部署战略防御系统的话，世人一定会唾弃他是不负责任的傻瓜。双方都要求对方让步，但谁也不肯。会谈结束了。美国和苏联差一个词就能达成消除核武器的协定了。不幸的是，核武器的阴霾将继续困扰着整个世界。里根受保守主义者佩里的挑唆，牺牲了人性，选择了幻想——一个星球大战的幻想。理查德·罗兹认为那不过是空想罢了，"在 1986 年时甚至连实验室内的测试都进入不了，更别提实验室之外了"。

戈尔巴乔夫和里根在雷克雅维克举行峰会。戈尔巴乔夫带着一
系列裁军的大胆提案，让里根措手不及。

里根和戈尔巴乔夫失望地离开雷克雅维克。双方几乎就要达成
举世瞩目的完全消除核武器协定了，但里根拒绝放弃战略防御计划，
使得整个核裁军方案功亏一篑。

里根和戈尔巴乔夫走出会议大楼。戈尔巴乔夫如是描述当时的场景：

> 天色已晚，我的心情无比沮丧。里根责备我："这个结果你早有预谋，是你把我逼到这个份上的。"我回答："不，总统先生，如果你愿意防止将大气空间军事化，那么我随时可以回到会议厅，就我们已经商定的问题签署协议。"里根回答："我很抱歉。"

戈尔巴乔夫在公开场合表现得很乐观，重点强调双方取得了什么进展。他宣称："双方看问题的视野有了首次突破。"但私底下，他对美国的顽固不化表示深深的失望。他在政治局说道，自己不仅在与"阶级敌人"（即美国的资本主义）作斗争，还要与里根总统斗法，"他表现出了一种极端原始主义，他有着穴居人的外表，知识极其匮乏"。但这还不是主要障碍。他断言，首要问题是战术性的：美国误判了苏联的"内部困难"，认为戈尔巴乔夫迫切希望达成协议，不管美国提出什么样的条件。第二个是战略性问题，美国认为"可以通过军备竞赛拖垮苏联经济，为戈尔巴乔夫和整个苏联领导层设置障碍，从而破坏苏联解决经济和社会问题的计划，引起民众的不满"。他说，美国领导人希望破坏苏联与第三世界国家的关系，并企图"通过战略防御计划取得军事优势"。最后，戈尔巴乔夫表达了对美国谈判代表的痛恨，他说："美国代表根本没有良心，又缺乏斗志。他们的话充满压迫、欺骗和贪婪的重商主义意味。"

　　双方都希望重启谈判。但是谈判还未来得及重启，里根政府就陷入丑闻之中。

21
★★★

秘密扶持伊朗反政府武装军

　　1986 年 10 月 5 日，尼加拉瓜桑地诺政权击落一架飞机，3 名美国人运载着物资前往该国，支持反政府武装组织。唯一的幸存者承认自己受雇于美国中情局。随着参议院情报委员会和塔委员会听证会举行，真相慢慢浮出水面。这次事件牵扯出了一系列骇人听闻的违法、腐败和欺诈行为，涉及美国在黎巴嫩的人质问题、美国向伊朗出售武器问题、谋杀中情局驻布鲁特办事处负责人的问题，以及美国试图在德黑兰扶植并不存在的"温和派"问题。在"两伊"战争中，美国暗中支持伊拉克对付伊朗，还与作恶多端的巴拿马强盗曼纽尔·诺列加等人合作，向尼加拉瓜反政府武装组织输送战略物资，这公然违反了 1982 年的《伯兰德修正案》，该法案禁止美国向反对桑地诺政权的势力提供财政援助。

　　事件牵涉的主要成员除了里根和布什，还有中情局局长凯西、国家安全顾问麦克法兰和奥利弗·诺斯中校，这位被荣誉包围的"越战"老兵从越南回来后精神几近崩溃，在贝塞斯达海军医院住了 22 天。奥利弗·诺斯于 1981 年进入国家安全委员会任职，这位心怀壮志的海军军官十分狂妄自大，从"越战"回来并接受入院治疗后，他成了基督教原教旨主义者。诺斯几乎每天都为这项秘密行动奔波劳碌，他笼络了一帮声名狼藉的右翼募款者、秘密特工和军火贩子，来执行这次行动。

　　中情局试图绕过国会的约束自主行动，但它未能成功掩饰与此事的关联。中情局错在聘用了"越战"特种部队的老兵。其间发生了一件很尴尬

的事，老兵们说服中情局把一本古老的连环画册翻译成西班牙语，画册讲
的是越南农民通过谋杀市长、警察局局长和民兵等办法，最终成功占领一
个小村庄的故事。中情局把这本"自由斗士手册"的西班牙语译本交给了
尼加拉瓜反政府武装集团，其中有几本落到了中美洲一些反对美国干涉的
人士手中，他们将译本公之于众。美国人还得知，中情局捣毁了尼加拉瓜
港口，为此保守派的元老级人物巴里·戈德华特气愤地责骂凯西，他写道：
"我非常生气！这违反国际法，是一种战争行为。"

图中里根、奥利弗·诺斯中校和尼加拉瓜反政府武装领袖阿道
夫·卡里洛，于国家安全顾问罗伯特·麦克法兰的办公室。麦克法
兰和诺斯是里根政府向伊朗政府非法出售武器的主要策划者，出售
武器所得资金用于援助尼加拉瓜反政府武装。

　　1984 年，国会作出回应，加强了《伯兰德修正案》，切断了对反政府
武装的所有援助。为了进一步束缚凯西的手脚，国会明令禁止情报机构向
"任何国家、团体、组织、机构或个人"筹集资金。参谋长詹姆斯·贝克
担心政府内部的"疯子们"会继续向其他国家募资，而凯西、麦克法兰和
诺斯的确在这么干。沙特阿拉伯提供了最大份额，南非、以色列等地都承
诺提供数千万美元的援助。舒尔茨警告里根，继续批准对反政府武装的援

161

助可能会引发弹劾总统的动议。但凯西、布什和里根对此嗤之以鼻。

里根下达指令，让助手们各司其职。他对国家安全顾问麦克法兰说："请你务必想尽一切办法，让反政府武装军队继续存活下去。"麦克法兰心领神会，很快便想到了一个办法。1985年夏天，他会见以色列外交部长大卫·金奇。金奇对麦克法兰说，他正与伊朗"温和派"接触，他们准备在年事已高的霍梅尼仙逝后夺取政权。他建议伊朗人帮助被黎巴嫩真主党关押的美国人质获释，因为这是一个亲伊朗的什叶派组织，作为回报，美国向伊朗出售武器。

中情局贝鲁特站站长威廉·弗朗西斯·巴克利也是其中一位被扣押的人质，但是美国人不知道，他其实在6月份就已经被折磨至死。1985年中期，里根不顾公众反对参加了人质谈判，他授权以色列转运由美国研制的"陶氏"反坦克导弹到伊朗。在之后的14个月里，以色列一直充当着美国对伊朗销售武器中转商的角色。这期间，伊朗陆续释放了一些美国人质，但同时又挟持了更多人质，这样它就有了稳定的武器来源。以色列也暗中向哈梅内伊政权提供武器。

接触伊朗"温和派"的想法在美国高层官员中很有市场，他们开始思考如何重塑"后霍梅尼时代"的伊朗。1985年6月，中情局拟定了一份有关伊朗的国家情报评估，题为《伊朗前景：短期不稳定》，报告暗示伊朗内部局势并不稳定，霍梅尼时代即将结束。国家安全委员会在国家安全指令上也谈及这个话题，他们暗示伊朗的"温和派"可能会亲美国。国防部长卡斯珀·温伯格在报告中写道："这简直太荒唐了！它的前提假设是伊朗将发生重大变革，而且我们可以理性应对。这就好比请卡扎菲享用豪华午餐。"

在伊朗的索要下，美国向其输送"霍克"防空导弹及其他武器。1986年"两伊"战争期间，应伊朗的要求，美国向其提供有关伊拉克的战场情报。伊朗也为美国的援助付出了高昂的代价。

中情局从沙特和对伊售武中获得了大量资金，并用这些资金进一步扩大了对反政府武装的军事支持，反卡斯特罗的古巴人菲力克斯·罗德里格斯和路易斯·波萨达·卡里莱斯在这当中起了重要作用。罗德里格斯是副总统布什的国家安全顾问，也是中情局前特工唐纳德·格雷格的密友。波萨达从委内瑞拉越狱，他曾制造了 1976 年的古巴客机爆炸，导致 73 人死亡。《伯兰德修正案》废除后，国会还拨款 1 亿美元支持中情局在中美洲的行动，此举由切尼主使。

10 月 5 日，美国的秘密行动开始慢慢浮出水面。当天，一名尼加拉瓜年轻士兵击落了 C-123 运输机，里面装载着支援反政府武装组织的武器。唯一的幸存者前海军陆战队员尤金·哈森福承认自己受雇于中情局，向反政府军提供武器。11 月 4 日大选之日，伊朗议会议长阿里·阿克巴·哈什米·拉夫桑贾尼，公开了美国与伊朗武器交易之事。第二天，布什在日记中写道："这次行动一直高度保密，我希望它不会泄露出去。"

但是已经太晚了。这次行动所有的细节、猫腻、错综复杂的环节都出现在各大报刊杂志和电视屏幕上。白宫笨拙地否认，显得苍白无力。11 月 13 日，里根承认转运了"少量防御性武器"，但他指出："我们没有反复这样做，也没有用武器贸易或其他条件来交换人质，过去没有，现在没有，将来也不会有。"

凯西和海军少将约翰·波因德克斯特在国会上做伪证，谎言继续。波因德克斯特、诺斯、理查德·西科德等涉案者开始大举销毁手中的犯罪证据。11 月 25 日，里根对记者团说了一番话，用历史学家肖恩·威伦茨的话说："这也许不是他整个职业生涯中最糟糕的一次表现，但一定是他总统任期内最糟糕的一次。"他向记者团表示，根据总检察长埃德温·米斯的初步发现，他"对于这次活动与解救人质计划的关系并不完全知情"。他宣布免去波因德克斯特国家安全顾问之职，诺斯也被解职。他补充道："就像我先前说过的，我相信我们对伊朗的政策目标是很合理的。然而，就我昨天注意到的信息看，我们在政策实施的某个方面出了严重差池。"读完这段简短的声明后，他把话筒交给了米斯，完全不理会提问题的记者，转身离开了。一周之后，盖洛普民意调查显示，里根总统的支持率骤降 21 个百分点，当月支持率跌至 46%。

调查继续进行，很多证据都直接表明里根与之有关，但又明确显示，他无法控制下属们的所作所为。国会调查委员会总结道："总统并不知道他的国家安全顾问在做什么，但其实他应该知道。"独立检察官劳伦斯·沃尔什说："里根总统创造了让别人犯罪的条件，他秘密地把国家政策的重心转向伊朗和人质，擅自决定扶持反政府武装军，尽管美国有明文禁止这种做法。"被判犯罪的人员包括国家安全顾问、自杀未遂的伯德·麦克法兰，他的继任者海军少将威廉·波因德克斯特，整个事件的主谋、中校奥利弗·诺斯和助理国务卿埃利奥特·艾布拉姆。

国防部长卡斯珀·温伯格也遭到起诉但获得了赦免；中情局局长威廉·凯西在国会听证会开始的第二天死于脑瘤；副总统乔治·H.W.布什尽管在这桩阴谋中起了不小的作用，但成功地免遭起诉；中情局副局长罗伯特·盖茨也幸运地逃过诉讼，虽然他在任内不断进行操控情报、将情报政治化的行为，对里根的灾难性政策起到了推波助澜的作用。事后，麦克法兰后悔自己没有"胆量"警告里根。他说："告诉你吧，我之所以没那么做，是怕比尔·凯西、吉恩·柯克帕特里克和卡斯珀·温伯格说我支持共产党。"

这起污秽肮脏的事件使得重启美苏核裁军谈判的希望破灭。戈尔巴乔夫决定采取补救措施，他将中程弹道导弹问题搁置，着重探讨长期措施。1987年12月，他访问华盛顿，签署了《中程核力量条约》，这是美苏关系的里程碑。戈尔巴乔夫指出："这是历史上第一个双方同意销毁一大类核武器的协议。"

与此同时，苏联在阿富汗的行动也终于消停。里根和凯西把卡特试探性支持阿富汗叛乱分子的政策转变成迄今为止中情局最昂贵的秘密援助政策，总价值超过30亿美元。中情局请巴基斯坦总统齐亚从中斡旋，把美国的武器和美元送到古勒卜丁·希克马蒂亚尔领导下的阿富汗极端党派手中，希克马蒂亚尔是出了名的残忍之徒。据西点军校恐怖主义研究学者詹姆斯·富瑞斯特称，希克马蒂亚尔"经常拿着硫酸在喀布尔集市上巡逻，如果看到女性胆敢不用长袍遮脸，大摇大摆走在路上，他就会把硫酸泼过去"。他还经常活活地把囚犯剥皮。国务院高级官员斯蒂芬·科恩承认："我们支持的对象确实是很糟糕的人，他们是最狂热的极端分子。"中情局驻巴基斯坦伊斯兰堡站站长霍华德·哈特回忆："我是第一个带着这样美妙的使命驻外的站长：'去杀掉苏联士兵。'可想而知，我太欢喜了。"中情局甚至向其提供了2 000～2 500枚美国研制的"针刺"防空导弹，据维基解密透露，过了30年后有些导弹被用来攻打北约的直升机了。

阿富汗士兵演示手持地对空导弹用法。里根和凯西把卡特试探性支持阿富汗叛乱分子的政策转变成迄今为止中情局最昂贵的秘密援助政策，总价值超过 30 亿美元。

戈尔巴乔夫从任职初期就决心将苏联军队撤出阿富汗，为此，他甚至希望美国能予以协助。他向里根保证，苏联"无意利用阿富汗增强在海湾地区的影响力，或用任何方式侵害美国利益"。

但美国与沙特和巴基斯坦沆瀣一气，尽力拖住苏联军队，并阻止联合国从中调停，同时他们还向叛军输送大量资金和武器。英国、埃及等国也捐献了价值数百万美元的武器。中情局将资金和武器交付巴基斯坦情报部门。美方输送切断后，巴基斯坦将其余部分运送给位于白沙瓦的阿富汗叛军领袖，这些首领们扣下了一部分物资后再将其余的送往前线。扣下的很多物资和武器后被用于对付美国。

因为长年累月的战事，约 500 万阿富汗人逃到巴基斯坦和伊朗。1988年 2 月，戈尔巴乔夫宣布，苏联军队将从阿富汗撤出。撤军从 5 月 15 日开始，持续了 10 个月。美国、苏联、阿富汗和巴基斯坦都签署了《日内瓦停战协议》，但只有苏联信守承诺。齐亚向里根保证，巴基斯坦将继续对阿富汗叛军供应物资且有增无减。他说："我们就欺骗别人吧，8 年来我们都是这么做的……善意的谎言符合他们的教义。"

100 多万阿富汗人在战乱中丧生。巴基斯坦政权却从中获利，成为了美国对外援助的第三大受益者。巴基斯坦在发展核武器方面进展神速，美国却视而不见。成千上万的阿拉伯人加入反对异教徒的组织，其中包括富裕的沙特阿拉伯人奥萨马·本·拉登以及埃及医生艾曼·扎瓦希里。他们和成千上万未来的恐怖分子一起在巴基斯坦营地接受军事训练，学习暗杀和引爆汽车炸弹等技能。20世纪80年代，沙特斥资750亿美元在各地建立学校，传播瓦哈比极端主义。人们再三警告凯西，他一味纵容这种狂热最终会威胁美国的利益，但凯西对此置若罔闻。

从阿富汗撤军后，苏联试探美国意愿，希望双方合作，遏制在阿富汗的极端主义，但美国不为所动。控制阿富汗的顽固分子开始与巴基斯坦情报部门密切合作。美国达成目标后，一方面继续提供秘密援助，另一方面打算从它制造的混乱中逐步脱身。前美国驻沙特大使查尔斯·弗里曼抱怨道："每当我们开始战争时，往往不知道我们到时要如何收场。阿富汗已转变成内战，我们基本上也不关心了。"他说，他曾和美国驻巴基斯坦大使罗伯特·奥克利请示中情局的罗伯特·盖茨和威廉·韦伯斯特，让中情局官员们好好想想，怎么让美国、沙特和巴基斯坦脱身，但他们那儿的人回应道："为什么我们要出去与阿拉伯人打交道？"兰德智库专家谢丽尔·伯纳德的丈夫扎勒米·哈利勒扎德时任美国驻阿富汗大使，据她观察：

> 我们作了慎重选择。起初，人人都认为我们没有办法击败苏联。因此，我们只好利用最疯狂的疯子去对付他们，这必然会造成许多附带伤害。我们很清楚那帮人，很清楚他们的组织都干了些什么勾当，但是我们并不在乎。然后，我们放纵他们杀死所有"温和派"领导人。今天，我们之所以在阿富汗没有了可信任的"温和派"领导人，就是因为我们纵容那些混蛋把他们都杀光了。这些暴徒杀掉了左派人士、"温和派"和中立者。他们都在20世纪80年代及之后一段时间内被清洗掉了。

里根离任时已是个风烛残年、稀里糊涂的老人，他对眼下发生的事知之甚少，然而许多人都称赞他让美国重获自信和声望，使美国逐渐摆脱约翰逊、尼克松、福特和卡特等失败任期的阴影。在里根的第二个任期里，甚至连保守派都尊他为美国最伟大的总统之一。1984 年共和党竞选备忘录中这样写道："里根是美国一切正义的英勇化身。如果任由蒙代尔上台攻击里根，那无异于攻击美国本身的理想和信念。"

那么，里根真正留下了些什么呢？作为美国历史上最缺乏见识、最少操心国事的总统，他纵容了一批强硬的右翼"反共"人士，使得美国的外交政策走向军事化，并且重新点燃了冷战。他口口声声要宣扬民主，暗地里却不断武装和支持专制独裁者。他把中东和拉丁美洲的地区冲突当成美苏冷战的竞技场，公然允许恐怖统治压制人民运动。他大幅削减社会福利项目的开支，而急剧扩大军费开支。他大幅减少对富人的税收，他在任期间，美国国债增加了 3 倍，1981 年美国是世界第一大债权国，到 1985 年时沦为世界第一大债务国。1987 年 10 月，他亲眼目睹了股票市场发生了自大萧条以来最严重的崩溃。他让消除世界上所有进攻性核武器的机会从指缝中溜走，仅仅因为他不肯放弃一个幼稚的幻想。至于他一向引以为豪的在结束冷战中所起的作用，正如我们所知道的，其实很大一部分都归功于苏联领袖米哈伊尔·戈尔巴乔夫。

第5章

冷战结束
指缝间溜走的机遇期

美国政府利用苏军撤出第三世界后留下的权力真空，开始肆无忌惮地对伊拉克等中东国家采取军事行动。"老布什"与萨达姆的结怨是否延续到了"小布什"时期？当苏联解体后，一家独大的美国将会带来什么转变？拿掉苏联威胁的幌子，"小布什"靠什么实现单边主义霸权政策？

THE UNTOLD HISTORY OF THE

UNITED

STATES

22
★★★

从军事经济过渡到裁军经济

"突然间，和平的阳光开始温暖整个世界。"《纽约时报》在 1988 年 7
月 31 日以欢欣鼓舞的口吻报道。不管是阿富汗、安哥拉、柬埔寨和尼加
拉瓜等地，还是伊朗和伊拉克两国之间，旷日持久的血腥战争终于画上句
号。同年晚期，巴勒斯坦解放组织领导人亚西尔·阿拉法特，在莫斯科的
压力之下，也宣布放弃恐怖主义，隐晦地承认以色列。不久，世界迎来了
令人瞩目的巨变。1988 年 12 月，苏联领导人戈尔巴乔夫宣布冷战结束：

> 使用或威胁使用武力再也不能成为外交政策的利器。这首先
> 包括核武器……下面我谈谈一个主要问题——裁军，这个问题不
> 解决，未来一个世纪的很多问题都很难解决……苏联已经决定减
> 少其武装力量……减少 50 万士兵……我们决定到 1991 年底从东
> 德、捷克斯洛伐克和匈牙利撤回 6 个坦克师，并予以解散……驻
> 扎在上述国家的苏联军队将减少 5 万人，坦克减少 5 000 辆。余
> 下的苏联部队主要起防御作用。

他承诺苏联将开始"从军事经济过渡到裁军经济的时代"，并且在联
合国呼吁其他军事大国也作出类似的转变。他提议将进攻性战略武器减少
50%，呼吁各国联合起来消除"全球环境的威胁"，禁止武器进入外太空，
停止对第三世界国家的剥削和压迫，他提议最不发达国家在 100 年内可暂

停偿还债务。然而，他还有未了的心愿。他呼吁联合国从中斡旋，希望能在 1 月 1 日调停阿富汗战事。在过去的 9 年中，尽管苏联部署了 10 万兵力，与阿富汗人亲密合作，建立了阿富汗军队和警察，但还是未能击败阿富汗叛乱分子。他提议就阿富汗中立和非军事化问题召开国际会议，还向即将成为美国总统的乔治·H.W. 布什抛出橄榄枝——戈尔巴乔夫主动提出双方"共同努力结束战争、对抗和地区冲突频发的时代，结束侵害大自然的行为，结束饥饿、贫困和政治恐怖主义。这是我们的共同目标，我们只有团结起来，才能实现它们"。

1988 年 12 月，苏联元首戈尔巴乔夫在联合国总部纽约发表演说，他宣布冷战结束，倡导一系列和平改革和裁军措施。《纽约时报》撰文评论戈尔巴乔夫这次长达一小时的慷慨激昂的演讲，体现了高超的政治家素养，堪比 1918 年威尔逊提出的"十四点原则"，以及 1941 年罗斯福和丘吉尔提出的《大西洋宪章》。

《纽约时报》撰文评论戈尔巴乔夫这次长达一小时的慷慨激昂的演讲，体现了高超的政治素养，堪比 1918 年威尔逊提出的"十四点原则"，以及 1941 年罗斯福和丘吉尔提出的《大西洋宪章》，他的演讲"触动了重塑国际政治的基本方面"。《纽约时报》进一步指出："他还承诺做出表率，表现出惊人的胆识，显得有些冒险、天真、好显摆，又不失英勇……他的想法的确值得新当选的总统布什和其他美国领导人认真考虑。"《华盛顿邮报》称这是"在联合国发表的最举世瞩目的一次演讲"。

23

★★★

"老布什"忽视苏联，续打"中国牌"

虽然布什在最近的选举中狠狠击败了马萨诸塞州州长迈克尔·杜卡基斯，但还未能如愿入主白宫。那年夏天的民调显示，布什的支持率整整落后了 17 个百分点，布什需要努力克服公众质疑的"懦弱"形象问题。当时，总统选举的关键就转变成布什是否太软弱而无法胜任总统之职。有些人觉得难以理解，布什荣膺杰出飞行十字勋章，在"二战"期间出色地完成了 58 次横跨太平洋的战斗飞行任务，怎会受此嘲讽？《新闻周刊》认为，这是一个"潜在的严重误区，即人们认为布什不够能干，无法应对椭圆形办公室孕育的无限挑战"。甚至连布什曾担任耶鲁大学棒球队队长这一事实也无法帮他赢得公众的信任。《华盛顿邮报》的记者柯特·萨普利写道："他懦弱、平庸，任何一个女人都会弃他而去，另择佳偶。他只会墨守成规，缺乏创造的胆识。在美国大众心目中一直留有对乔治·布什'个人形象'的偏见——模糊不清，却导致了强大的民众怀疑，他们认为这位副总统缺乏坚实的臂膀，无法担起领导自由世界的重任。"布什的二儿子杰布·布什抱怨道："他的形象被妖魔化了。"

在评论家看来，布什含着金钥匙出生，之后又顺利进入美国名校学习，在家娇生惯养又一路顺风顺水，必然经不起风雨的考验。孩提时代的布什沉静内敛，外号"波比"。他果断辞去外交关系协会和三边委员会职务，但仍无法摆脱他是大卫·洛克菲勒"傀儡"候选人的形象。最重要的是，他的多数同僚也角逐候选人提名了。作为副总统的布什根本没有因为里根的公众魅力而沾光。结果也表明，里根并不喜欢布什，不想让他上位，不过，里根偏爱的参议员保罗·赖索特和众议员杰克·坎普也不成气候。布什向里根以及他此前一直反对的右翼政策屈服了，包括他坚称的"巫毒经济学"，这使他显得软弱而缺乏原则。在获得总统提名后，布什告诉一位记者："我一直追随里根——盲目地追随。"他一度十分鄙视奥利弗·诺斯，现在却将他奉为"英雄"。一位评论员指出，布什"为了成为椭圆形办公室的主人……正在尝试使用右翼势力的政治哲学"。布什在新罕布什尔州的初选中首战告捷，他的主要对手鲍勃·多尔很是沮丧，忿忿地说道："那儿的人简直疯了。"

人们普遍认为布什缺乏家庭或社区情感，因为他一直居住在休斯顿一家酒店；人们还指责他说话磕磕巴巴，总是用"不管怎么样"和"诸如此类"等含糊其辞的词汇草草结尾，并嘲笑他"演讲不通顺：句子残缺、语序混乱、说话舌头打结"。得克萨斯州州长安·理查兹在全国民主党会议上打趣道："可怜的乔治，他含着金钥匙出生，一直没把钥匙吐出来。"

布什尝试鼓吹自己的参战经历，声称自己捍卫持枪权利，也频繁出入大众烧烤场地，不失亲和力，他还努力迎合右翼势力政策，但这些都无法帮他扭转形象，于是他决定采取其他策略。他质疑杜卡基斯的爱国主义，后者以那张呼吁释放凶手威利·霍顿的宣传广告为由头，利用选民对犯罪的害怕心理公开打种族牌。但是，对布什最致命的一击恐怕来自于哥伦比亚广播公司（CBS）的新闻主播丹·拉瑟，他揭露布什曾卷入"伊朗门"事件。

布什准备猛烈反击，他认为这并不公平，反驳道："重弹'伊朗门'事件的老调，以此来评判我整个职业生涯并不公平。如果我仅通过你台前幕后的只言片语就轻率否定你的工作，你会作何感想？"这个策略奏效了。记者称在"拉瑟与布什的论战"中，布什"占了上风"。似乎没有人注意到拉瑟质疑布什在"伊朗门"事件中所起的作用，这种质疑是完全合情合理的。竞选期间，布什坚称自己在此次非法行动中"置身事外，并没有参与其中"，然而在他的日记中，这位美国中情局前局长坦承："我是知道全部内情的极少数人之一。"布什后来对前国防部长温伯格进行宽大处理，以免他在国会证词中供出布什在这起丑闻中扮演的角色。

布什的外交政策团队班底主要包括国务卿詹姆斯·贝克三世、国防部长迪克·切尼以及国家安全顾问布伦特·斯考克罗夫特。斯考克罗夫特选取罗伯特·盖茨为二把手。保罗·沃尔福威茨担任国防部副部长，负责制定政策。

在联合国总部纽约发表讲话期间，戈尔巴乔夫曾与里根和布什会晤，希冀在军备控制和撤军问题上向其寻求帮助，但布什的顾问对此持怀疑态度。中情局的情报触觉因常年参与右翼活动，已日渐退化，他们完全误读了苏联形势。盖茨后来在自己的回忆录中承认："美国政府，包括中情局，在 1989 年 1 月时都没有意识到，历史转折的时刻即将来临。"其中盖茨和切尼对戈尔巴乔夫的倡议最为质疑，他们还千方百计地利用戈氏改革苏维埃制度的意愿。

在联合国总部纽约发表讲话期间，戈尔巴乔夫与里根和布什在总督岛会晤。他希冀在军备控制和撤军问题上向其寻求帮助，但布什的顾问对此持怀疑态度。中情局的情报触觉因常年参与右翼活动，也已退化，他们完全误读了苏联形势。

在多数情况下，切尼的意见起了重要作用，他一直反对与戈尔巴乔夫合作。切尼反对过早进行美苏峰会，他担心戈尔巴乔夫的倡议会动摇西方反苏的决心。布什通过了一项进一步削弱苏联军事力量的战略：戈尔巴乔夫提出消除在欧洲的战略核武器，大多数欧洲人都举手赞成，但美国反驳道，苏联应该撤出 32.5 万部队以换取美国削减 3 万兵力。布什和戈尔巴乔夫之后再没会晤。

在忽视苏联的同时，布什继续打中国牌，他进一步巩固了里根与中国领导人缔造的美中经济和政治关系。曾任美国驻华大使的布什打算与中国保持密切关系。

24
★★★

苏倡议民族自决，美趁机钻空第三世界

戈尔巴乔夫希望振兴自 20 世纪 70 年代末以来一直停滞不前的苏联经济。他知道卷入阿富汗战争、支持第三世界盟友和庞大的军费支出已经让苏联经济不堪重负。苏联领导层决定降低他们的损失，于是不再继续支持安哥拉和埃塞俄比亚的古巴驻军以及柬埔寨的越南驻军。

1989 年初，苏联军队撤出阿富汗。苏联终于从第三世界这个竞技场黯然离开，尽管在 10 年前，这片竞技场显得十分诱人。苏联人已经厌倦了昂贵且不明智的冒险活动。阿富汗战争夺走了 1.4 万苏联兵和无数阿富汗人的生命，耗费了大量资源，也激起了整个阿拉伯世界的反苏情绪。曾经投身社会主义的年轻激进分子如今转而投入激进主义的怀抱。步履蹒跚的苏联经济发展模式不再是广大第三世界争相效仿的典范。苏联为第三世界盟友耗费了大量精力，却往往吃力不讨好，反而招来反抗，戈尔巴乔夫已经受够了，他提议美苏都不再插手第三世界事务，让这些国家友好地解决自己的争端。

在 1988 年 5 月的莫斯科峰会上，戈尔巴乔夫邀请里根共同签署一项声明，承诺和平共处，不再干涉其他国家的内部事务，里根总统拒绝签署。灰心丧气的戈尔巴乔夫决定单方面采取行动。历史学家文安立（音译：奥德·阿恩·韦斯特德）悟到了这一转变背后非同寻常的意义："戈尔巴乔夫及其顾问明白了民族自决的意义，而 20 世纪其他大国领导人都没有领会这一点。20 世纪初自由派和革命派大声疾呼的理念得到了苏联领导人的践行，这是理想主义者终其一生都希望实现的愿景：让世界人民在不受外国干预的情况下，自行决定他们自己的命运。"

美国不但不接受这个原则，还想方设法破坏它，肆无忌惮地利用苏联撤出第三世界留下的权力真空。美国继续对中东的激进主义煽风点火。很多受美国支持、曾在阿富汗反抗苏联的极端分子在车臣、波斯尼亚、阿尔及利亚、伊拉克、菲律宾、沙特阿拉伯、克什米尔及其他地方加入激进教派，开始进行极端活动。非洲和巴尔干半岛也爆发了民族和部落冲突。

戈尔巴乔夫敦促东欧各国进行改革，波兰首开先河。1989 年 4 月，波兰最高领导人沃依切赫·雅鲁泽尔斯基同意实行自由选举。6 月，受中情局秘密支持的团结工会联合会候选人彻底打败共产党，实现了权力的和平更替，共产党还同意参与团结工会领导的联合政府。有别于 1956 年的匈牙利和 1968 年的捷克斯洛伐克，这一次苏联没有干预。1991 年 5 月，爱沙尼亚和立陶宛宣布主权独立。紧接着 7 月份，拉脱维亚也独立。戈尔巴乔夫鼓励改革者。7 月下旬，苏联外长爱德华·谢瓦尔德纳向美国国务卿贝克解释苏联之所以静观其变的原因："如果我们使用武力，那么改革就会终结，也意味着我们失败了，希望也就此破灭，我们为了实现人道价值、创建新制度的所有努力也将毁于一旦。如果我们武力干涉，那就意味着反对改革的人胜利了。我们必须比前人做得更好，绝不能重蹈覆辙。"

其他东欧国家也纷纷效仿。1989 年 10 月，匈牙利执政党共产党宣布自己为社会民主党，成立了共和国。同月，戈尔巴乔夫访问柏林，之后，东德爆发游行示威，埃里希·昂纳克被迫下台。1989 年 11 月，东西柏林人民一同推倒了柏林墙，冷战的标志性建筑物就此坍塌。戈尔巴乔夫的外交政策顾问安纳托利·切尔亚耶夫在日记中写道："柏林墙倒塌了，冷战的整个历史时代结束了……雅尔塔体系和斯大林主义遗产也成为过去……一切都是戈尔巴乔夫的功劳……他敏锐地嗅到了历史的步伐，让历史找到了顺应自然规律的通道。"但欧洲的变革远未结束。捷克爆发了大规模游行示威和罢工，议会对此作出回应，选举了诗人瓦茨拉夫·哈维尔为总理。长期以来，苏联认为控制东欧对苏联安全至关重要，戈尔巴乔夫勇敢地抛弃了这个理念。他认为卸下东欧这个包袱，苏联及其盟友就能迅速建立起人道的、民主的社会主义制度。

　　戈尔巴乔夫将其视为新的开端，但美国决策者却弹冠相庆，认为西方资本主义在历时几十年的冷战中获得了胜利。国务院政策规划处的弗朗西斯·福山说："这是历史的终结。"他宣称西方自由民主才是人类社会政府的最终形式。1990 年 9 月，外交关系委员会东西方问题研究中心主任迈克尔·曼德尔鲍姆欢呼雀跃："苏联终于结束了冷战，这意味着 40 年来头一次，我们可以在中东大胆地进行军事行动，而不用担心引发第三次世界大战。"美国很快就要验证这一假定。

　　7 月，布什出访波兰和匈牙利，他有意言行低调，以免激起苏联回应。就连拆除柏林墙这样欢欣鼓舞的事，他也显得不动声色。布什解释说："我不是一个感性的人。"他告诉戈尔巴乔夫："我有自己的处世方式，秉持尽量不给你惹麻烦的原则。所以我没有在柏林墙问题上大做文章。"戈尔巴乔夫答道："是的，我们已经注意到了。"并且他表示"十分感激"。

　　戈尔巴乔夫允许东欧剧变，同时也希望北约能随着华约一同解散。当他意识到这纯属妄想后，又坚持北约不能东扩。他甚至同意东西德统一，只要北约部队不染指前东德的土地。俄罗斯领导层收到了美国和德国的庄严承诺，但是布什后半任期及克林顿政府时期，北约都不断向俄罗斯家门口逼近。俄罗斯领导人有种遭到背叛的感觉，他们表示强烈的愤慨。多年来美国官员坚持声称，美国从未做过这方面的承诺，但最近解密的档案证实了俄罗斯的说法。

　　1990 年 2 月，布什、贝克和德国总理赫尔穆特·科尔想方设法说服戈尔巴乔夫，撤出东德的 38 万苏联驻军，放弃自 1945 年德国投降以来对该地区的合法占领权。他们不希望看到越来越多中东欧新独立的国家，提出非军事化的要求，因为这将动摇美国在欧洲的绝对统治地位。2 月 9 日贝克会见戈尔巴乔夫，问他："你希望看到一个不受北约束缚、没有美国驻军的统一德国，还是受制于北约框架、保证不会向东染指一寸土地的统一德国？"贝克记得，当时戈尔巴乔夫的回答是："绝对不接受任何导致北约扩大的行为。"

　　第二天，赫尔穆特·科尔会见戈尔巴乔夫，声称"北约自然不会将势力扩大"到东德。2 月 10 日，德国外交部长汉斯·迪特里希·根舍向苏联外长爱德华·谢瓦尔德纳传达了同一信息。他表示："我们知道德国统一后加入北约会引起麻烦。但是对我们来说，有一件事是可以肯定的：北约不会东扩。"为了让苏联外长明白这一条适用于整个东欧而不仅仅是德国，于是根舍又补充说道："对于不扩大北约这一条，适用于该地区所有国家。"得到科尔的保证后，戈尔巴乔夫同意德国统一，但是并没有签署任何具有法律约束力的文件，故这笔交易并没有落笔成文。到了9月，戈尔巴乔夫甚至以同意北约东扩来换取德国对苏联的紧急财政援助。

1989年11月9日，人们庆祝柏林墙倒塌。戈尔巴乔夫将苏联的"崩溃"视作新的开始，而美国政策制定者则为"资本主义的最终胜利"弹冠相庆。

　　戈尔巴乔夫还以为已经达成协议，但是，他突然意识到自己受骗了。他坚持声称，美国和西德曾答应不会将北约"往东扩一寸土地"。后任俄罗斯总统的梅德韦杰夫也在2009年发出同样的感慨："苏联曾经得到的承诺没有一样是兑现的，你们不是说北约不会无休止地向东扩张，而且会考虑我们的利益吗？！"美国驻莫斯科大使杰克·马特洛克也承认，苏联的确得到了"明确的承诺"。2009 年下半年，德国《明镜周刊》就此事展开调查，在"采访了许多当事人，并仔细查阅德国解密档案后，《明镜周刊》发现，美国确实费了九牛二虎之力让苏联相信，像波兰、匈牙利和捷克斯洛伐克等国要加入北约是不可能的"。历史学家玛丽·埃莉斯·萨洛特的著作曾对这段历史有过专门研究，其著作荣获大奖，她在书中解释："总之，戈尔巴乔夫连续两天听到贝克和科尔表示北约不会东扩后，他同意让德国统一。"

美国一方面很感谢戈尔巴乔夫在东欧的克制，另一方面却毫不犹豫地在自己的后院动用武力。巴拿马强盗曼努埃尔·诺列加一向是美国在中美洲的走狗，他曾两次进入美国在巴拿马运河区的美洲陆军学校接受培训，自 20 世纪 60 年代起受雇于美国中情局。他贪得无厌、寡廉鲜耻，因协助哥伦比亚的麦德林贩毒集团而攫取了大量财富，同时他也是美国毒品管制局一直追踪的麦德林集团大毒枭之一。因为援助尼加拉瓜反政府武装组织，他赢得了里根政府最高层官员的保护，包括威廉·凯西、埃利奥特·艾布拉姆和奥利弗·诺斯。但是，1988 年他被指控犯有毒品罪，接受美国联邦调查，1989 年巴拿马总统大选后他被迫下台，布什逐渐将他视作美国的包袱。在美国的怂恿下，巴拿马军官发动了政变，但美国没有提供任何援助。众议院特别情报委员会主席哀叹"懦弱势力重新抬头"。

1989 年 12 月，布什决定绕过国会单方面采取行动，这违反了 1973 年的《战争权力法案》。他增派 1.2 万兵力，加上已经驻扎在巴拿马的 1.2 万美军，合力推翻了诺列加政权，取缔了巴拿马自卫队和准军事部队，这被美国称为"正义事业行动"。

布什尽力为这次军事入侵辩护，声称他"在确认了其他大道被封闭，而且美国公民的生命受到严重威胁的情况下，才授权行动"。有记者向切尼发难，要求为战争作出解释："部长先生，就在巴拿马政变失败后，你走进这个房间，说了很多话，要求美国别过多介入。现在你又说美国介入世界各地推翻政权的活动也是身不由己。为什么你出尔反尔？"切尼板着脸回答："我想，我们政府一直在竭尽全力避免采取军事行动，但是当我们意识到美国人身陷危机的时候，只能采取军事入侵了。"

拉丁美洲人愤怒地谴责美国重拾炮舰外交政策。墨西哥表示："这是以打击国际犯罪为借口干预主权国家事务。"古巴谴责这是"新帝国主义侵略",是"美国对国际法的公然藐视"。美洲国家组织以20比1的投票率通过决议,要求"深刻谴责"美国的入侵行为。在联合国安理会上,美国投出否决票才阻止了安理会采取相应行动。

拉美国家对这种违反《美洲国家组织宪章》的侵略行为一直深恶痛绝。"基地"组织发动"9·11"袭击事件后不久,*Envío*(尼加拉瓜的杂志)写道:"1989年12月老布什政府下令军事入侵巴拿马,为了捉拿曼努埃尔·诺列加,不惜轰炸居民区,杀死了成千上万巴拿马民众……"他们声色俱厉地发问:"这难道不是国家恐怖主义吗?"

美国毒品管制局工作人员用飞机护送曼努埃尔·诺列加。这位巴拿马强人长期受美国中情局资助,协助尼加拉瓜的反政府武装组织,也是美国一早盯上的大毒枭。1989年12月,布什增派1.2万兵力,加上已经驻扎在巴拿马的1.2万美军,一同推翻了诺列加政权,取缔了他的巴拿马自卫队和准军事部队。拉美国家愤怒谴责美国重返炮舰外交时代。

苏联的美国问题专家乔治·阿尔巴托夫发出警告,美国入侵会令苏联强硬派重新抬头,因为他们怀疑美国戴着虚伪的面具,它一方面称赞苏联的不干涉政策，另一方面又频繁干涉他国内政，推翻当地政府。他们有理由这样怀疑。这次入侵的确证明了苏联单方面的不干涉并不能遏制美国的好战政策；事实上，这可能会让美国变得更加肆无忌惮。《华盛顿邮报》记者鲍勃·伍德沃德指出，科林·鲍威尔的支持对布什的入侵政策起到了关键作用。鲍威尔说道："我们必须清清楚楚地告诉全世界'美国才是超级大国'，无论苏联怎么做，就算他们撤出东欧也罢。"

新保守主义者埃利奥特·艾布拉姆总结道，美国应该更早介入，这就有可能避免"局部战争进一步升级"。

诺列加东躲西藏地逃避美军逮捕，一个多星期后，他向梵蒂冈大使馆寻求庇护。美军迅速包围大使馆，不顾梵蒂冈人的抗议，用扬声器不停地大声播放《我与法律斗（结果法律赢了）》、《无处可逃》以及《你不行》等摇滚歌曲。最终诺列加以毒品走私罪在美国被判入狱。这次军事行动看似成功了，而且深得民心，但软弱无能的国会却未能追究总统无视《战争权力法案》的责任。根据该法案，白宫必须获得国会批准才能对他国使用武力。

但是布什的麻烦还没完。里根政府曾经为了取悦伊拉克的萨达姆·侯赛因，将伊拉克从美国国务院的恐怖主义国家名单上删除了，还暗中支持伊拉克对付伊朗。即使萨达姆使用化学武器镇压库尔德人反抗，美国也没有吭声。美国还拙劣地将罪名推到伊朗头上，当科威特要求伊拉克偿还它曾借给伊拉克发动对伊朗战争的款项时，布什又额外批准了 12 亿美元贷款给伊拉克。科威特还拒绝遵守欧佩克石油配额的规定，当伊拉克迫切需要收入来偿还 400 多亿美元外债时，科威特故意压低石油价格。让萨达姆更为恼火的是，到 1961 年才真正从伊拉克分离出去的科威特，居然在双方有争议的边境问题上不配合伊拉克的要求。

1990 年 7 月 25 日，美国驻伊拉克大使艾谱莉·嘉士比在巴格达会见了萨达姆并向他保证，布什"想更好、更深入地发展与伊拉克之间的关系"，对于伊拉克与科威特的边境争议"没有意见"，科威特并非美国的朋友。美国驻联合国前大使兼参议员丹尼尔·帕特里克·莫伊尼汉认为，科威特"是美国危害性特别强的一个敌人"，"其国内的反犹太主义已达到令人发指的地步"。萨达姆将嘉士比的言论解读成美国默许他占领科威特的信号。紧接着，伊拉克派出 3 个师开进科威特，就这样，伊拉克控制了这个占世界石油供应量 1/5 的国度。9 月，嘉士比迅速澄清了她与萨达姆军事行动之间的关联，她告诉《纽约时报》："我以为伊拉克不会全面占领科威特，没有人想到会是这样。"

切尼、鲍威尔以及诺曼·施瓦茨科普夫将军紧急会见沙特阿拉伯国王法赫德。他们把伪造的照片拿给他看，照片显示伊拉克军队和坦克进犯了科威特边境的沙特领土，他们希望法赫德允许美国军队进入沙特，在该地区长期驻扎。但是，骗局很快被戳穿了。日本一家报社通过卫星拍摄的照片表明，伊拉克并未在该地区驻军。这一消息引起了美国媒体的极大兴趣。第二个月，美国广播公司（ABC）新闻网购买了其他卫星照片，再次确认了日本媒体的判断。《新闻周刊》称之为"驻军迷案"。"事实上，"《新闻周刊》报道，"所有人都只清楚地看到美国在沙特阿拉伯派驻了军队。"美国驻沙特阿拉伯大使查尔斯·弗里曼警告说："这恐怕不行。照片上显示美国士兵在清真寺的墙上撒尿、亵渎神圣，这足以让人们误以为沙特政府即将被美国推翻。"

国防部长切尼会见沙特国防及航空部长苏尔坦王储。伊拉克入侵科威特后，切尼、鲍威尔以及诺曼·施瓦茨科普夫将军紧急会见沙特阿拉伯领导人。把伪造的照片拿给他们看，照片显示伊拉克军队和坦克进犯了科威特边境的沙特领土，他们希望沙特国王法赫德允许美国军队进入沙特，在该地区长期驻扎。

　　五角大楼向媒体施压，要求封锁消息，《圣彼得堡时报》资深记者吉恩·海勒决定继续追查，她又获得了更多照片，把它们拿给物理学家兼国防分析师彼得·齐默尔曼，最终揭露了美国政府的骗局。《新闻报道》发表评论，指出美国一位高级指挥官承认："围绕这场战争的虚假信息可谓迷雾重重。"

　　并没有证据显示萨达姆曾打算入侵沙特阿拉伯。鲍威尔承认，前 3 个星期内，如果伊拉克想入侵的话，它可以畅通无阻地进入沙特阿拉伯。他同意土耳其和阿拉伯领导人的看法，只有制裁能迫使萨达姆改弦易辙。前国防部长罗伯特·麦克纳马拉敦促参议院采取制裁，而不是发动战争。事实上，联合国施加的制裁已经严厉惩戒了伊拉克。10 月，美国中情局局长威廉·韦伯斯特提交报告称，制裁措施已经让伊拉克石油出口缩减了98%，它的进口也减少了95%。兹比格涅夫·布热津斯基也认为，入侵可能会"产生适得其反的效果"，会引起阿拉伯世界和欧洲盟友的反对，造成该地区的混乱。

　　各方纷纷施压要求老布什作出强硬回应，以色列媒体发动了第一炮。《国土报》发表了一篇观点很典型的社论，它尖锐地抨击道："对科威特的亲伊拉克傀儡政府的作为，表现了美国的无能和乔治·布什总统的软弱。到目前为止，布什的做法很像向希特勒投降的张伯伦。"

　　布什开始引用慕尼黑作类比。在 8 月 8 日的全国电视讲话中，他把萨达姆说成是"威胁邻国的咄咄逼人的独裁者"，就像希特勒。他狂热地借助类比。《华盛顿邮报》编辑查尔斯·保罗·弗罗因德这样剖析布什的战略："布什用希特勒的类比来捍卫自己反对侵略的做法……媒体突然有种把萨达姆类比成希特勒的倾向……这是最近几年美国打击类似人物，如巴拿马'强人'诺列加、伊朗'狂热分子'霍梅尼和利比亚'疯子'卡扎菲后，又新出的一招。"

　　将萨达姆比作 20 世纪最遭世人唾弃的人物，在很多观察家看来，这并不合理，甚至很荒谬。在波士顿郊区竞选演说时，布什甚至表示，萨达姆比希特勒更可恶，因为他利用人质当"人体盾牌"，作为潜在军事目标。当时，有人问布什，这为什么比大屠杀的罪魁祸首希特勒更可恶。布什含糊其辞地说道："我不是指大屠杀，总之，大屠杀令人发指，但是在科威

185

特的广场上粗暴对待年轻的孩子也很令人发指。我知道，希特勒至少没有利用人质当成潜在军事目标来对付，他算得上尊重大使馆的合法性。所以，两者有些差异。"

布什总统还宣布，美军士兵朝波斯湾挺进，进驻沙特阿拉伯地区。他决定在沙特想出解决危机的办法之前就采取行动，他担心沙特的措施会打乱美国控制该地区石油资源的计划。再加上沙特向来唾弃科威特的寡头政治，他担心"阿拉伯式的解决方案"对伊拉克有利。

与此同时，科威特官方雇佣了世界最大的公关公司——伟达国际公关顾问公司，炒作这场战争。该公司华盛顿区负责人克雷格·福勒是布什任副总统时的幕僚长。福勒利用有史以来最大的外商投资订单来操纵美国公众意见。

10 月 10 日，在国会人权议员团发起的听证会上，一名 15 岁的女孩做证说，她正在科威特一家医院当志愿者，突然伊拉克军队就闯进去。她描述了亲眼目睹的场景："他们把婴儿从保育箱里取出来，把保育箱拿走了，留下那些可怜的孩子，任由其躺在冰冷的地板上死去。"布什多次引用这个故事，以此作为发动战争的理由："听听这些逃脱萨达姆魔爪的幸存者怎么说，大规模的绞刑，把婴儿拽出保育箱，随意扔到地上。"后来调查发现，这名女孩并没有在医院当志愿者，她其实是科威特驻美国大使的女儿，是科威特统治家族的一员。欺诈曝光之时，美国早已开始轰炸巴格达。

11 月 29 日，联合国安理会最后通过决议，准许使用"一切必要手段"迫使伊拉克从科威特撤军。该决议的赞成票来得并不便宜。为此，美国免去了埃及的 140 亿美元债务以及海湾地区国家 67 亿美元的债务。叙利亚收到了来自欧洲、日本、沙特阿拉伯及其他阿拉伯国家的 20 多亿美元援助。沙特阿拉伯贷款给苏联 10 亿美元，由美国提供担保。

也门因与古巴一道投票反对该决议而受到严惩。美国一位高级外交官告诉也门大使："你们将为这次'反对票'付出最高昂的代价。"3 天后，美国削减了也门 7 000 万美元紧急援助。世界银行和国际货币基金组织(IMF) 开始排挤也门，沙特阿拉伯将 80 万也门工人驱逐出境。

为了让其入侵获得合法性，美国领导者深知取得国际支持的重要性，但同时他们也明确表示，不会任由联合国或其他国家牵着鼻子走。布什和斯考克罗夫特在他们的回忆录中说道："接触其他国家很重要，但更为重要的是，始终把控制权拽在手中。"

美国公众意见的分歧也越发严重，同意布什处理危机的支持率在 3 个月内下降了 30%。尽管布什到处宣扬美国的道德制高点，但是将沙特阿拉伯和科威特的专制领导人美化成民主的典范，实在缺乏说服力。而且，要说服公众此事关乎美国核心利益也并非易事。不像西欧和日本，美国几乎不依赖科威特的石油。实际上，伊拉克和科威特的石油加起来只占美国石油进口的 9%。而且，欧洲和日本也不急于加入科威特战争。

面对甚嚣尘上的反对声，美国政府官员开始采取另一种策略，吓唬美国公众和优柔寡断的联合国官员。11 月下旬，切尼和斯考克罗夫特出现在《星期天》脱口秀节目中，大谈核威胁。切尼讲述了伊拉克核武器发展进程，认为该国在一年内就能完成"某种原油装置"。

斯考克罗夫特告诉大卫·布林克利，可能几个月内，萨达姆就能实现目标了。他补充道："我们不得不作这样的猜想，他比其他拥核国领导人更倾向于使用核武器。"斯考克罗夫特显然已经忘记，是哪个国家率先在敌人的土地上扔下核弹，而且这些年来几十次威胁使用核武器。斯考克罗夫特注意到核威胁好像没有起到足够的震慑效果，于是又开始大谈特谈恐怖主义威胁。主持人问道："我们听说萨达姆召集了一批恐怖分子潜入伊拉克，随时听候他的命令。请问这是真的吗？"斯考克罗夫特回答："千真万确。"

尽管切尼坚持认为，没有必要让国会批准使用武力，但布什还是决定通过国会再采取措施。反战抗议在大街小巷纷纷进行。1 月 12 日，众议院以 250 比 183 投票通过了战争决议，参议院的投票结果为 52 比 47。

1 月中旬，美国派出了 56 万军队进入中东地区，到战争结束的时候，兵力几乎达到 70 万。这一庞大的军力也是合理的，因为据估计，伊拉克的军力更加强盛。鲍威尔估计约为 50 万，而切尼和施瓦茨科普夫认为至少有 100 万。

安理会通过决议，要求伊拉克在 1991 年 1 月 15 日之前撤军。就算萨达姆再精明能干，他也很难在美国全情投入的情况下赢得战争。《纽约时报》记者朱迪思·米勒在报道中引用了一位欧洲外交官早前所说的美国"噩梦"：

伊拉克撤军，萨达姆依然在位，他的军火库毫发无损；而科威特重新选举决定其未来政治结构。如果这些事发生了，那么美国精心策划的局面就破产了，萨达姆会幸存下来。沙特人会要求所有外国军队撤出该国，因为布什和法赫德国王曾承诺，只有危险存在，才会持续驻军。科威特的执政党萨巴赫家族要么被推翻，要么权力严重受限。如此一来，美国在海湾地区长期驻军的计划就落败了。

萨达姆未能从军事失败中抓住契机获得外交胜利，伊拉克人将为之付出惨重代价。1991 年 1 月 17 日，"沙漠风暴行动"开始。美国使用巡航导弹、战斧导弹和激光制导炸弹等高科技武器，对伊拉克进行了连续 5 个星期的轰炸。毁坏伊拉克的通信和军事基础设施后，伊拉克受到重创，士气一蹶不振，美国和沙特联合部队乘胜追击，迅速攻打在科威特的伊拉克军队，几乎没有遇到抵抗。美军沿途屠杀逃逸的伊拉克人，即所谓的"送死队"。他们部署了贫铀新型武器，其放射性和化学毒性能残留多年，会致癌，且会导致婴儿先天性缺陷。

战争的受害者还包括美国士兵，很多人罹患"海湾战争综合征"（1991年海湾战争结束后，参战的美英法等国士兵先后出现了多种身体不适症状。——译者注）。但还是有共和国卫队人员成功脱逃，这也就确保了萨达姆能够继续掌权。

布什总统及其顾问决定不再继续攻打巴格达，推翻萨达姆政权，因为这一举动将会强化伊朗在该地区的霸权，还会招来阿拉伯盟友的反抗，使美国陷入复杂局面。切尼警告："一旦我们越界，介入伊拉克内战……我们很可能陷入困境，我们必须找出适合统治伊拉克的人选。"在另一个场合，他阐述道：

> 目前还不清楚什么样的政府能够取代现有政权，是什叶派政权、逊尼派政权，还是库尔德政权？或是亲阿拉伯社会复兴党的政权，还是支持原教旨主义者的政权？如果美国通过军事行动将其扶植上台，那这个政府又能有多可靠？美军要在那儿待多久才能有效保护支持该政府的当地人民？如果我们走了，又会发生什么情况？

科林·鲍威尔同意切尼的看法。美国不想占领伊拉克，"复兴党中并没有杰弗逊式的民主党人在等待着接管政权"。他说，美国最好不要"在美索不达米亚混乱中深陷下去"。

沃尔福威茨和其他国务院官员，如刘易斯·利比等持有异议。但布什拒绝了他们的要求。他事后解释说："消灭萨达姆……将花费不可估量的人力和政治成本，我们将被迫占领巴格达，并且在事实上统治伊拉克。"他补充道："没有什么可行的'退出战略'。"

美国官员敦促伊拉克人起来推翻萨达姆，什叶派和库尔德人集体响应。但是，当伊拉克政府使用毒气和武装直升机镇压起义时，美国只是袖手旁观。不过，这场战争的确展示了美国的军事实力。布什宣布建立新的世界秩序，他滔滔不绝地说道："在'越战'中牺牲的亡灵终于得以在阿拉伯沙漠中安息。"

白宫演讲稿撰写人对文字处理器进行了编程，所以布什一按命令键，就能打出"世界新秩序"这几个字。批驳这个"突然出现的必胜信念"的人中，有位名叫乔治·威尔的保守派专栏作家，他写道："如果在一场战争中，美国及其盟友通过精诚合作粉碎了一个国民生产总值仅仅相当于肯塔基州的国家……就能让美国'自我感觉良好'的话，美国真的不应该有这种感觉。"

他指出："布什为了参与这场战争，企图修改宪法，绕过国会，几乎走到了单边主义的边缘。直到最后，布什才不情愿地寻求宪法批准，发动了美国历史上规模最大的军事行动，去攻打一个并未与我们交战的国家。"

在两个月的轰炸中，美国摧毁了伊拉克的基础设施，包括道路、桥梁、卫生设施、水路、铁路、通讯系统、工厂和电网，给当地人造成了巨大的痛苦。3 月，联合国称这次轰炸简直就是"世界末日"，伊拉克立刻退回到"前工业化时代"。

哈佛大学的一个研究小组发布了一项报告称，这也是一次"公共卫生灾难"。联合国的持续制裁使伊拉克雪上加霜，当地居民的实际收入减少了 90% 多。各类数据统计结果有所出入，但据可靠消息报道，战争造成了 20 多万伊拉克人的死亡，大约是平民总人口的一半。美军的死亡人数为 158 人。

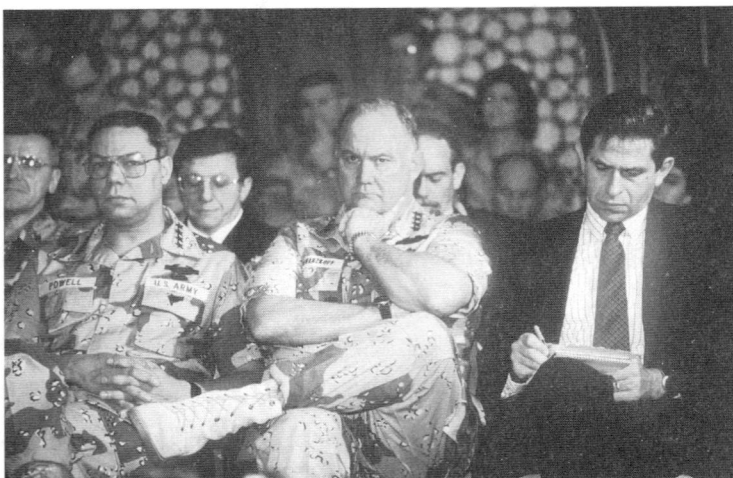

科林·鲍威尔（左）、诺曼·施瓦茨科夫（中）和保罗·沃尔福威茨（右）在沙漠风暴行动期间，听取迪克·切尼（未在照片上）的新闻发布会。美国出动近 70 万的庞大军队参战，因为据估计，伊拉克的军力更加强大。

1991 年 1 月 17 日，"沙漠风暴行动"开始。美国动用高科技武器对伊拉克进行了连续 5 个星期的轰炸。毁坏伊拉克的通信和军事基础设施后，伊拉克受到重创，士气一蹶不振，美国和沙特联合部队乘胜追击，迅速攻打在科威特的伊拉克军队，几乎没有遇到抵抗。美军沿途屠杀逃逸的伊拉克人，即所谓的"送死队"。

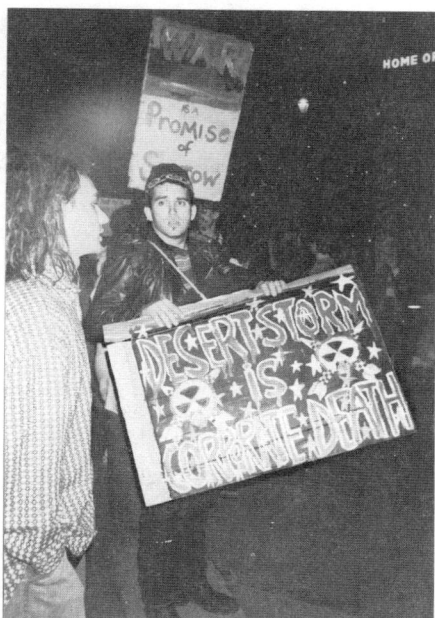

1991 年 1 月，反战
抗议者涌上街头。

　　"上帝庇佑，我们终于彻底摆脱了'越南综合征'！"布什欢欣鼓舞地
宣布。但私下里他更谨慎些。他在日记中写道，战争走向终结，他并"没
有欢快的感觉"。他遗憾地写道："结束得并不彻底。没有发生类似密苏里
号战舰投降的事情。这种缺憾使这场战争类似于'二战'，当然科威特战
争又与朝鲜和越南不同。"萨达姆依然安然无恙地上台掌权，这个胜利似
乎并不完整，没有太大意义。

　　戈尔巴乔夫似乎更没有什么可庆祝的。1991 年 8 月 18 日，《削减战
略武器会谈》条约（START I）签字几天后，他准备给苏联加盟共和国更
大的自治权，但是苏共强硬派将他软禁了。俄罗斯共和国总统鲍里斯·叶
利钦发动群众起义，使得戈尔巴乔夫重新掌权。但戈尔巴乔夫也已时日无
多，他决定利用余下的时间继续核军备控制议程。

　　START I 规定双方的战略核弹头数量限额为 6 000 枚，运载系统限额
为 1 600 套。戈尔巴乔夫还提议消除美苏部署在欧洲的 4.5 万座小当量战
术核武器。尽管较小型战略武器慢慢减少，但是有些战场武器可以提升当
量，威力相当于广岛炸弹的 70 倍。参谋长联席会议主席科林·鲍威尔曾

委托开展一项研究，建议消除战术核武器，但被五角大楼拒绝了。鲍威尔在回忆录中写道："报告落到五角大楼政策处的一名官员手中，他是里根时期强硬派的耳目，他一把将报告踩在脚下，此事就搁浅了。"切尼也跺脚了。尽管挫折重重，美苏双方在削减其核武库方面还是取得了显著成效，虽说没有完全消除，但至少降低了核毁灭的危险。

25
★★★

苏联解体，美国一家独大吗

圣诞节那天，孤立无援的戈尔巴乔夫宣布辞职。苏联也解体了，冷战正式宣告结束。20 世纪最具想象力和变革性的领导者交出了权力。美国有些人开始感激他作出的巨大贡献。1990 年 9 月，詹姆斯·贝克曾对他说："总统先生……在当今世界上，还从未有人尝试过你们的创举……我也算经历了诸多世事沧桑，但我还从来没有见过像你一样勇敢的政治家。"

冷战尽管劳民伤财且危险重重，但它同时造就了一种稳定的结构。接下来会发生什么状况？和平与安宁会顺利回归吗？之前的 46 年间，美国一直将社会和政治动荡归咎于苏联，但实际上，苏联通常还算克己慎行。如今，被故意夸大的苏联威胁，造就了美国强大的军事和情报机构，那么一家独大的美国将会给世界带来什么呢？几十年来，鹰派打着苏联威胁的幌子不断提升军事预算，将经费和资源从其他行业转移过来，现在他们还有底气继续这么干吗？戈尔巴乔夫承诺将核武器弹头数量减少到 5 000 枚以下，会产生什么影响？答案很快揭晓。1992 年，保罗·沃尔福威茨发起新的"国防规划指南"，预测美国利益的未来挑战。早期草案坚称美国不能允许任何竞争对手出现，威胁美国的全球霸权。如果任何国家试图发展大规模杀伤性武器，美国可以采取单边行动，先发制人。该草案列出 7 种潜在战争情形，并且发出警告，美国必须准备好与朝鲜、伊拉克同时作战的可能，抵制俄罗斯渗透欧洲。《纽约时报》称，这份"机密文件暗示了20 世纪 90 年代中期后，军事开支水平可能不会出现停滞或下降趋势"。

布什和戈尔巴乔夫在莫斯科克里姆林宫签署《削减战略武器会谈》条约（START I）。条约规定双方的战略核弹头数量限额为 6 000枚，运载系统限额为 1 600 套。戈尔巴乔夫还提议消除小当量战术核武器。该建议得到参谋长联席会议主席科林·鲍威尔的支持，但被五角大楼拒绝了。尽管挫折重重，美苏双方在削减其核武库方面还是取得了显著成效，虽说没有完全消除，但至少降低了核毁灭的危险。

这项计划引发国内外恶评如潮。参议员约瑟夫·拜登指控道，这是公然宣扬"美国治下的和平，仍旧是美国扮演世界警察的老套观念"。

参议员罗伯特·伯德认为五角大楼战略"目光短浅、肤浅、令人失望"。文件的基本意思似乎是这样的："我们热衷于成为世界上唯一的超级大国，为了维持这一身份，我们甚至愿意拿经济健康发展和人民的福祉去冒险。"后来的总统候选人帕特·布坎南说道："按照这个逻辑，美国将无休止地陷于干涉外界的纠纷和战争中，即便那方遥远的土地并未涉及美国的切身利益。"《纽约时报》谴责其为"赤裸裸的单边主义"。五角大楼很快又变卦了，并在自己编织的谎言中摔了跟头。五角大楼发言人坚称，沃尔福威茨还没有过目这个计划，但实际上就是他起草的；发言人还称切尼也还没看过，不过他承认，这项计划很符合切尼的想法。

海湾战争结束时，布什的支持率高达 91%，民主党人理所当然地认为他能顺利连任，所以民主党内候选人提名竞选显得没那么激烈。这时，机会之门向阿肯色州州长比尔·克林顿打开了。克林顿是民主党中间派委员会主席，以"新型民主党人"的形象参选，政见介于自由党和保守党之间。他承诺重商主义政策，减低财政赤字，减少中产阶级的税额，加强军事，"结束不必要的福利"。罗斯·佩罗在普选中抢走了 19% 的选票，而在选举团竞选中克林顿击败了布什。

民主党入主白宫的欣喜没过几天就荡然无存。克林顿试图允许同性恋者入伍服役，共和党人给他来了个下马威，公然对此予以反对，更让民主党恼火的是，他们还让克林顿的卫生保健制度改革计划破产。在发达工业国家中，只有美国和实行种族隔离政策的南非还没有建立起全国卫生保健体系。共和党人及其商界盟友们花了 5 000 万美元恐吓美国公众，反对建立惠及所有公民的医疗保健制度。众议院共和党会议主席理查德·阿梅为他口中所称的"半个世纪以来最重要的一次国内政策辩论……"作了精心准备，阿梅认为："这是反对大政府自由主义之战。克林顿计划的失败会使得总统权力削弱……会挫伤其支持者的士气，为反对党壮胆。我们以市场为导向的构想才有可能实现，不只是在卫生保健领域，还有许多其他问题……历史学家可将此视为……共和党复兴的开始。"

1994 年的中期选举中，共和党人获胜，控制了国会参众两院，40 年来这还是第一次。双方进一步将政策扭向右翼主义。克林顿屈服于保守派的压力，结束了救助无自理能力儿童这项自大萧条以来致力于帮助贫困家庭的计划，他还被迫支持加强立法反对毒品、惩罚毒品犯罪。美国的服刑人员数量从 1980 年的 50 万涨到 20 年后的 200 万。45% 的监禁人员为非裔美国人，15% 为拉美裔。

苏联解体后的俄罗斯也转向右翼主义。叶利钦向哈佛经济学家杰弗里·萨克斯以及其他受美国国际开发署资助的哈佛专家寻求帮助，要求在俄罗斯搞经济私有化。萨克斯曾在波兰从社会主义过渡到资本主义时提供过建议，他的计划使得波兰在两年内贫困加剧，当时据一些人估计，到 2003 年时，会有超过一半的波兰人口陷入贫困。萨克斯及其同事们鼓励第一副总理叶戈尔·盖达尔和副总理阿纳托利·查巴伊斯在俄罗斯实行比波兰更加激烈的"休克疗法"。戈尔巴乔夫曾反对七国集团、国际货币基金组织和世界银行提出的类似要求。另一个关键人物是财政部副部长劳伦斯·萨默斯。作为世界银行的首席经济学家，他近期签署了一份具有讽刺意味的备忘录，引起了不小的轰动，备忘录称："向贫穷落后国倾倒有毒废物……这背后的经济逻辑简直无可挑剔。"他进一步补充道："我一直在想，人口稀少的广大非洲国家一定污染也少。"巴西环保部长对萨默斯说："你的推理逻辑很完美，但完全不理智……是难以置信的异化主义……体现了社会的残酷和传统'经济学家'的傲慢无知。"

俄罗斯的权贵资本主义政策也同样疯狂。还没等俄罗斯人缓过神来，叶利钦就大刀阔斧实行经济管制，将国有企业和资源私有化，废除了急需的政府补贴和价格控制，建立了私有垄断企业。萨克斯承诺的西方援助和债务减免从未兑现。后来，萨克斯还责怪切尼和沃尔福威茨："美国长期以来追求对俄罗斯的军事优势。"克林顿入主白宫后，形势更加恶化。在这场被俄罗斯人称为"伟大的抢占"运动中，国有工厂和资源以低廉的价格抛售给私人投资者，包括前共产党官员在内的许多人一夜之间成了千万富翁。叶利钦在公众的强烈抗议中，解散议会、中止宪法，在接下来的 10 年中，主要靠法令统治俄罗斯。世界银行的俄罗斯问题首席经济学家在接受《华尔街日报》时表示："我此生从未见过这么有趣的事。"

俄罗斯民众并未从这一草率的政策中获益。俄罗斯经济崩溃，恶性通货膨胀夺走了人们的积蓄。数以百万计的工人失业。男性的平均寿命从 66 岁暴跌至 57 岁。到 1998 年，80% 以上的俄罗斯农场宣告破产。俄罗斯国内生产总值减少了近一半。俄罗斯的经济规模萎缩到仅与荷兰相当。2000 年，资本投资仅相当于 10 年前的 20%。50% 的俄罗斯人月收入达不到官方贫困线 35 美元，还有许多人也才刚刚达标。俄罗斯迅速沦为第三世界国家，全国上下民怨沸腾。

萨克斯之流的经济政策在其他前苏联加盟共和国也创造了类似的"奇迹"，贫困人口数量从 1989 年的 1 400 万猛涨到 1998 年彻底崩溃时的 1.47 亿。俄国著名小说家亚历山大·索尔仁尼琴被流放 20 年后回到俄罗斯，他描述了 2000 年时俄罗斯的情形：

经过了叶利钦时代，我国在所有基础建设方面，不管是经济、文化，还是道德生活都遭到了严重摧毁。我们在一片废墟上苟延残喘，但我们假装正常地生活……我国发生的伟大改革……是场错误，导致了一半以上人口陷入贫困……还要继续抢劫和破坏俄罗斯，直到它一无所有吗？……上帝应该禁止继续进行这样的改革。

公众对叶利钦的蔑视引发了反美浪潮。美国势力进入滨里海盆地地区，北约吸纳匈牙利、波兰和捷克实现东扩，俄罗斯人对此感到十分不满。92岁高龄的乔治·凯南将北约东扩称为"巨大的历史性战略失误"。俄罗斯谴责美国为首的北约于 1999 年轰炸南斯拉夫。一项调查指出，96% 的俄罗斯人认为此次轰炸是"反人类罪行"。2000 年，81% 的俄罗斯人认为美国的政策是反俄的，大多数受访者认为，美国正在俄罗斯边境树起"铁幕"。在经济停滞的情况下，俄罗斯只好把发展核武库作为最后一道防线，扩大了可使用核武器的范围，并且开始核武库现代化进程。

危险的事件发生了。1995 年，苏联雷达操作员误将挪威的火箭发射视为弹道导弹袭击，叶利钦首次扣动了核武器扳机。他和高级军事顾问开始讨论，是否对美国发动核反击，直到俄罗斯的 9 个预警卫星证实俄罗斯没有受到攻击，危机才结束。到 2000 年，只有两颗卫星还在运行，俄罗斯每天都处在胆战心惊中。

民意调查显示，相比民主，俄罗斯人更希望安定有序，越来越多的人开始怀念斯大林时期的"美好生活"。尽管克林顿赞扬叶利钦是民主制度的建筑师，但俄罗斯人对叶利钦谴责不断，因为他非法关闭及武装进攻民选议会，1994 年他还发动血腥战争反对车臣共和国，并导致俄罗斯经济崩溃。戈尔巴乔夫谴责叶利钦为"骗子"，他拥有的特权比俄罗斯沙皇还多。1999 年 12 月 31 日，支持率不到 10% 的叶利钦宣布辞职，取而代之的是前克格勃成员弗拉基米尔·普京。

1992 年俄罗斯支持的阿富汗政府倒台，美国顿时对那个遥远、贫瘠、人均寿命仅为 46 岁的国度失去了兴趣。一场血腥的内战爆发，不同派系和民族间展开了恶斗。其中有一派的成员主要是从沙特资助的巴基斯坦学校出来的阿富汗难民。这些狂热的极端分子在巴基斯坦情报部门的帮助下形成了塔利班集团，其中许多人都在中情局资助的集中营接受过军事训练。大多数人都在内布拉斯加州奥马哈大学（UNO）研究中心研究过关于阿富汗的教材，这个项目在 1984 ～ 1994 年接受了美国国际开发署 5 100 万美元的资助。这些教材以达里语和普什图语这两种阿富汗的主要语言出版，旨在煽动极端主义，抵抗苏联入侵者。书中充满了激进教义和暴力图片。儿童学数数用的都是图片上的导弹、坦克、地雷、卡拉什尼科夫冲锋枪和牺牲的苏联士兵。一位杰出的阿富汗教育家说："对学生来说……这些图片太可怕了，而且，上面的文字更糟糕……"

1995 年 10 月，克林顿总统和俄罗斯总统叶利钦在罗斯福的家乡组约海德公园召开新闻发布会，其间两人有说有笑。尽管克林顿赞扬叶利钦是民主制度的建筑师，但俄罗斯人却对他谴责不断，因为他非法关闭及武装进攻民选议会，1994 年他还发动血腥战争反对车臣共和国，并导致俄罗斯经济崩溃。戈尔巴乔夫谴责叶利钦为"骗子"，他拥有的特权比俄罗斯沙皇还多。

1996 年同年，塔利班迎来了一位名叫奥萨马·本·拉登的沙特年轻人，他回到了阿富汗。他一回来便担任"基地"组织头目，该极端组织的行动目标是将美国及其盟友逐出伊斯兰世界，重建伊斯兰王权。他也曾受雇于中情局，招聘并培训涌入阿富汗的外国武装分子，反对苏联异教徒。

资金主要来自于沙特皇族，他们急于传播严苛的瓦哈比教义。本·拉登的父亲是沙特阿拉伯的大财主之一。本·拉登将美国视为头号敌人，他谴责美国"异教徒"在沙特阿拉伯的军事存在，玷污了他们最神圣的土地，他还谴责美国对以色列的支持。他公开声明要除去在沙特阿拉伯、约旦、埃及、巴勒斯坦等地的美国盟友。1992 年，他发布第一项追杀令，号召发动战争，反对西方对中东土地的占领。

本·拉登及其盟友兑现了威胁承诺。1995 年，他们轰炸了美国在沙特阿拉伯利雅得的军事基地，打死 5 名美国飞行员，另有 34 人受伤。接着 6 月份，他们用强大的卡车炸弹摧毁了沙特阿拉伯霍巴塔，造成 19 名美国飞行员死亡、372 人受伤。沙特政府因与本·拉登家族关系密切，在美国调查此事时，故意将矛头指向了与伊朗有关的沙特什叶派。

联邦调查局局长刘易斯·弗里多次会见沙特大使班达尔·本·苏尔坦王储，后者不断强调此事与伊朗有关。本·拉登在公开场合撇清了与该事件的瓜葛，但他告诉巴勒斯坦的一位编辑，"基地"组织是两起爆炸事件的主谋。联邦调查局和中情局的两名研究本·拉登问题的专家在调查中被捕。但是沙特首都利雅得连环爆炸事件、国内右翼恐怖分子发起的轰炸俄克拉荷马州联邦政府大楼事件，以及日本奥姆真理教用沙林毒气袭击东京地铁等事件引起了一些美国政府官员的注意。1996 年 1 月，中情局反恐中心设立新办公室，其唯一职责就是跟踪调查奥萨马·本·拉登，因为他在阿富汗设置了恐怖分子训练营。

尽管存在"基地"组织威胁，克林顿政府还是小心翼翼地在该地区寻找潜在机遇。克林顿拿下铺设管道的项目，以期绕过伊朗和俄罗斯，从苏联中亚加盟共和国直接沿管道向美国输送石油和天然气。研究表明，中亚的石油和天然气储量价值在 3 万亿到 6 万亿美元之间。美国政府还支持优尼科石油公司建造从土库曼斯坦到巴基斯坦和印度的天然气运输管道，价值为 20 亿美元。美国国务院一名官员指出："随着优尼科公司不断深入开发该地区，我们的影响力也得到了进一步的巩固，俄罗斯的影响力会被削弱，我们还可以保证伊朗无法从中受益。"

优尼科公司热烈庆祝塔利班夺取喀布尔，因为他们指望塔利班能为这个饱受战争践踏的国家带来稳定。优尼科的执行副总裁认为这是种"积极进步"。优尼科公司顾问、新保守主义者扎勒米·哈利勒扎德同意其说法，他曾先后在美国国务院的沃尔福威茨及国防部长切尼手下工作过。巴基斯坦记者阿哈玛·拉希德指出，一些美国外交官将"他们视为救世主，就像来自美国圣经带的复活基督徒"。

为了能获得批准建造管道，优尼科使出了浑身解数。它邀请内布拉斯加州大学研究中心的阿富汗研究所，为它打造善意的商业形象，提供必要的职业培训。该中心传授 14 种基本技能，至少有 9 种能直接用于管道建设。为了保证事情顺利进行，研究中心必须获得阿富汗两个主要敌对派系的好感：北方联盟和塔利班。

据《奥马哈世界先驱报》报道，北方联盟"因实行恐怖主义、强奸、绑架妇女儿童、折磨囚犯和在战争中滥杀平民，而受到美国国务院和联合国人权组织的批评"。但是，按大多数人的标准衡量，他们都是好人。当时塔利班控制了阿富汗 75% 的区域，包括管道沿线地区。它被"大赦国际"指控"性别隔离"，并且是全世界近一半鸦片的供货商。

当时有人问，除了优尼科提供的丰厚报酬之外，还有没有别的原因促使学术机构答应承担这样一个角色？研究中心主任托马斯·哥特勒回答道："我认为私营公司并无恶意。"他对塔利班也并不反感，他把塔利班组织描述为"怀揣着威廉·詹宁斯·布赖恩精神的民粹主义者……他们没有到处压迫群众"。

1998 年"基地"组织袭击了美国驻肯尼亚内罗毕大使馆以及坦桑尼亚的首都达累斯萨拉姆大使馆，爆炸事件受害者的家人对塔利班及其党羽没抱太乐观的态度。轰炸共持续了 10 分钟，造成 200 多人死亡。两年后，"基地"组织在亚丁港袭击了美军科尔号驱逐舰（USS Cole），导致 17 名美国海军死亡。接着，克林顿下令将本·拉登杀死在其阿富汗营地内。轰炸发生后，优尼科公司退出管道协议谈判，但其他公司仍然很感兴趣。安然公司首席执行官肯·雷是乔治·布什的主要支持者，他设想建立一条管道，可以向安然在印度大博电厂供应廉价的天然气。迪克·切尼此时已成为哈里伯顿公司的首席执行官，他也盯上了此地丰厚的石油储备。1998 年，他对一群石油行业的高管说道："我觉得现在正是我们进入里海这片具有重大战略意义的石油产区的最佳时机。"

200

尽管美国还未面临来自敌对国家的明确威胁，但克林顿政府还是违背了先前的和平承诺，掀起了新一轮军事支出增长浪潮。2000 年 1 月，批准增加 1 150 亿美元资金支持五角大楼的五年防御计划，使资金总额达到 1.6 万亿美元，事实证明，在国防问题上，民主党比他们的反对党共和党更强硬。克林顿政府继续斥巨资发展导弹防御系统，尽管有专家警告说，这套系统劳民伤财，无法达到预期功能，而且会让对手和盟友都担心美国正在努力追求先发制人的能力。

克林顿还拒绝签署《渥太华禁雷公约》，提出将美国军售的市场份额从 1987 年的 29% 增加到 10 年后的 58%，大部分武器流入人权记录十分恶劣的国家。

增加军费开支的最大压力来自于由威廉·克里斯托尔和罗伯特·卡根为首的新保守主义集团，他们于 1997 年提出了美国新世纪工程计划（PNAC）。PNAC 工程类似于亨利·卢斯曾提出的计划，旨在建立不受挑战的美国全球霸权。

该集团的创始声明谴责美国在克林顿的领导下已经失去了方向，呼吁美国回归"里根总统时期的政策、军事实力和道德明确性"。创始成员的理念与斯库普·杰克逊的邦克、中情局的 B 队和"当前危机委员会"简直一脉相承，而他们与卡特时期的三边委员会则相去甚远。

该集团的创始会员有埃利奥特·艾布拉姆、威廉·班尼特、杰布·布什、迪克·切尼、艾略特·科恩、米奇·德克特、商人史蒂夫·福布斯、弗朗西斯·福山、弗兰克·加夫尼、弗雷德·伊克尔、历史学家唐纳德·卡根、扎勒米·哈利勒扎德、刘易斯·利比、诺曼·波德霍雷茨、前副总统丹·奎尔、亨利·罗恩、唐纳德·拉姆斯菲尔德，以及保罗·沃尔福威茨。其他成员与合作者还包括理查德·佩里、肯尼斯·阿德尔曼、理查德·艾伦、理查德·阿米蒂奇、约翰·博尔顿、吉恩·柯克帕特里克、查尔斯·克劳萨默、丹尼尔·派普斯以及中情局前局长詹姆斯·伍尔西。在乔治·W. 布什政府时期，上面这些人一同主导了美国政治决策话语权，就像三方委员会主导了卡特时期的政府政策一样。结果表明，这些人主政给人类社会带来的破坏力要远大于卡特时期的布热津斯基等人。

PNAC 计划的支持者们在一系列报告、信件和声明中详细阐述了该项目。他们要求增加国防支出，确立美国在空间领域的统治地位，在全球各地部署导弹防御系统。他们主张，要确保美国"在几个主要战区同时作战且取得决定性胜利的能力"，美国应该在"关键地区"扮演警察角色，尤其是中东石油产区。他们提出，第一要务是推翻萨达姆，建立阿哈马·沙拉比及伊拉克国民大会领导下的新政府。1998 年 1 月，PNAC 计划的支持者敦促克林顿绕过联合国安理会，采取单边军事行动，但此时萨达姆并未进行军事挑衅。

自海湾战争以来，联合国武器核查人员就开始密切监控伊拉克的大规模杀伤性武器。美国及英国等提出设立"禁飞区"，敦促联合国对其进行严厉制裁，这些措施已给当地造成了巨大痛苦。莱斯利·斯特尔在采访国务卿玛德琳·奥尔布赖特时指出："我们听说已经有 50 万儿童死亡……比广岛轰炸致死的儿童还多，付出这么惨痛的代价值得吗？"奥尔布赖特回答："这的确是个很艰难的抉择，但是我们认为，这么做还是值得的。"

专家们开始质疑联合国制裁所导致的伊拉克儿童的确切死亡人数。1995 年 12 月，联合国附属机构的两名研究者在英国医学杂志《柳叶刀》上表示，预计死亡儿童人数达到了 56.7 万，但他们随后又降低了这个数量。2003 年，英国首相托尼·布莱尔在一次与小布什共同出席的新闻发布会上表示："在过去的 5 年里，有 40 万名 5 岁以下的伊拉克儿童死于营养不良和疾病。"以此为借口捍卫他们入侵伊拉克的举动，结果却导致更多人死于战争。

尽管克林顿顶住了各方压力，拒绝下达入侵命令，但他和时任国务卿的所作所为却为布什和切尼后来攻打伊拉克的决策做好了铺垫。国务卿奥尔布赖特发出警告："虽然伊拉克远离美国，但那里的任何风吹草动都切切实实影响着美国。一个流氓国家可能利用核武器或生化武器对付我们或我们的盟友，这是美国面临的最大安全威胁。"奥尔布赖特还在另一个场合大胆声明："如果我们动用了武力，那是因为美国是无可取代的国家，我们站得更高，比其他国家的视野更开阔，更具前瞻性。"

显然，无论是奥尔布赖特还是克林顿都没有以史为鉴。1998 年 10 月下旬，克林顿签署了《解放伊拉克法案》，该法案声称"支持伊拉克推翻萨达姆政权，建立新的民主政府，应该成为美国的国策"。萨达姆立即宣布停止联合国核查，但是 11 月中旬在攻打伊拉克的战争威胁下，他又允许核查小组继续调查。

　　奥尔布赖特的强硬论调引起了其他政府官员的警觉。在一次讨论会上，奥尔布赖特问道："如果我们只是空谈这些高超精湛的武器，却不能使用它们，这有什么意思？"鲍威尔回忆道："恐怕当时我的头脑不太清醒，但是我认为，美国大兵不是玩具或棋子，可以任由人调来调去，加入到全球各地的战争游戏中。"

26
★★★

"小布什"实现单边霸权政策

2000 年大选是美国历史上最令人大跌眼镜的一次竞选。乔治·W. 布什在共和党初选中击败约翰·麦凯恩，前者那种阴险毒辣的竞选战术也延续使用到大选中。

布什摆脱了富有同情心的保守主义，迅速向右翼靠拢，并疯狂攻击麦凯恩。他投向新邦联主义的怀抱，同时也向冥顽不灵的种族隔离主义者伸出友谊之手。他在鲍勃琼斯大学发表演说，该大学因禁止不同种族的学生约会而闻名。但是卡尔·罗夫和布什智囊团的招数远不止于此，他们将麦凯恩称为"同志候选人"，拥有一名黑人私生女，他的妻子辛迪是瘾君子。麦凯恩回应道："政治分化策略和诽谤并非我们秉持的价值观……打着宗教、共和党或国家的幌子耍这种卑劣手段其实是在玷污我们的信仰、政党及国家。"麦凯恩说得很对，但这种策略在政见极速右转的共和党阵营内很奏效。

布什选择了意外进入团队负责发掘潜在候选人的迪克·切尼作为他的竞选伙伴。切尼是资深政治家，曾在多届政府中任职，还 6 次当选国会议员，共和党人希望这位资深老将的人气能帮到初出茅庐、缺乏经验的得克萨斯州前州长。切尼在哈里伯顿担任首席执行官之时发了大财，2000 年他从公司退休，获得 3 400 万美元遣散费。1998 年，他将哈里伯顿与德兰瑟工业公司合并，成立了世界上最大的石油服务公司。哈里伯顿还是美国主要的国防承包商，业务由其子公司布朗路特负责。"布什—切尼"与"副总统艾尔·戈尔—参议员乔·利伯曼"两大阵营呈对峙态势，改革派代表拉尔夫·纳德和保守主义者帕特·布坎南的加入使形势更趋复杂。大选在即，一项民意调查结果显示，各方支持率很接近。布什的顾问们担心布什即便能赢得民选，恐怕也将在选举团竞选中失利。于是他们精心策划了一场民众起义，指责戈尔利用过时的总统选举团制度压制公众意志。

选举结果的确很接近。在全国范围内，戈尔赢得了 54.4 万大众选票，只要拿下佛罗里达州就意味着他也能在选举团中获胜，大多数佛罗里达选民显然打算投给戈尔。但是，西棕榈滩出现了令人困惑的"蝶形选票"，许多年迈的犹太选民把票错投给了布坎南，布坎南曾几次被指控有反犹太主义倾向，其实这些选民们都很讨厌他。此地仍采用落后的人工点票方式，很多人因为搞不清如何选举他们支持的候选人或者重复投票而导致 18 万张选票作废。

最麻烦的是，数以万计支持戈尔的非裔选民在共和党选举官员的强烈要求下被清除出投票列表。这些选举官员受布什佛罗里达州竞选团队联合主席，也就是佛罗里达州州务卿凯瑟琳·哈里斯的指示，哈里斯以这些选民经常犯错且被判过刑为由，剥夺了他们的选举权。最终，超过 10% 的非裔美国人被取消投票资格，而共和党依仗的白人只有 2% 被取消资格。假设人人都有投票资格，那么佛罗里达州就有 5 万多非裔选民，戈尔会取得压倒性胜利，从而确保他赢得大选。但是由于一系列违规行为，又有 9.7 万选票投给了拉尔夫·纳德，最终布什以不到 1 000 张选票的微弱优势赢得普选。如果这一结果通过核查的话，布什将以 271 比 266 赢得选举团选票。

形势对戈尔很不利。布什的弟弟杰布是佛罗里达州州长。哈里斯负责核查结果，重新计票后布什的优势减少到 600 票。布什家族担心，戈尔要求全国性重新计票，可能会使结果翻盘，于是邀请家族顾问，即老布什的竞选经理和国务卿詹姆斯·贝克积极部署，动用法院关系，阻止戈尔重新计票。布什的竞选团队（包括国会成员和律师等）也乘坐专机到各处实地活动，因为布什与安然公司的关系，以及切尼与哈里伯顿公司的关系，很多直升机都由这两家公司租给竞选团队。

这次地面行动由众议院共和党人汤姆·迪雷统筹。750 名共和党人涌进 3 个提出要重新计票的民主派郡县，他们加入集会队伍，声称自己是当地人，对戈尔窃取选票的行为很愤怒，亲共和党的媒体也在一旁煽风点火。11 月 22 日，在古巴裔右翼分子的保护下，共和党野战军强行扰乱迈阿密戴德郡要求审查 1.1 万有争议选票的活动，《华尔街日报》称之为"踹门敲窗的抗议运动"。50 名暴徒，其中包括汤姆·迪雷和参议员特伦特·洛特的部下，在纽约国会议员约翰·斯威尼的带领下，强行闯入计票委员会，他们高喊"住手！""三只瞎老鼠！""欺诈！舞弊！"计票委员会成员身体受到攻击，选举主管大卫·莱希挨了拳头。闯入者还告诉他们，有一千多古巴裔美国人正在赶来的路上。因为叛乱分子穿着考究，所以这次事件被称为"布鲁克斯兄弟暴动"（Brooks Brothers Riot，布鲁克斯兄弟为美国知名服装品牌。——译者注），"布鲁克斯兄弟们"终于如愿以偿，计票委员会决定放弃重新计票。《华尔街日报》报道，本来这次计票能帮助戈尔挽回颓势。

在民主党占优势的劳沃德郡，叛乱分子又故技重施，以 10 比 1 的压倒性优势超过民主党抗议人数，聚集在郡法院门口。《华尔街日报》社评家保尔·吉戈特得知迈阿密戴德郡关闭重新计票程序的事情后，评论道："如果说有可能发生资产阶级暴乱的话，那么这周三的确发生了，它可能最终让乔治·W. 布什保住总统职位。"

哈里斯阻止了其他重新计票的请求，宣布布什以 537 票的优势获胜。尽管在佛罗里达州有些寡不敌众，但戈尔并不放弃，他继续上诉法院要求重新计票。12 月 8 日，佛罗里达州最高法院下令全州重新计票。这时，布什的领先优势已跌破 200 票，于是他上诉到美国最高法院，要求停止重新计票。9 位大法官中有 7 位是共和党总统任命的官员，这 7 位中又有 5 位是老布什担任总统或副总统期间获得任命的。最高法院投票，最终以 5 比 4 的结果，决定停止重新计票，小布什获胜。鲁斯·贝德·金斯伯格和史蒂芬·布雷耶这两位大法官持有异议，他们愤慨地说道："尽管我们还不能完全确定谁将赢得最后的选举，但这场选举的输家是谁，已经一目了然了。公众对于法官能否维护司法公正已经失去了信心。"也有人声称这是一场正义的政变。

小布什曾许诺要当"富有同情心的保守主义者"。但切尼选择右翼分子和新保守主义者担任政府要职的举动已经清楚地表明，小布什政府绝非善辈，"同情"和"妥协"恐怕是这届政府的稀有元素。这位老谋深算的副总统挑选了他的导师唐纳德·拉姆斯菲尔德担任国防部长，基辛格曾把拉姆斯菲尔德称为"我见过的最无情的人"。吉姆·贝克提醒布什："你知道他是怎么对待你父亲的吗？"暗示拉姆斯菲尔德曾在 20 世纪 70 年代给老布什的政治生涯设置重重障碍。但布什对于挑选这位公然反对他父亲的人担任国防部长，居然有种反常的开心。异常傲慢的拉姆斯菲尔德和悲观、病态、处世不够光明磊落的切尼，共同主导了这一时期的美国外交政策，肆意践踏国务卿科林·鲍威尔的尊严。

2000 年 11 月 22 日，总统选举重新计票现场，在古巴右翼分子的掩护下，共和党野战军强行闯入，扰乱迈阿密戴德郡要求审查 1.1 万有争议选票的活动，《华尔街日报》称之为"踹门敲窗的抗议运动"。因为叛乱分子穿着考究，所以这次事件被称为"布鲁克斯兄弟暴动"，他们最终如愿以偿，计票委员会决定放弃重新计票。

切尼肩负着恢复行政部门权力的使命，他认为，自 1973 年《战争权力法案》出台以来，行政部门的权力不断被削弱。布什认同切尼这种藐视民意的想法，他的身边都是自己人，是布什不折不扣的信徒。他对鲍勃·伍德沃德说："我不需要解释为什么我要这么说，这是当总统最有趣的地方。也许其他人需要向我解释，但我觉得我没必要向任何人解释。"相比其他总统，布什很少召开新闻发布会，听他讲话的观众要经过严格筛选，而且他出现时需要设置特殊区域把他与抗议者远远隔开。

这次竞选从一开始几乎就没有关于国内政策的严肃辩论。约翰·迪由里奥是少数几个试图挑起这种辩论的人之一，他在布什时期任白宫信仰与社区倡议办公室主任。迪由里奥是位德高望重的政治学家，毕业于宾夕法尼亚大学，曾先后在哈佛大学和普林斯顿大学任教。在布什政府内，迪由里奥显得特立独行，只有他和财政部长诺曼·峰田是民主党成员。《华尔街日报》记者罗恩·萨斯坎德称他为该政府的"大脑"，布什称赞他是"美国最有影响力的社会企业家"。他也是极少数认真履行"富有同情心的保守主义"者之一。他经常说要拯救"贫困者、落后者、迷失者"。

在新保守主义和宗教右翼势力的围攻下，迪由里奥任职仅8个月就离职了。2002年10月，他在写给萨斯坎德的信中真诚地表达了对总统的敬仰，他说："其实布什总统十分聪明，根本不像许多人认为的那样。"但他同时也指出白宫的政治氛围很糟糕，那儿自总统往下，基本没有进行过实质性的国内政策问题讨论：

> 没有实际的国内问题政策白皮书，只有总统办事处的一小撮人在那儿空谈……他们都缺乏基本的政策知识……所有官员，不管是高层还是中低层的，好像都认为政治的精髓在于把所有问题都简单化，用非黑即白的条款规定公共问题，然后把立法和政策尽可能引向右翼。

尽管老布什和克林顿在外交上作出了建立联盟的努力，但小布什却呈现出了"不折不扣的单边主义"，新保守主义势力几十年来的夙愿终于实现。他宣布自己不会将《国际刑事法院规约》送交参议院批准，虽然克林顿已经签署，而且几乎所有西方民主国家都已经加入。也许他和切尼认为，加入世界上第一个战争罪的条约会妨碍他们未来的计划。接着，布什拒绝签署世界上150个国家已经签署的《全面禁止核试验条约》；他还拒绝加入针对全球变暖的《京都议定书》；废除了与俄罗斯签订的《反弹道导弹条约》，这样他就可以放开手脚发展"烧钱"但效果未经证实的导弹防御计划；

他否认中东和平进程；中止了与朝鲜在远程导弹计划方面的对话。切尼在官僚体系中很有策略地展现他的忠诚，他还与拉姆斯菲尔德进行精诚合作，进一步扩大了五角大楼的作用和影响。布什和切尼继续压制反对派，中期选举后，美国出现自 1920 年以来首次由共和党人同时执掌白宫和国会参众两院的局势，于是他们更加肆无忌惮。

用拉尔夫·纳德的话说，布什政府算是"掉进油缸里了"。掌舵的两个人都是石油商人出身，国家安全顾问康多莉扎·赖斯是雪佛龙石油公司董事会成员，拥有两艘以她的名字命名的油轮。切尼很快将能源工作组计划提上日程，他开始制定新的国家能源政策，旨在控制波斯湾和里海区的原油。后来他强烈反对公开能源工作组的成员名单及其讨论内容。国家安全委员会高级官员指示委员会成员要积极配合工作组，因为他们的工作内容事关重大，涉及审查伊拉克等"流氓国家"，以及"控制新发现的和现有的石油、天然气盛产区"等问题。1999 年，切尼告诉石油行业高管们："据保守估计，在未来几年，全球石油需求平均年增长率为 2%，而现有石油产地的产油量平均每年减少 3%。这就意味着到 2010 年，我们每天需要5 000 万桶的额外订单。那么，这些石油从哪里来呢？……中东，那里有世界上 2/3 的石油储量，而且成本低廉，仍然是我们的希望所在。"能源工作组敦促政府向那些由政府控制石油行业的中东国家施压，让他们"向外资开放能源领域"。国会议员丹尼斯·库钦奇列出其重要意义：

> 石油始终是美国海湾地区政策必须考量的重要因素。我们扪心自问：占海湾地区出口总额 83% 的商品是什么？美国派出 2.5万军人、6 个歼击机中队、6 个轰炸机中队、13 个空气控制和侦察中队、一个航空母舰战斗群永久性驻扎在海湾地区，另外还有一个水陆两栖战斗群在周边 11 个军事基地巡逻随时候命，到底是为了保护什么？……美国在中东投入那么大军力，不是为了保护仅占世界总人口 2% 的当地人的安全。

小布什和切尼上任的头 8 个月都在积极推动 PNAC 计划，他们几乎没怎么留意恐怖威胁。否则，2001 年 9 月 11 日的恐怖袭击是可以而且应该得到制止的。从他们上任第一天开始，国家安全局反恐调查组负责人理查德·克拉克就试图警告切尼、赖斯和鲍威尔等政府高层官员，"基地"组织可能威胁美国安全。他警告说："一场攻击近在眼前。"1月25日，他要求赖斯紧急召集内阁"政要"，开会讨论如何应对威胁。可是直到9月4日，这场姗姗来迟的会议才得以召开。

2001年夏天，各种危险信号此起彼伏。被拦截到的"基地"组织消息显示，"一些冒险行动"即将发生。联邦调查局特工发来的报告称，有形迹可疑的人出没，他们想知道如何驾驶客机，却没兴趣学习如何降落。中情局局长特纳特在8月份收到一份题为《极端分子学开飞机》的简报，报告称飞行学校老师发现了扎卡里亚·穆萨维的怪异行为，当地警方在明尼苏达州将他逮捕。克拉克做证说，中情局局长乔治·特纳特意欲在华盛顿大肆宣扬此事，以引起布什的注意。6月下旬，特纳特对克拉克说："我感觉它快要发生了，是件大事。"情报机构发表了不少警告威胁的报告，诸如"本·拉登确实存在威胁""本·拉登正在高调策划恐怖袭击""本·拉登在策划多项行动""本·拉登会见公众可能暗示攻击近在眼前"，以及"本·拉登集团的计划不断升级"。情报机构继续发出预警，表明近期很有可能发生"高度危险的袭击"，将会导致无数伤亡和世界动荡。作家托马斯·帕沃斯表示，在"9·11"事件的前9个月中，情报人员"曾警告美国政府多达40次，称本·拉登是极大威胁，但政府并不想听这样的话，于是置若罔闻"。

8月6日，布什在得克萨斯州他自己的克劳福德农场里听取了情报部门的每日汇报，题目是《本拉登决意攻打美国》，报告指出"基地"组织可能会劫机。布什一如既往地提不起兴趣，冷冷地对中情局汇报人员说道："好了，你的废话都说完了吧？"特纳特后来说道："当时的预警等级已经是最高的红色级别了。"但是，2004年4月布什在新闻发布会上还是信口雌黄地表示："如果我预先得到提示，知道有人会劫机撞楼的话，就算上刀山下火海，我们也要拯救国家。"

赖斯也同样虚伪，而且富有不可推卸的责任。2001年夏天，特纳特和中情局反恐小组组长考夫·布莱克敦促她采取措施，阻止本·拉登预谋中的恐怖袭击，但是赖斯一心扑在弹道导弹防御上。灰心丧气的布莱克事后说道："该做的我们都做了，就差用枪指着她的脑袋了。"赖斯说："我觉得，没有人会想到……他们居然用飞机当导弹，他们劫持了一架飞机当导弹来攻击我们。"

布什政府的其他人也像布什和赖斯一样对此毫不留意。美国联邦调查局代理局长托马斯·皮卡德告诉"9·11"委员会，他曾在 2001 年夏天两次向司法部长约翰·阿什克罗夫特汇报恐怖威胁事宜，但是第二次汇报时，阿什克罗夫特对他说，他再也不想听到这种消息了。国防部副部长保罗·沃尔福威茨还弱化了预警程度。拉姆斯菲尔德更嚣张，直到 9 月 9 日他还放出狠话："有本事你们去说服总统，让他否决参议院武装委员会计划，将本该用于导弹防御的 6 亿美元预算转移到反恐上！"

那时，也没人料到布什、切尼、赖斯、拉姆斯菲尔德、沃尔福威茨及其亲信们会以这次袭击事件为借口对两个中东国家发动战争，而战争给美国带来的伤害远比本·拉登造成的更深。而且，那两次战争还直接挑战了美国宪法和《日内瓦公约》。

第6章

布什—切尼灾难
伊拉克的地狱之门打开了

　　布什—切尼组合几乎令美国经济崩溃，国际声誉跌至历史最低点。几十年来他们酝酿不可告人的计划，如今竟借由"9·11"国难的机会实现了！布什明知"基地"组织是幕后策划者，却千方百计把枪口对准伊拉克，岂料伊朗坐享其成！当伊拉克的地狱之门打开，布什—切尼在劫难逃。

THE UNTOLD HISTORY OF THE
UNITED STATES

27

★★★

"9·11"是布什的机遇吗

　　乔治·W.布什因口误、说话不经大脑而洋相出尽。但有时，在他磕磕巴巴的语法中，却能寻到真相的蛛丝马迹，以下便是其中一例。2004年，他在某个场合中宣称："我们的敌人很具创新精神且足智多谋，我们也是。他们总是绞尽脑汁，不断用新招数来伤害我们的国家和公民，我们也是如此。"

　　2008年，共和党在一片嘘声中下台，有历史学家将布什列为美国历史上最糟糕的总统之一。他的声望和支持率跌至冰点，创下了现代史之最，不过哪怕是这样差劲的成绩，布什还是要比他的副总统迪克·切尼更受民众欢迎一些。布什—切尼的组合近乎令美国陷入混乱、经济崩溃、国际声誉处于历史最低点。此间，美国入侵了两个国家，还扬言威胁过其他国家，在国内外肆意践踏法治。一向令人艳羡的美国顿时成为众矢之的，引来国际社会一片声讨。人们很想知道，到底是什么导致了布什—切尼政府的错误政策，是该政府的愚笨、妄自尊大和盲目野心，还是因为他们在酝酿别的什么不可告人的计划？

　　尽管谨慎行事的奥巴马决定不调查前任总统的罪行，但还是有很多其他人坚持以国际法的名义责难布什。2011年2月，乔治·W.布什因担心民众对其先前的残酷政策发生大规模抗议，被迫取消了在瑞士的演讲。激进分子还打算向瑞士检察院提起刑事诉讼。宪法权利中心的凯瑟琳·加拉格尔说道："水刑是酷刑，但布什大大方方地承认曾批准使用水刑，毫无

214

悔意……这样的暴徒应该受到法律制裁，就算他是美国前总统，也不能例外！不能让布什逍遥法外！"组织者让示威游行的群众高举一只鞋子，以纪念 2008 年因当众向布什扔鞋而锒铛入狱的伊拉克记者。1998 年，智利独裁者奥古斯托·皮诺切特在伦敦被捕，鉴于此，欧洲宪法和人权问题中心专家加文·沙利文说道："我们要把握住瑞士这个机会，抓到另一个皮诺切特。"大赦国际号召《联合国反酷刑公约》的 147 个签字国，只要布什前去，就应该把他当成过街老鼠，人人喊打。

"9·11"事件及美国对此事件的回应，改变了历史进程。当日，极端分子打了美国一个措手不及。当总统及其高级顾问们还在玩忽职守的时候，"基地"组织成员劫持了一架客机，横穿象征着美帝国权力的世界贸易中心和五角大楼。纽约市有 2 750 多人死亡，其中包括来自 91 个国家的 500 名外国人。双子塔在熊熊火焰的吞噬下轰然倒塌，整个民族都陷入惊恐之中，五角大楼中 125 人殒命。于是，布什政府对"基地"组织发起了疯狂反击，导致极具灾难性的后果，与之相比，美国受到的伤害简直不足挂齿。事发后，人们多次要求调查情报部门和高层领导在此次袭击事件中是否存在玩忽职守现象，布什三番四次予以阻挠。布什不堪重压，于是向基辛格求助，请他牵头组织委员会，发布一份官方澄清报告。就连《纽约时报》都怀疑，选择基辛格这位"完美的华盛顿内部人士"，不过就是白宫应对调查呼声的"权宜之计"罢了。基辛格与政府高层有着"传统友谊和密切往来"，他主持的委员会能调查出什么真相？

一群新泽西州的妇女因为"9·11"袭击失去丈夫，成了寡妇，她们找到基辛格，问他是否有位客户名叫本·拉登。基辛格听了大惊失色，打翻了手中的咖啡，整个人几乎要瘫倒在办公室的沙发上。来访者忙着跑上去帮他收拾残局，基辛格故意责备自己"眼神不好"，以此来掩饰自己内心的慌张。第二天，他辞去了委员会职务。

取而代之的是新泽西州前州长托马斯·肯恩和印地安那州前议员李·汉密尔顿，他们成为该委员会的联合主席，并在 2004 年递交了一份辩解报告。《纽约时报》记者菲利普·谢农在他的书中认为，委员会之所以包庇白宫有关责任人，是因为委员会中占据主导话语权的执行主任菲利普·泽利科是赖斯的知己，手下甚至认为他是"白宫派来的奸细"。《华盛顿邮报》国际记者格伦·凯斯勒称之为"赖斯的贴身智囊"和"她的灵魂伴侣"。赖斯无视"9·11"之前的预警信息,这是不可否认的事实。

2002 年 7 月,士兵向布什总统讲解重型机枪。

　　对于大多数美国人而言,"9·11"是一个可怕的悲剧,但对布什和切尼而言,它又是一个千载难逢的机会,他们的新保守主义盟友精心准备了几十年的计划终于有机会实现了。美国新世纪工程近期发布的报告叫作《重建美国防御》,报告指出:"理论付诸实践的过程可能会很漫长,因为缺少珍珠港袭击这样的灾难性事件。""基地"组织正好为新世纪工程的规划师们提供了最佳契机。袭击开始不到几分钟,布什的手下在总统缺席的情况下,就决定立即采取行动。副总统切尼和他的法律顾问大卫·阿丁顿负责牵头。阿丁顿、蒂莫西·弗拉尼根和约翰·尤坚持认为,作为战时总司令,总统可以不受法律约束授权采取行动。正是基于这一理论,布什大幅提高行政部门的权力,限制公民自由,擅自宣布:"我才不在乎国际社会怎么看,我们要向他们开火。"

　　布什和新世纪工程的发起者当然清楚地知道他们要向谁开战。9 月 12

日，布什虽然已经知道"基地"组织的本·拉登及阿富汗的塔利班是幕后主谋，但他还是对反恐小组负责人理查德·克拉克说道："彻查一下是不是萨达姆干的，看看萨达姆是否与此事有关。"克拉克以怀疑的口吻回应道："可是，总统先生，这是'基地'组织干的。"布什坚持他的要求。克拉克仍清楚地记得当时的场景，布什走后，克拉克的助手丽莎·戈登·哈格蒂"目瞪口呆地看着他的背影"，她说："一定是沃尔福威茨怂恿的。"

2001 年"基地"组织发动"9·11"袭击两天后，纽约市世贸中心大楼近乎一片废墟。

国防部副部长保罗·沃尔福威茨的确起了很大作用。他的上司唐纳德·拉姆斯菲尔德已经下令，让军方起草一份攻打伊拉克的作战计划，他说："规模要大，杀他个片甲不留，管他跟事件有没有关系。"当拉姆斯菲尔德说攻打伊拉克比攻打阿富汗更恰当时，克拉克以为他只是开玩笑，但他是认真的。9 月 12 日上午，中情局局长乔治·特纳特碰到了刚从白宫总统办事处出来的理查德·佩里。佩里义愤填膺地说道："伊拉克要为昨天发生的事付出代价！他们要承担责任！"9 月 13 日，沃尔福威茨宣布，美国对"9·11"袭击的回击要扩大到阿富汗以外的地方,"捣毁支持恐怖主义的那些国家"。

当天下午,拉姆斯菲尔德宣布要扩大行动范围"拿下伊拉克",但国务卿科林·鲍威尔坚持只对付"基地"组织。克拉克对他表示感谢,并对军方如此执着于伊拉克表达了疑问:"发动袭击的是'基地'组织,而现在我们的回应却是攻打伊拉克,这就像日本袭击珍珠港后,我们却去入侵墨西哥。"鲍威尔很清楚他们拗不过对方,只好无奈地摇摇头说:"事情恐怕不会轻易结束。"

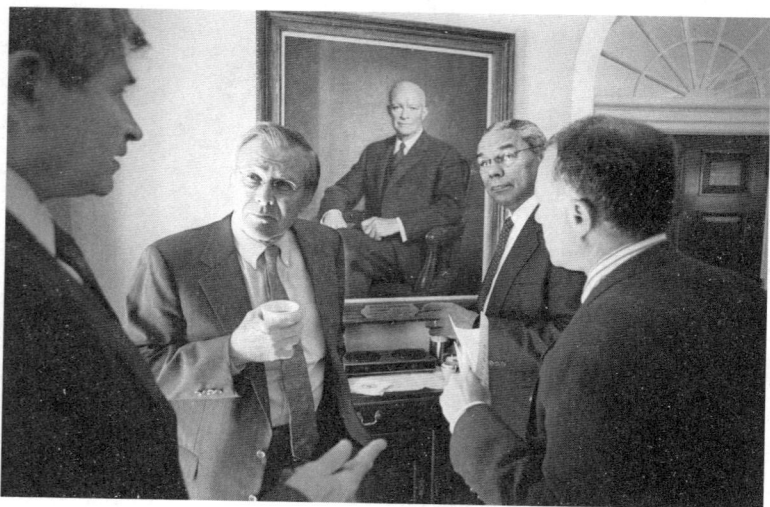

2001年9月12日,保罗·沃尔福威茨、唐纳德·拉姆斯菲尔德、科林·鲍威尔以及斯科特·利比在内阁会议室商议。

鲍威尔猜得没错。新保守派很快扔掉了怀疑伊拉克卷入"9·11"事件这块遮羞布。9月20日,新世纪工程的发起者们致信布什,信中写道:"尽管证据表明伊拉克没有直接参与袭击,但在任何消灭恐怖主义及其支持者的战略中,都应该包含推翻萨达姆政权这一关键环节。"威廉·克里斯托尔主办的《旗帜周刊》在10月15日刊登了一则封面报道,题为《美帝国的教训》,马克思·布特认为,"9·11"袭击之所以发生,是因为美国没能充分将自己的意愿强加于世界。布特还提出了补救措施："争论萨达姆是否卷入'9·11'恐怖袭击事件只会模糊焦点，谁会在乎萨达姆是否参与了此次暴行？"被阿富汗的"基地"组织袭击后，美国准备对伊拉克进行报复，而伊拉克的领袖萨达姆是"基地"组织和伊朗反美政权共同的敌人。克拉克承认："我们听到他们在谈论别的事情，而不是对付'基地'组织，我还以为自己听错了。后来我才痛苦地意识到拉姆斯菲尔德和沃尔福威茨想利用国难来实现自己攻打伊拉克的计划。"

但克拉克低估了布什、切尼、拉姆斯菲尔德和沃尔福威茨，他们的目标远不止伊拉克。在世界贸易中心大楼的废墟之上，布什宣称："我们的历史责任已经很明确，就是要对袭击发起反击，消除世界上的邪恶。"

切尼出席了美国国家广播公司的新闻访谈节目《与媒体见面》，他在节目中表示："我们也要采取行动，有些行动不可避免要转入地下……许多情报活动都必须秘密进行。如果想要成功，那么很多事情要悄悄进行，利用情报机构的一切资源和手段，我们决不能大肆宣扬，公开讨论。那伙人就是这么干的，所以我们也要用尽一切可能的手段来达到我们的目的，这一点至关重要。"

布什政府欢天喜地地转入"地下"。第二天，布什授权中情局在美国境外设立拘留中心，后来很多的酷刑及严刑逼供都在那儿上演。4 天后，布什在国会联席会议上宣布，美国要发动全球反恐战争，反恐行动要扩展到"窝藏或支持恐怖主义的任何国家"。根据非常规引渡政策，美国中情局绕过法律，在世界各地抓捕嫌疑人，并将他们关到"秘密"拘留中心。

中情局要求前往世界各地追捕、围剿"基地"组织成员及其他恐怖分子，这一要求得到了总统的批准。10 月，一位美国高官在接受《华盛顿邮报》记者鲍勃·伍德沃德的采访时表示，总统授意中情局"开始该局自 1947 年成立以来最全面、最具杀伤力的秘密活动"。这位官员说道："一切条条框框都卸掉了，总统给中情局一路开绿灯。'9·11'之前无法想象的致命行动正在悄然进行。"切尼指出了另一个重要变化，他告诉伍德沃德："这与海湾战争不一样，在某种意义上，它可能永远不会结束。至少，在我们这一生中无法结束。"

事实上，很多"9·11"之前不可想象的事情都在发生。首先，白宫开始谋取前所未有的权力，甚至威胁到了美国的宪政秩序。布什充分利用了"9·11"后美国社会充斥的恐惧感和不确定性。袭击发生后不久，政府在美国境内逮捕并拘留了1 200人，其中大部分是中东或南亚人的后裔，另有8 000人接受审讯。来自威斯康星州的参议员拉斯·费恩戈尔德要求停止这种疯狂举动。他警告说："这是美国公民自由的黑暗年代，我听闻了许多阿拉伯及南亚后裔对政府的恐惧，公民恐慌的程度前所未见。"

布什迅速在国会通过《美国爱国者法案》。法案没有经过讨论、辩论和听证等程序，直接在参议院进行投票表决。在这种危机时刻，只有费恩戈尔德有反对的勇气，他坚持表示："保证美国的公民自由至关重要，否则，我担心恐怖主义会不战而胜。"法案在众议院以337比79高票通过，2001年10月26日法案由布什签字，正式成为法律。《爱国者法案》扩大了政府监控和调查的权力。2002年，布什授权国家安全局窃听美国公民电话，监控他们的电子邮件，这违反了《外国情报监视法》规定的进行此类活动必须先进行法庭审查的要求。

为了说服美国人民接受这种赤裸裸侵犯隐私和公民自由的行为，政府不断向公众发出安全预警。政府安置了一套系统，用5种不同的颜色显示每日的恐怖袭击危险系数。这套系统很明显是由拉姆斯菲尔德和司法部长约翰·阿什克罗夫特在幕后操纵，布什政府的国土安全部部长汤姆·里奇发现这一令人震惊的真相后决定辞职。政府还列出了安全隐患点，有160处地方被列为恐怖分子的潜在袭击目标。到2003年年底，这个数字上升到1 849处，一年后，又增加到28 360处，到2005年，猛增至7.8万，2007年又扩大为30万处。甚至连美国的心脏地带都没有幸免。令人惊讶的是，印第安纳州以8 591处安全隐患点位列榜首，其潜在的袭击目标数量接近加州的3倍。田纳西州哥伦比亚的宠物动物园、甜甜圈店、爆米花站和冰淇淋店都在名单上。

28
★★★

新型战争：不是打击某个国家，
而是打击一种战术

　　布什清楚地表示，这是一场新型战争，打击的目标不是某个国家，也不是某种意识形态，而是在打击一种战术，即恐怖主义。前美国大使罗纳德·斯皮尔斯指出，用这种措辞，显然是经过深思熟虑，但后果极其有害。他在2004年写道："用'战争'作比喻，不但不准确，而且很有害处，因为战争意味着终究会有结束的时候，不论胜利还是失败……而'反恐战争'是永无止境的，没有退出策略，敌人不是固定的具体目标，而是一种战术……总统觉得这种'战争'很有用，因为可以以此为借口，为他的所作所为辩护……它让我想起奥威尔的《1984》里面，那个含糊其辞的专制政府老大哥和那场永无止境的战争。"

　　它是一种新型的战争，还因为它不需要牺牲绝大多数美国人的生命。来自社会底层的成员组成了志愿军参与了这次战斗。战争所要付出的代价则由后代承担。

　　尽管，在"二战"之初，富兰克林·罗斯福就警告说："战争要耗费资金……这就意味着不断增加的税收和债务，意味着要减少奢侈品以及其他非必需品。"然而，布什却有截然不同的看法。他为富人减税，鼓励美国人参观"美国的旅游胜地……享受生活"。《纽约时报》的专栏作家弗兰克·里奇描述了当时有悖常理的情景："没有人要求我们为武器、军事买单，也没有人要求我们减少油耗，从而帮助美国降低对沙特阿拉伯石油产区的依赖，因为当地还是恐怖主义的主要输出地。相反，政府鼓励我们逛街购物、看演出、去迪士尼乐园。"

布什总统要求美国人民作出"艰难抉择"：看迪士尼电影或逛迪士尼乐园。他也让阿富汗塔利班作出选择：要么推翻"基地"组织领导人，要么美国就轰炸这片大多数阿富汗人从未离开过的土地，让它重返蛮荒的石器时代。塔米姆·安萨利是在美国生活了 35 年的阿富汗人，也是本·拉登和塔利班的眼中钉，他写道："把阿富汗重新炸回到石器时代，苏联已经完成了这事。要让阿富汗人受苦？他们已经在受苦；把房子夷为平地？已经是平地了；把学校炸成废墟？已经是一片废墟了；让医院瘫痪？已经瘫痪了；摧毁其基础设施？让他们无法享受医疗卫生保障？一切都太迟了，苏联人早已捷足先登。新的轰炸不过就是倒腾先前已经炸毁的废墟而已。那么，美国至少能搞掉塔利班吧？恐怕也未必。"

其他反对鲁莽发动战争的人指出，19 名劫机者中并没有阿富汗人，其中 15 名为沙特人，一名黎巴嫩人，一名埃及人，另外两名来自阿拉伯联合酋长国。他们住在汉堡，主要在美国进行训练和学习飞行。

2001 年 10 月 7 日，距离恐怖袭击不到一个月，美国及其盟友发动了所谓的"持久自由军事行动"。塔利班领导人很快便收到消息，要求谈判。10 月 15 日，塔利班政权的外交部长瓦基勒·艾哈迈德·穆塔瓦基尔主动提出将本·拉登交由伊斯兰会议组织（OIC）审判。美国驻伊斯兰堡大使馆认为，穆塔瓦基尔与塔利班领导人毛拉·穆罕默德·奥马尔关系密切。证据显示，奥马尔曾试图控制本·拉登势力，阿富汗与"基地"组织的关系已经破裂。事实上，在过去 3 年中，美国代表已经与塔利班官员会见过 20 多次，讨论审判本·拉登的问题。

美国官员认为塔利班在故意拖延。美国中情局驻巴基斯坦站前站长弥尔顿·比尔登对此有不同看法，他曾亲历 20 世纪 80 年代的阿富汗秘密战争，他认为是美国方面太过迟钝、不够灵活。他对《华盛顿邮报》说道："我们从来都没有好好聆听他们的话，双方有沟通障碍。我们说的是'交出本·拉登'，而他们说的是'帮我们交出本·拉登'。"直到 2001 年 8 月，美国国务院和大使馆官员还会见了塔利班政权的安全部部长哈米德·拉索里。比尔登在 2001 年 10 月表示："我并不怀疑他们想摆脱本·拉登的诚意。"

但美国并没有给塔利班提供一个他们需要下的台阶。

拉姆斯菲尔德的高科技战争，成功地大幅限制了美军的伤亡，但是 2001 年 12 月，当美国将他们困在托波拉时，由于美国地面部队的缺失，本·拉登、奥马尔以及他们的许多支持者都成功逃脱了。阿富汗平民恐怕没那么走运，据新罕布什尔大学教授马克·赫罗德统计，约有 4 000 人遇难，高于世贸中心及五角大楼的遇难者。实际上，此后几个月因饥饿和疾病死亡的阿富汗人大约是战争死难人数的 5 倍。

布什很快对阿富汗失去了兴趣，他的注意力转向了伊拉克，但阿富汗战争的影响却阴魂不散，一直缠绕着他之后的总统生涯。哈米德·卡尔扎伊对阿富汗实行了残酷的军阀及腐败统治，阿富汗一跃成为世界上最大的鸦片供应商。到 2004 年，阿富汗供应的鸦片占世界总量的 87%。2009 年，该国腐败指数位居全球第二，仅次于索马里。阿富汗人厌倦了腐败，也不堪战争的困难，他们开始欢迎塔利班的回归，尽管早些时候他们也厌恶塔利班的专制政策。

"9·11"事件的策划者很轻易地从中情局和美国军方的眼皮子底下溜走了，不过他们在阿富汗等地的许多党羽还是落网了。这些人受到的待遇足以证明，布什和切尼以美国的名义什么狠招都能使得出来，尽管美国一向以人道对待囚犯来标榜其高尚的道德。布什称这些扣押人员为"非法敌方战斗人员"而非"战俘"，这样就可以肆意践踏他们的人权和尊严。他们有的被关进美军在古巴的海军基地关塔那摩湾，有的则被无限期地关押在中情局的"秘密"监狱中，更倒霉一点的则被交给那些以酷刑闻名于世的美国盟友处置了，比如胡斯尼·穆巴拉克领导下的埃及和巴沙尔·阿萨德领导的叙利亚。根据《日内瓦公约》规定，应该举行听证会确定被俘者是平民还是战士，但布什阻止了这种要求。于是，一些恬不知耻的伊拉克人和阿富汗人因为急于得到美国政府提供的丰厚奖励，而将许多与"基地"组织毫无瓜葛的人送进了监狱。而这些无辜的人往往找不到申诉的办法。在白宫法律顾问阿尔贝托·冈萨雷斯的建议下，布什宣布，美国 1955 年批准的《日内瓦公约》中涉及的战俘权利条款，并不适用于塔利班和"基地"组织疑犯。布什废除《日内瓦公约》的做法激怒了不少人，参谋长联席会议主席理查德·迈尔斯将军就是其中之一。

中情局奉命使用始终残暴的审讯方法，其中不少是 50 多年来心理折磨方面的研究成果。这些手段都列在中情局 1963 年发布的一份名叫《库巴克》的手册上，即《反间谍审讯指南》，齐集了美国在亚洲和拉丁美洲的盟友 20 世纪 60 ～ 80 年代所用的各种刑讯逼供方法。这样的心理折磨术在冷战结束时已经被弃用，而且在 1994 年美国签署联合国反对酷刑公约时再次被否定。但"9·11"恐怖袭击后，它们又复活了，而且还超出了严格意义上的"心理折磨"范畴。小阿瑟·施莱辛格在接受记者简·梅耶的采访时表示，这些新的酷刑政策是"有史以来对美国法治最严峻的挑战"。中情局详细阐述了审讯程序：

> 嫌疑人被捕后，将被蒙上眼罩、戴上耳罩，被剥夺"视觉和听觉"。如果嫌犯拒不合作，就会被扒光衣服，对着强光，忍受 79 分贝以上的噪音，并且 180 个小时都不许睡觉。一旦囚徒失控，严讯也就开始了。卫兵会铐住囚犯的胳膊和腿，在他脖子上套一个环，然后拿掉他头上的罩，审讯人员会扇他一耳光，有时扇好几个耳光，拉着他脖子上的环，不停地将他的头往墙上撞，甚至多达 30 次。接下来的方法还包括：把犯人的头摁到水里；不让他上厕所，只让他戴尿布，脏了也不给换；把他吊在天花板上；让他用极其痛苦的姿势站或跪很长时间。

红十字会国际委员会发布的报告称，关塔那摩湾的囚犯们过着"生不如死、痛不欲生"的生活。

特殊情况下，还要动用水刑，有时还反复使用。事实上，"二战"期间美国还因为日本审讯人员对美军战俘使用水刑起诉过日本。美军生存、躲避、抵抗和逃避（SERE）课程的教练马尔科姆·南斯负责培训美国士兵如何应对审讯。他对水刑作了如下描述：

> 你被绑到板上，感觉你的喉咙被打开，一品脱一品脱不停地灌进你的肺，你想吐又吐不出来，苦不堪言。只有亲身体会过，才能明白水刑的真正含义。水刑是一个人工控制的溺水过程，在

美国的模式中，通常由一名医生、一名心理学家、一名审讯员和一名技法熟练的施刑人员共同完成。它不是模拟溺水，因为肺部实际上灌满了水，没有办法进行模拟，受害者是真的溺水。至于溺水到什么程度，取决于你想得到什么样的结果，以及囚犯的顽抗程度。

2002 年 8 月，阿布·祖巴耶达赫被扣押在曼谷的短短四五天里，遭受了至少 83 次水刑，尽管审讯人员相信他说的是实话。不过，兰利中情局总部反恐中心的官员要求这个过程持续一个月，最后审讯人员威胁不干了，才停止酷刑。祖巴耶达赫落网后，布什政府认定他是"'基地'组织行动的主谋"。但实际上祖巴耶达赫不过就是个无名小卒，甚至还不是"基地"组织的正式成员，他可能还患有精神疾病。

2009 年《华盛顿邮报》报道："密切关注此次审讯的美国前政府官员表示，酷刑很快让他服软了，他供出了'基地'组织的恐怖主义阴谋，于是中情局官员满世界寻找线索。

最终，并没有挫败祖巴耶达赫口中声称的任何一次重大阴谋。"就像《华盛顿邮报》所说的那样，在水刑开始之前，调查人员得到的任何信息都可能产生边际效用。水刑的确能让犯人供出很多信息。《华盛顿邮报》报道："阿布·祖巴耶达赫开始吐露很多'基地'组织阴谋，包括动用大规模杀伤性武器等。阿布·祖巴耶达赫的爆料触发了一系列预警，中情局和联邦调查局派出了数百名特工对他的供词进行核实。"一名前情报官员承认："我们为了追查这些假警报，花掉了数百万美元。"

传说中的"9·11"事件主谋哈立德·谢赫·穆罕默德经历了 183 次水刑，182 次水刑过后，到第 183 次的时候他好像要透露一些他之前从未透露的信息。心理学家利用囚犯的恐惧心理，完善了审讯技巧。审讯人员还利用阿拉伯文化的敏感性逼他们就范，比如让囚犯裸奔，被恶狗咆哮。

2004 年 2 月，少将安东尼奥·塔古巴坦承，他的调查中充斥着无数"残暴、无耻和荒唐的虐俘行为"。在阿布格莱布拘留中心，存在着强奸男性及女性囚犯的现象。而大约在 4 个月前，布什总统还义正词严地宣称："伊拉克的强奸和酷刑随处可见。"总统恐怕有些言之过早了。

持久自由军事行动第一阶段的高科技战争，成功地大幅限制了
美军的伤亡。由于美国地面部队的缺失，本·拉登、奥马尔以及他
们的许多支持者都成功逃脱了。不过阿富汗平民恐怕没那么走运。
上图：美国海军 F-14 雄猫式战斗机正在加油为轰炸阿富汗的任务作
准备。下图：美国空军 B-1 骑兵轰炸机从迭戈加西亚岛的美军基地
起飞前往阿富汗。

2004 年，阿布格莱布丑闻曝光后，在国际上引发了一场骚动，司法部
撤回了授权使用酷刑的法律备忘录。美国的国际声誉遭到不可估量的损害。
小阿瑟·施莱辛格表示："布什的酷刑政策令美国的声誉遭受有史以来最

大的重创。"然而，中情局很快又抓获了另一个"基地"组织疑犯，并再次顺利获得许可，采用严刑逼供。赖斯回答："这是你的猎物，放开手脚大胆干吧！"记者帕特里克·克伯恩采访了美国在伊拉克的高级审讯人员，他曾通过审讯成功地从扣押人员口中得到消息，最后帮助美国抓获了伊拉克"基地"组织头目阿布·穆萨布·扎卡维。他告诉克伯恩，酷刑不但无助于得到有用信息，而且从伊拉克经验看，往往"还会产生适得其反的效果，他使得大量美军死亡，人数甚至与'9·11'事件中丧生的平民相当"。

　　尽管有官员举报审讯人员中的一些"败类"，如自作主张的流氓审讯员，试图以此阻止酷刑，但大多数高层官员仍然同意酷刑。国家安全委员会的主要成员，即切尼、赖斯、拉姆斯菲尔德、鲍威尔、特纳特和阿什克罗夫特等多次会面，讨论对付囚犯的具体办法。阿什克罗夫特突然打断了国家安全委员会的讨论，问道："为什么我们要在白宫探讨这个问题？历史是不会善意评判我们今天的举动的。"巴里·麦克弗里将军表示赞同。多年来，有 770 多名关塔那摩湾囚犯和数千名在伊拉克及阿富汗的犯人被剥夺申请法律顾问、传召证人为自己辩护的权利。截至 2008 年末，真正提起诉讼的只有 23 人。500 多人未受指控就被释放，不过他们都经历了多年的酷刑和羞辱。联邦调查局反恐专家证实，关塔那摩湾的囚犯中，最多有 50 人应被扣押。少将塔古巴说道："现行政府是否犯了战争罪，这已经不用再有任何怀疑了。唯一有待解答的问题是，是否要追究那些下令使用酷刑者的责任。"

　　抗议海报将现代社会布什政府时期美国在古巴关塔那摩湾实行的水刑与西班牙宗教法庭时期的水刑作了对比。

其法律基础可追溯到20世纪90年代，由司法部的律师提供。约翰·尤和副总检察长杰·拜比在一份备忘录中，将酷刑定义为"与器官衰竭、身体功能减损甚至死亡的痛苦强度相类似的折磨"，而且审讯的目的就是要造成这种痛苦。

2004年，美国最高法院裁定，囚犯有权向联邦法院提起诉讼，质询其拘留的合法性，布什建立了战斗人员身份审查法庭和年度审查委员会，规避了这项裁决。最后，在2008年6月，美国最高法院裁定，囚犯有权利向联邦法院审查其拘留依据。

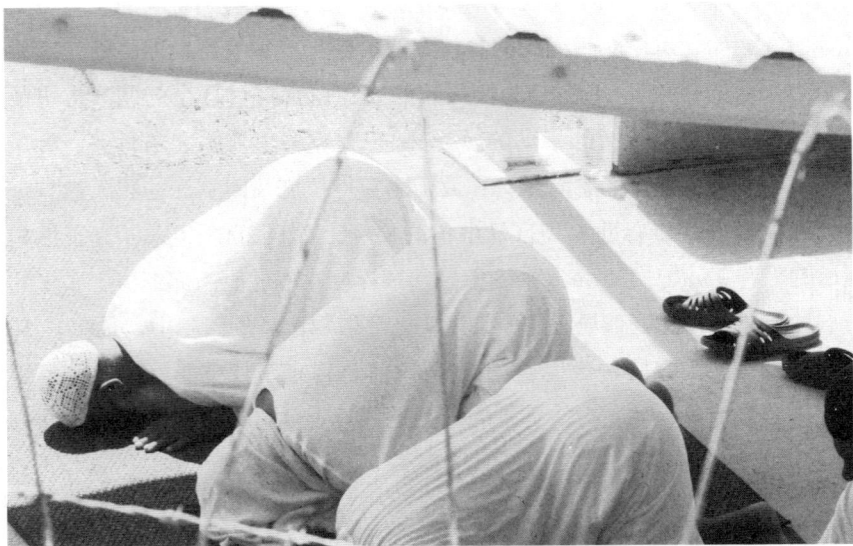

囚犯在古巴关塔那摩湾监狱中祈祷。联邦调查局一名反恐专家表示，关塔那摩湾关押的近800名囚犯中，应该被关押的顶多50人。

美国人的权利也经常遭到践踏。为了镇压抗议，联邦和地方政府在很多场合大肆逮捕合法抗议者，包括2004年及2008年的共和党会议期间。

布什尽量回避那些抗议活动。他很少在公开场合出现，仅有的几次都由特勤局人员提前清场，将抗议者赶到很远的地方，所以无论是布什还是媒体都见不到他们。那些在指定区域外举着标语抗议的人往往遭到逮捕。

2003 年布什访问伦敦期间，《伦敦晚报》的一则报道称，白宫要求英国对伦敦市中心进行为期 3 天的戒严，以防中途出现反战抗议者。

　　在切尼的摆布之下，布什总是将白宫的一些讨论内容捂得严严实实、密不透风，这在美国历史上实属罕见。《信息自由法案》规定的一些文件访问权大幅缩减，之前得到公开的文件再次被保密或者干脆消失了。白宫频繁援引"国家安全"和"国家机密"，以挫败那些试图提起的诉讼。科林·鲍威尔的幕僚长劳伦斯·威尔克森上校说，他从未见过这样的保密法，并将其描述为切尼和拉姆斯菲尔德绕过合法渠道的"阴谋"。就连保守党也反对这种做法。司法观察组织负责人拉里·克莱曼在 2002 年表示："本届白宫让我们目睹了前所未有的保密程度……我们觉得非常麻烦，这不是真正的保守派应有的行事作风。"

29
★★★

布什政府如何兜售伊拉克战争

布什在美国国内进行的镇压措施，与其在世界其他地方进行的活动相比，真可谓小巫见大巫。最糟糕的事情终于发生了，美国决策者准备入侵伊拉克，这件事情实际上在"9·11"之前就已经酝酿很久了。沃尔福威茨对伊拉克的执着最早可追溯到1979年，当时他牵头制定了一份五角大楼关于海湾地区的战略评估报告，里面强调伊拉克对邻国的威胁，尤其是对沙特阿拉伯和科威特。报告提出在该地区组建美国军队遏制伊拉克威胁。报告一开始就写道："我们以及我们那些工业化的盟国，在海湾地区的利益将逐渐上升，因为我们需要石油，而且该地区的事件会影响阿以冲突。"根据该报告，美国已经开始部署货船，向该地区运送军备。

在此期间，沃尔福威茨的"海湾情结"持续发酵。他和盟友们将对付伊拉克作为新世纪美国工程的重中之重。担任国防部副部长后，他仍念念不忘要严厉打击伊拉克。据一位政府高级官员观察："如果你们讨论世界上其他问题，他基本是不参与的。在其他问题上，他并不活跃。"这位官员继续说道："实际上，他甚至并不清楚国防部在其他问题上的立场。"

似乎在布什履新之日起，伊拉克问题就开始成为美国政府的首要关切了。2001年1月30日，他召集首次国家安全委员会会议，其间，他问道："赖斯，我们今天要讨论的主题是什么？"赖斯回答："总统先生，主题是'伊拉克破坏地区稳定'。"

政府新保守主义者从一开始就上位了。两天后，国家安全委员会负责人再次碰头，拉姆斯菲尔德打断了鲍威尔正在讨论的对伊朗"实施有针对性的制裁"。他脱口而出，插话道："制裁的想法很好，但是我们真正感兴趣的是取缔萨达姆政权。"他后来补充道："想象一下，如果该地区没有了萨达姆，取而代之的是一个以美国利益为优先的政权，会怎么样？它将改变该地区以及世界其他地方的形势。这才是美国政策的要义所在。"回首往事，财政部长保罗·奥尼尔承认，一开始就已经布好局了："我们很早就开始拟定推翻萨达姆的计划，我们详细研究了对付他的办法，我们要将伊拉克改造成新的国家。如果我们成功了，那么一切问题也就迎刃而解了。当时就差找出实现这一目标的办法了。这就是背景基调。总统说，'好，那就找出实现这一目标的办法'。"

奥尼尔告诉罗恩·萨斯金德，早在 2001 年 3 月政府官员就在讨论入侵和占领伊拉克的具体计划了。切尼的能源工作组在其中扮演了重要角色。支持入侵的人还有：沃尔福威茨的门生刘易斯·利比，他也是切尼的国家安全顾问；赖斯的副手斯蒂芬·哈德利；五角大楼国防政策委员会主席理查德·派瑞。9 月 19 日和 20 日，国防政策委员会成员决定尽快处理掉阿富汗后，把攻打伊拉克提上日程。《纽约时报》报道，同意入侵的内幕人士被称为"沃尔福威茨阴谋团"。

阴谋团成员四处搜罗，想找出伊拉克与"9·11"袭击的关系。拉姆斯菲尔德至少在 10 个场合向中情局下达指令，要求其找出证据，证明伊拉克与"9·11"有关。他们严刑拷打囚犯，希望能得到相关信息，但都无功而返。拉姆斯菲尔德和切尼严厉斥责那些认为两者毫无瓜葛的中情局分析师。因为缺少证据，他们就开始动手制造。切尼和利比多次提到，劫机犯穆罕默德·阿塔曾经和一名伊拉克情报官员在布拉格秘密会面，但其实特纳特已经证实，他们所提到的那次会面期间，阿塔人在美国，就住在中情局总部附近的弗吉尼亚。

沃尔福威茨向劳里·麦尔罗伊求助。麦尔罗伊曾经写过一些站不住脚的文章，直指伊拉克与近期发生的每次恐怖事件几乎都脱离不了干系，包括 1995 年的俄克拉荷马州爆炸事件。麦尔罗伊抱怨道，克林顿政府认为她是个"疯子"。CNN 分析家彼得·卑尔根称她为"狂想家"，美国情报机构也持同一看法。卑尔根嘲笑她这是"恐怖主义的统一场论"。但沃尔福威茨和佩里却很器重她，《纽约时报》的记者朱迪思·米勒也是，米勒甚至还在 1990 年与她合著一本关于萨达姆的书。沃尔福威茨派中情局前局长詹姆斯·伍尔西到海外开展大规模调查，试图证实她的那些荒谬理论，但无功而返。布什政府的大多数新保守主义者不太相信"基地"组织为伊拉克提供情报，但布什和切尼反复提及伊拉克参与了"9·11"恐怖袭击。2003 年 9 月，切尼告诉《与媒体见面》节目的蒂姆·拉瑟特："伊拉克是核心地带。多年来，我们一直生活在恐怖袭击的阴影之中，伊拉克才是前沿阵地，是'9·11'事件主谋的聚集地。"

同时，中情局还利用反常的古怪方法来抹黑萨达姆和本·拉登。中情局伊拉克行动小组考虑伪造一段视频，内容为萨达姆猥亵十几岁的小男孩，然后在伊拉克全国各地播放这段视频。一名官员说道："视频看起来要像偷拍的一样，要若隐若现，有些模糊，就像是秘密录下来的猥亵画面。"中情局的确做了一段模拟视频，展示本·拉登和"基地"组织成员围绕着营火集体猥亵男孩的场面。

这种做法几乎可以被视为故意挑唆战争。布什政府最喜欢的一位线人叫艾哈迈德·沙拉比，他是伊拉克国民大会会长。伊拉克国民大会受到布什政府的大量资助，然后向其提供伊拉克叛逃者发展大规模杀伤性武器的报告，报告显示很多叛逃者的行为显然是有意挑衅美国。后来，当美国占领巴格达时，沙拉比吹嘘道："我们阴差阳错地成了英雄，据我们所知，我们获得了完胜。"

国防情报局前官员帕特里克·朗上校看到到处都是国防部的活动印记。他不无痛心地抱怨道："五角大楼沆瀣一气，试图控制政府的外交政策，他们成功了，他们操控着沙拉比，国防情报局受到惊吓，还遍体鳞伤。中情局成员就是一帮懦夫。"

政府利用下三滥的虚假信息，质疑中情局分析师及联合国核查人员的调查结果，还乐此不疲地将它作为入侵伊拉克的借口。拉姆斯菲尔德坚持说："我们知道他们有大规模杀伤性武器，这是毋庸置疑的。"之后赖斯也发出了类似的警告。2002 年 10 月初，布什对此作出回应，他宣布："我们不能再眼睁睁地等待最终的证据了，最终的确凿证据也许就是一场核战争。"切尼捏造证据、信口开河的本领恐怕无人能及，他说道：

伊拉克政权正在加足马力，大规模发展生化武器和核武器……凭借军火库中满满当当的恐怖性武器，再加上坐拥世界上 10% 的石油储量，萨达姆·侯赛因就能统治整个中东地区了，从而也就控制了强大的能源供应带，直接威胁美国在该地区的盟友，美国及其他国家都将面临萨达姆的核讹诈。简而言之，毫无疑问，萨达姆现在拥有了大规模杀伤性武器；毫无疑问，他将用它们来对付我们的朋友、盟国和我们。

基于这种虚构的威胁评估，情报机构在 2002 年 10 月发布的国家情报评估上也作了类似分析。布什一面积极备战，另一面假装要寻求和平解决。2002 年 3 月，他突然意外闯入赖斯与参议员两党的讨论会，气愤地说道："他妈的萨达姆！我们一定要灭了他！" 5 月，他对新闻发言人阿里·弗莱舍说："就算翻遍整个中东，也要将他找出来，杀他个片甲不留！"

但是，有些专家明白，布什关于伊拉克拥有大规模杀伤性武器的说法，虽然不一定全错，但严重夸大其词。2002 年，前首席联合国武器核查员斯科特·里特告诉 CNN，"并没有人证实，伊拉克拥有或试图制造大规模杀伤性武器。" CNN 记者菲奥诺拉·斯威尼指出："如果你不进入这个国家，恐怕也很难证实吧？"里特下面的回答，暗示了布什政府将伊拉克使用大规模杀伤性武器作为开战理由：

你说得对。那么美国为什么要在 1998 年 12 月打电话命令核查人员撤出伊拉克？我们都知道当时萨达姆可没有赶他们走。美国命令核查人员撤出，两天后就发动了"沙狐军事行动"，这次行动没有联合国安理会的授权，却利用了核查人员搜集的信息去对付伊拉克……截至 1998 年 12 月，我们摧毁了伊拉克 90% ～ 95% 的大规模杀伤性武器，也就是说，"我们"充当了武器核查人员。我们摧毁了所有工厂、生产线，有些武器没有被我们毁掉，但化学武器的保质期只有 5 年，生物武器的保质期只有 3 年。如果要拥有大规模杀伤性武器，他们必须重建工厂，重新启动生产线，可是 1998 年 12 月至今短短这么点时间，可能吗？

"那些武器排查点，你了解到什么程度？"斯威尼问道。

"我完全了解。"里特向她保证。

虽然汤米·弗兰克斯将军不受布什政府欢迎，政府可以把他的话当耳旁风，但他的提醒仍需要得到重视，他是美国中央司令部负责人，受拉姆斯菲尔德的委托负责拟订作战计划。在 2002 年 9 月召开的国家安全委员会上，弗兰克斯坦率地表示："总统先生，10 年来，我们一直在寻找飞毛腿导弹和其他大规模杀伤性武器，可是至今仍一无所获。"

很多重量级人物，其中不乏老布什的亲信，都试图说服小布什，入侵是极其愚蠢之举。这些人包括：老布什的国家安全顾问，布伦特·斯考克罗夫特将军；詹姆斯·贝克；劳伦斯·伊格尔伯格和乔治·凯南。军方也有很强的反对声。参谋长联席会议行动组负责人，海军中将格雷戈里·纽伯回忆道："有无数人对我说：'我们到底在做什么？'他们问道：'为什么打伊拉克？为什么要现在打？'"

英国首相托尼·布莱尔前来帮腔。2002 年 9 月，被戏称为"布什的贵宾犬"的布莱尔发布了伊拉克大规模杀伤性武器的报告，里面充满了谎言和诽谤。然而，布莱尔坚持让联合国发布决议，以此为自己的政治护身符，平息英国国内强劲的反战情绪。

联合国安理会投票决定，再次派核查人员进入伊拉克。萨达姆无条件接受了这一安排。11 月核查开始。之后的 3 个半月中，联合国核查人员排查了 500 个地方，有些地方还反复核查，其中包括中情局认为最有可能窝藏大规模杀伤性武器的地点，但是什么也没有找到。联合国首席武器检查员汉斯·布利科斯心想："如果这就是调查结果，那接下来要怎么办？……总不能说，我们百分之百确定伊拉克有大规模杀伤性武器，只是找不到藏匿地点吧？"布利科斯后来将布什政府的官员比作中世纪的猎巫人，他们"非常确定有巫婆，所以他们觉得只要自己出去找，就一定能找到"。

最新一轮的核查过后，伊拉克向联合国提交了一份长达 11 800 页的武器档案。胡森·穆罕默德·阿明中将表示："伊拉克没有大规模杀伤性武器。"但布什轻蔑地反驳，任何声称伊拉克不存在大规模杀伤性武器的声明都是骗人的。他告诉来访的西班牙首相何塞·玛丽亚·阿斯纳尔："这份声明算什么？它就是一纸空文，是个笑话。我们将会得出真正的结论，够了够了，将他推翻。"伊拉克驻联合国大使穆罕默德·阿尔杜里开始驳斥美国先前的指控。美国不仅没有可靠的证据，还在伊拉克报告送交安全理事会 10 个非常任理事国之前，把 8 000 多页内容删除了，试图隐藏美国政府及 24 家美国大公司在支持伊拉克武器计划中所起的作用。

经过严格检查，布利科斯驳回了美国牵头发起的指控，他们指控伊拉克因违反联合国 1441 号决议，要求伊拉克解除其武装。2003 年 3 月 3 日，《新闻周刊》报道指出，萨达姆的女婿侯赛因·卡迈勒在 1995 年叛变之前的 10 年里，一直负责伊拉克的大规模杀伤性武器计划。他向美国中情局、英国情报局及联合国核查人员透露，海湾战争后伊拉克已经摧毁了所有的化学和生物武器。1991 ~ 1997 年，罗尔夫·埃克乌斯担任联合国检查小组的负责人，他说道："卡迈勒提供的信息令人尴尬，因为它很全面，很详细。"

1991 ~ 1998 年，在联合国检查小组的监督下，伊拉克销毁了 817 尊中程导弹、9 架追踪器、14 个发射台和 56 个固定导弹发射地点。伊拉克还摧毁了 73 枚化学或生物弹头、163 枚常规炸药弹头、8.8 万个满的和空的化学弹药、4 000 吨易制毒化学品、600 多吨散装化学武器药剂以及 980 块生产该武器的设备零件。伊拉克摧毁了阿哈卡木（Al Hakam）生化武器研究项目，废除了其他的生化项目设备和 22 吨生物武器生长培养基。

如果中东、南亚国家拥有大规模杀伤性武器本身已经足够作为美国入侵的理由，那么美国在该地区恐怕还有好几个潜在目标。2002 年，在一份题为《中东地区大规模杀伤性武器》的报告中，战略与国际问题研究中心专家安东尼·科德斯曼还列出了以下国家：埃及（化学武器）、印度（化学、生物及核武器）、伊朗（化学、生物武器）、以色列（化学、生物及核武器）、利比亚（化学武器）、巴基斯坦（化学、生物及核武器）和叙利亚（化学、生物武器）。

实际上，伊拉克并不是什么威胁。自 1991 ~ 1998 年，伊拉克毁坏了许多武器，它其实已经是该地区军事实力较弱的国家，它每年的军费支出要远低于周边的一些国家。2001 年，伊拉克的军费为 14 亿美元，而美国的军费支出要比它高出 300 多倍。

然而，恐吓战术奏效了。为了确保成功，布什政府有意在 2002 年中期选举之前就让国会进行投票，并且发出威胁，在国家危难的时刻，任何反对战争的人都将背上不爱国和懦弱的罪名。许多人不得不屈从于压力，包括希拉里·克林顿和约翰·克里。2002年10月2日，参议院以77比23的投票通过授权使用武力。众议院也以296比133票选通过。该决议认为，伊拉克与"基地"组织有直接关系，并且声称伊拉克威胁美国安全。

参议院的共和党议员中，只有来自罗德岛的林肯·查菲投票反对。事后，他谴责民主党高层的懦弱，居然屈从于布什的危言耸听："在后'9·11'时代里，他们害怕共和党人给他们贴上软弱的标签，他们这种政治利益上的考量，恰恰助纣为虐，布什给成千上万的美国士兵以及无数无辜的伊拉克人带来了灭顶之灾。"查菲目睹了民主党人卑躬屈膝地多次"前往白宫和五角大楼开会，然后又回到办公室商议，等待投票。他们眉头紧锁，然后严肃地表示，必须阻止萨达姆。阻止他什么呢？他们心里根本没主意，也没证据。他们只是人云亦云，听从布什政府的废话"。

美国以色列公共事务委员会（AIPAC）是游说国会支持战争的其中一个团体，该组织很有影响力，代表了美国犹太人的主流意见，具有右翼倾向，在中东问题上与新保守派意见不谋而合。2003年1月，美国以色列公共事务委员会执行主任霍华德·科尔在接受《纽约太阳报》采访时表示，"悄悄游说国会批准对伊拉克使用武力"，是过去一年中"美国以色列公共事务委员会的其中一项功绩"。该组织很多人都拥护政府新保守派的激进主张，他们认为这符合以色列的利益，这其中必然包括推翻萨达姆。沃尔福威茨再次成为先锋人物。据《耶路撒冷邮报》报道，布什任命沃尔福威茨为国防部副部长，让"以色列人以及支持以色列的团体……高兴得跳了起来"。2002年，《前进报》将称他为"布什政府中最坚定的亲以色列派"。除了他之外，还有国防部次长道格拉斯·菲斯、佩里、利比和博尔顿等。

敦促国会通过决议后，布什政府继续兜售毫无根据的欺诈性主张。2003年1月，布什发表了最臭名昭著的国情咨文演说，他宣称："英国政府收到消息，萨达姆最近将从非洲进口大量的铀。"约瑟夫·威尔逊曾任美国驻伊拉克代表团副团长，又先后担任美国驻3个非洲国家的大使，他已经证实上述消息是假的。威尔逊揭穿了布什政府的谎言，于是利比等政府高级官员发起了报复，诬陷威尔逊的妻子是中情局的秘密特工，多次参与非法活动，摧毁了她的政治前途，还牵连了其他许多人。

菲斯提供的"证据"屡次被中情局和国防情报局分析师推翻，于是切尼和利比经常到兰利，迫使中情局分析师重新慎重考虑他们的论证，分析伊拉克与"基地"组织是否真的毫无关系。政府鹰派与情报分析人员之间的紧张关系升级。作为美国在中东地区的情报总监，保罗·皮勒负责伊拉克情报评估，他表示当时的气氛"令人窒息"，布什的支持者们指责他和其他情报官员"试图破坏总统的政策"。有一次，哈德利要求情报局副局长"修改"伊拉克与"基地"组织关系的调查结果，特纳特很不高兴地给哈德利打电话，喊道："我们不会重写这种狗屁报告的！他妈的，就这样。你听到了吧！不许再让我手下干这种勾当了！永远都不许！"

2003 年 2 月 5 日，最耻辱的时刻到了。布什政府最信任的成员、受人敬仰的国务卿科林·鲍威尔来到联合国，发表了发动战争的理由。显然鲍威尔是布什精心挑选的人选，布什对他说："你有崇高的声望，也许他们会相信你的话。"鲍威尔在联合国讲了长达 75 分钟。他带了很多道具支持其观点，包括磁带录音、卫星照片、艺术家制作的效果图和一小瓶像炭疽热的白色粉末，他想证明这种粉末只要一点点就会导致巨大的生命损失。他告诉代表们：

> 同事们，今天我说的每个观点，都是有证据支撑的，切切实实的证据。这不是主观臆断。我们所要展示的，是基于可靠情报的事实和结论……我们有关于伊拉克生化武器工厂正在运行的第一手资料……我们得到消息，伊拉克至少有 7 个这样的生物剂移动工厂。车上至少装着两三卡车的移动生产设备……用来生产炭疽和肉毒杆菌毒素。事实上，他们一个月内就能生产出足够的干生物剂，能将成千上万的人们致死……据我们保守估计，现在伊拉克大概有 100 ～ 500 吨化学武器库存……（萨达姆）还决定发展核武器……今天我还想提醒大家注意的是，伊拉克和"基地"组织恐怖分子之间还存在着更为邪恶的关系。

这一举动极为可耻，鲍威尔事后称此举是自己职业生涯的最低谷。里面的很多观点已经被情报局和联合国核查人员否定。而其他人则轻信了沙拉比及科伍博尔等人捏造的信息。科伍博尔是沙拉比一名手下的酒肉朋友，他曾向德国情报局提供了很多关于大规模杀伤性武器的假信息，该情报局后来发现他就是个骗子。科伍博尔事后承认："我终于有机会捏造信息，以推翻萨达姆政权。"德国官员提醒中情局，科伍博尔不可信。切尼办公室实际上给了鲍威尔更多的压力，让他指控萨达姆与"基地"组织之间存在直接关系，鲍威尔顶住了压力，他驳回了很多利比之流送过来的"无中生有的信息"。

五角大楼新保守主义者拦截、扭曲、捏造情报的行为激怒了情报部门。大规模杀伤性武器的观点纯属子虚乌有，并没有确凿证据。《纽约时报》专栏作家纪思道（音译：尼古拉斯·克里斯托弗）称新保守主义者过于"偏执"，抢占了话语权。有知情者透露："我是国防情报局的一名员工，我知道攻打伊拉克的所有内情，政府通过欺骗公众来获得支持。"鲍威尔的讲话并未在海外起到什么作用，但却有效引导了美国国内公众舆论。《华盛顿邮报》称这些证据"无可辩驳"。公众对战争的支持率从原来的 1/3 提高到一半。第二天，当鲍威尔前往参议院外交关系委员会时，约瑟夫·拜登称赞他："我想提名国务卿鲍威尔做下一任美国总统。"

美国仍然需要获得安理会 15 个成员国中 9 个成员国的支持，而且还要劝阻法国行使否决权，它向发展中国家施加了巨大压力。1990 年当也门与古巴一道反对美国出兵伊拉克时，自己没落得什么好下场，所以发展中国家都深知违背美国意志的后果。美国的联合国公关差点就要成功了，但是半路杀出个程咬金。年轻的英国情报官员凯瑟琳·甘，冒着极大的个人危险，勇敢地揭露国家安全局非法监视联合国代表，向其施压以支持美国战争政策的做法。这一消息震惊了英国，但美国媒体基本没有报道。尽管美国对其威胁、贿赂、无情施压，但这种软硬兼施的做法并没有取得预期效果，最后只有美国、英国、西班牙和保加利亚支持该决议。喀麦隆、智利、几内亚、安哥拉和墨西哥等反对美国。

对于法德反对战争的做法，美国官员甚是气愤。拉姆斯菲尔德轻蔑地称他们为"欧洲老顽固"。《纽约时报》专栏作家托马斯·弗里德曼呼吁，让印度取代法国在联合国安理会的地位："他们都说，法国人从幼儿园开始就没办法和别人好好相处。"很多年来，布什依然对"欧洲老顽固们"

反对战争的做法耿耿于怀。他在 2010 年的回忆录中指责德国总理施罗德背弃了他在 2002 年 1 月作出的支持入侵伊拉克的承诺。施罗德愤怒地反驳道："那是因为我们知道，当时布什政府攻打伊拉克的理由都是造假。"其他德国官员也纷纷帮腔。施罗德的发言人，乌维 - 卡斯滕·海耶批评布什对国际形势的了解相当有限："我们注意到，布什总统对国际问题的理解水平相当低，出于这个原因，我们很难与他沟通。他根本不知道世界上发生了什么事，他只是一味专注于得州事务，我想他应该对得州了解得一清二楚，甚至有多少头长角牛都知道。"

布什政府决定于 2003 年 3 月 10 日入侵伊拉克。在鲍威尔发表演说的 5 天前，布什会见了布莱尔，他提出了几种引发对抗的办法，包括：把美国侦察机涂上联合国图案，刺激伊拉克开火；捏造一个叛逃者，公开披露伊拉克大规模杀伤性武器的信息；暗杀萨达姆。

随着战鼓逐渐敲响，美国媒体开始彻底放弃客观的伪装，大肆鼓吹军国主义，批评家们沉默了，他们从媒体上销声匿迹了。在入侵前 3 个星期，通用电气旗下的微软全国有线广播电视公司，取消了菲尔·唐纳修主持的黄金时段节目。全国广播公司（NBC）的一份备忘录解释说，唐纳修"似乎很乐于采访反战、反布什、怀疑政府作战动机的嘉宾"。NBC 高层担心这个节目会沦为滋长反战自由主义情绪的温床，而与此同时，他们的竞争对手正在抓住机会，挥舞国旗，用支持战争来提高收视率。

他们也开始摇旗呐喊了。美国有线电视新闻网（CNN）、福克斯（FOX）、全国广播公司（NBC）和其他电视网、广播电台连番邀请了退休的将军来分析战争，后来他们透露，这些将军都事先拿到了五角大楼的口径。五角大楼招募了 70 多名军官，这些人几乎都在军方承包商供职，能从战争中获得利润。拉姆斯菲尔德亲自批准了这份名单。许多人飞抵巴格达、关塔那摩湾监狱和其他地方参观考察。2008 年《纽约时报》披露："五角大楼的内部文件反复将军事分析人士称为'传声筒'或'代理人'，他们可以吸收政府观点，然后通过自己的语言和方式，向美国公众转达，这样一来，大多数美国人就接受了政府意志。"

胜利是很简单的事，前军方官员向轻信的听众和哗众取宠的电视主持人保证，这些官员每次出镜说些假消息就能从电视台获得 500 到 1 000 美元的出场费。布伦特·克鲁格是负责公共事务的助理国防部长托里·克拉克的高级助手，他目睹这一切后得意扬扬地说道："你看，他们都在逐字逐句重复着国防部和技术专家们的话，他们还反复不断地说。"过了几天，他又指出："我们打开每个频道，看到到处都是我们的人，在那儿传达我们的意思。我看着他们，然后欣慰地对自己说'这事成了'。"

后来，有些人后悔为了兜售战争而说谎的做法。福克斯电视台分析员，绿色贝雷帽突击队的退伍老将罗伯特·贝弗拉奎抱怨道："他们说：'我们要想借用下你们的嘴。'"NBC 的军事分析师肯尼斯·阿拉德上校将它称为"激素大战"。他承认："我觉得我们上了贼船。"

主流媒体也开始吐槽。2004 年，《纽约时报》社文版编辑丹尼尔·奥克伦特猛烈抨击《时报》发布了那么多报道："咄咄逼人地质疑五角大楼的断言，让人可以闻到浓重的火药味。"

30
★★★

伊拉克只是盘开胃菜

对新保守派来说，伊拉克只是开胃菜。吃完伊拉克这盘开胃菜，他们开始计划上主菜了。2002 年 8 月，一名英国高级官员告诉《新闻周刊》："每个人都想去巴格达，而真正的勇士想去德黑兰。"国务次卿约翰·博尔顿提议叙利亚和朝鲜。美国新世纪工程的计划者诺曼·波德霍雷茨提醒布什，可以更大胆些。诺曼在《评论》杂志中这样写道："应该推翻的政权并不只有 3 个邪恶轴心国成员，这个轴至少可以扩展到叙利亚、黎巴嫩、利比亚以及美国的'老朋友'——沙特王室、埃及的胡斯尼·穆巴拉克以及巴勒斯坦的阿拉法特或他的追随者。"美国国家安全局离职官员及新保守主义战略家迈克尔·莱丁若有所思地说道："我认为，不管我们愿不愿意，我们将不得不面临一场局部战争，这场战争将改造世界。"

2001 年 11 月，退休的韦斯利·克拉克将军重回五角大楼，他发现一切还言之过早。一名高级军官对他说："我们现在还在纠结攻打伊拉克的事……不过范围会扩大的。他说，他们正在讨论五年战役计划，总共有 7 个攻打目标，包括伊拉克、叙利亚、黎巴嫩、利比亚、伊朗、索马里和苏丹。我想，这就是他们所谓'将沼泽排干'的计划吧。"

对该地区形势了如指掌的人员，包括国务院和中情局的官员，都试图消除新保守派的幻想。美国前驻沙特大使查尔斯·弗里曼说道："这场战争，就像是一群对中东一无所知的人在玩火。"安东尼·科德斯曼说道："以色列人抱有这种幻想是情有可原的，但是，作为美国决策者，只能说这些人从'新保守主义'过渡到了'新疯狂主义'。"普林斯顿大学国际关系专家 G. 约翰·伊肯伯里对新保守派的"帝国主义野心"感到十分惊讶，他们居然期待"美国一手遮天的单极世界"，在这个世上，"任何国家或国家联盟都将无法挑战美国作为全球领导者和发号施令者的地位"。

随着战争临近，人们发现好战分子极少在冷战期间或"越战"中亲自参与作战，于是他们被贴上了"懦夫鹰派"的标签。尽管他们积极支持越南战争，但大多数人都在开战时躲得远远的，试图避开战火。现在，他们又没心没肺地派大量年轻的男女士兵前往阿富汗和伊拉克，去杀人或送死。来自内布拉斯加州的共和党参议员查克·哈格尔是"越战"老兵，他反对政府的好战思维，说道："那些忙着让我们的国家陷入战争，认为我们能迅速赢得战争的人，其实对战争一无所知，我觉得这很有意思。他们只是从理论视角进行分析，从来不知道躲在丛林里作战、眼睁睁地看着战友们脑袋开花是种什么滋味。"海军陆战队上将安东尼·辛尼发现："有过参战经历的将军们看法一致，相对谨慎，而那些从来没上过战场的人总是叫嚣着要迅速开战。这就是历史让人觉得有趣之处。"

现在形势更是如此。迪克·切尼称越南是"伟大的事业"，但是耶鲁大学毕业后，他前往怀俄明州的卡斯珀社区学院，他在那儿申请了 4 次延期毕业，最后因为结婚又申请了一次延期。他解释道："在 20 世纪 60 年代，我有比服兵役更为重要的任务。"有人认为，切尼夫妇在 1966 年 7 月生下第一个孩子绝非偶然，因为就在 9 个月前，约翰逊政府宣布将开始招募结婚但没有孩子的男人入伍。乔治·W. 布什利用家庭关系进入国民警卫队，那里只有 1% 的非裔美国人。布什没能完成 6 年兵役，就被分配到阿拉巴马州，在那里他开始涉足政坛。四星上将科林·鲍威尔是参谋长联席会议前任主席，他在 1995 年出版的自传中写道："我很生气，那么多出身名门的人……可以通过国民警卫队和预备役部队来逃脱兵役义务，而大多数'越战'的死难者都出身寒微。我认为，这种阶级歧视是对美国人生而平等、拥有平等义务效忠国家这一理想的最大破坏。"后来担任众议院议长的纽特·金里奇也延期毕业了。他告诉记者："越南战争就是在对的时间里发动的一场对的战争。"有记者提问为什么他没参战时，他回答："我参不参加会产生什么差别？国会是一个比越南更加庞大的战场。"遗憾的是,他没能当选国会参议员。4年后,美国从越南撤出了所有军队。约翰·博尔顿在耶鲁大学时也支持越南战争,但他加入了马里兰州国民警卫队,以此避免前往前线战斗。在耶鲁大学毕业25周年纪念册上,他写道:"我承认,我不愿意死在东南亚的稻田里。"保罗·沃尔福威茨、斯科特·利比、彼得·罗德曼、理查德·佩里,前白宫参谋长安德鲁·卡尔德,约翰·阿什克罗夫特、乔治·威尔,纽约市前市长鲁道夫·朱利安尼,菲尔·格雷厄姆,前众议院议长丹尼斯·哈斯特,乔·利伯曼,参议员米奇·麦克内尔,最高法院大法官克拉伦斯·托马斯,特伦特·洛特、理查德·阿梅,以及前参议员唐·尼克尔斯也都延期毕业了。约翰·阿什克罗夫特延了7次。埃利奥特·艾布拉姆借口背部有毛病,前副检察长肯尼斯·斯塔尔有牛皮癣,肯尼斯·阿德尔曼出了皮疹,杰克·坎普说自己膝盖受伤,但他却能在全国橄榄球联盟打了8年的四分卫。后来的共和党多数派领袖、强硬派汤姆·德莱当时担任消灭害虫的工人。他向批评者表示,他很想参战,但是最好的职位都让少数派占领了。拉什·林堡因患毛囊肿而错过了"越战"。

战争临近,全世界800多个城市的抗议者走上街头游行,估计抗议者人数达600万至3 000万。其中,罗马有300万人上街抗议,根据吉尼斯世界纪录,这是历史上最大规模的反战游行;100多万名抗议者在伦敦游行;纽约也有数以千计的人参与游行。在大多数欧洲国家,80%以上的人反对美国入侵伊拉克。土耳其有94%～96%的人反对,东欧的捷克和波兰也有不少人反对。

在阿拉伯世界,美国发动了一场大规模的舆论攻势,但反对派人数也最为庞大。根据佐格比国际调查公司的报告,沙特阿拉伯"特别讨厌美国"的人在一年中的比例从87%上升到97%。《时代》杂志对30万欧洲人作了抽样调查,发现有84%的受访者认为美国是世界和平的最大威胁,只有8%认为伊拉克是最大威胁。专栏作家罗伯特·萨缪尔森写道:"在外国批评者眼中,布什的做法证实了他们对美国人的糟糕的刻板印象:愚蠢、轻率、残忍。"

布什无视全球舆论,于2003年3月20日对伊拉克发动大规模空袭。这个策略被称为"震慑行动",这一理论由哈伦·乌曼和詹姆斯·韦德于

1996 年联合研究得出，他们写道："要整垮一个国家，必须从物理上摧毁这个国家的基础设施，并且阻断和控制所有重要信息流通，迅速毁掉相关商务，从而给这个国家造成冲击，就像美国用原子弹炸掉日本广岛和长崎时所引起的震撼和冲击一样。"他们解释道，此举的目的是"通过大规模袭击和破坏，对政权造成震慑，显然，打击的目标是整个社会，包括领导层和公众，而非直接针对军事或战略目标"。他们警告道，这一战略"极其残酷无情"，很容易违背美国秉持的传统文化和价值观。

反战示威者聚集在华盛顿纪念碑前。随着入侵伊拉克战争的临近，世界各地都发起了反战游行，其中单是罗马就有大约 300 万人抗议。

但在布什和切尼领导时期，美国的文化传统和价值观已经从根本上发生了改变。NBC 的电视节目主持人汤姆·布罗考兴奋地说道："我们最不想干的事，就是摧毁伊拉克的基础设施，因为用不了多久，伊拉克就归我们所有了。"拉姆斯菲尔德前往巴格达犒赏三军，他义正词严地宣布："你们与世界上其他国家的军队不同，你们不是来征服和占领的，你们是来解

放的，伊拉克人民知道这一点……很多人都上街列队欢迎你们。他们推倒
了萨达姆的雕像，来庆祝他们失而复得的自由。"也许拉姆斯菲尔德的乐
观有些过早了。

　　但是拉姆斯菲尔德提到的这一幕，其实是美国精心策划的假象，用来
展示美国实力和伊拉克民众的狂欢，然而，这种歌舞升平的景象很快被取
而代之，伊拉克人开始从巴格达博物馆抢劫古代珍宝。事实证明，那次欢
欣鼓舞的庆祝活动并没有表面看上去那样欢乐，也并非出自民众真心。伊
拉克人推翻了萨达姆雕像这一著名场面的幕后策划者，其实是美国陆军心
理战团队，他们雇用一帮伊拉克人演了这出戏。

　　伊拉克战争已经胜利在望，美国下一步要推翻的政权分别有伊朗、叙
利亚、沙特阿拉伯、黎巴嫩、巴勒斯坦解放组织、苏丹、利比亚、也门和
索马里。佩里早些时候就曾洋洋得意地叫嚣："我们可以发个短信通知他们，
就一句话：'你是下一个。'"在威廉·克里斯托尔和劳伦斯·卡普兰合著
的《伊拉克战争》（*The War over Iraq*）中，他们写道："我们开启了新的
历史时代。"他们认为，"这是决定性的时刻"，"很多事情已经很清晰了，
包括伊拉克、中东地区以及反恐战争的未来，它决定了在 21 世纪的世界
中美国打算扮演什么样的角色"。他们认定："这种使命是从巴格达开始的，
但不会在此结束。"

　　难怪叙利亚总统巴沙尔·阿萨德在 3 月 1 日的阿拉伯联盟峰会上说道：
"我们都被盯上了……我们都身处险境。"朝鲜也得出了类似的结论，但他
们的解决方案截然不同。金正日表示，伊拉克的最大错误在于没有核武器。
他认为，如果有了核武器，美国就不会入侵。朝鲜执政党党报《劳动新闻》
坚持表示，朝鲜既不能屈从于核查人员，也不能解除武装，如果朝鲜"像
伊拉克一样妥协……接受帝国主义及其走狗提出的进行核武调查和裁军的
要求，那么就会落得与伊拉克一样的悲惨下场……任何人都不要指望朝鲜
会作出丝毫妥协或让步"。

　　除了拥有核武器之外，朝鲜还有一个伊朗不曾拥有的"优势"：他们
并没有居世界第二的石油储量。伊拉克人根本就不相信美国提出的那些冠
冕堂皇的动机。只要美国领导人谈到"自由"，伊拉克人听到的只有一个
词，"石油"。超过 3/4 的伊拉克人在接受民意调查时表示，美国入侵的动

机是为了控制伊拉克的石油。2002 年 11 月，拉姆斯菲尔德在接受某电台采访时断然否认："胡说！根本就不是！的确有着这样的流言蜚语……不过这与石油无关，与石油没有直接关系。"一直担任美联储委员会主席的艾伦·格林斯潘认为这样的否认很荒谬。他写道："我很难过，只是在政治上恐怕不便承认路人皆知的事情：伊拉克战争主要是为了石油。"

美国入侵伊拉克，坦克进入巴格达。布什政府内外的新保守派认为伊拉克战争能够速战速决，因此开始在世界各地寻找下一个猎物。

专家估计，沙特阿拉伯的石油探明储量为 2 590 亿桶，伊拉克为 1 120 亿桶，约占世界石油供应储量的 1/3。一些人认为，伊拉克甚至可能实际上拥有 4 000 多亿桶原油。

美国新世纪工程的创始人罗伯特·卡根认为，要守护那些石油可能需要长期的军事存在。他说："我们可能要在中东地区长期保持很强的兵力。我国所发生的经济问题都是由于石油供应中断，如果我们在伊拉克驻军，就不会发生石油供应中断的事了。"常年研究该问题的迈克尔·克莱尔比卡根的视野似乎更开阔些，他观察发现："控制伊拉克是因为美国将石油视作实力，而不是将石油视作燃料。控制了波斯湾就相当于控制了欧洲、日本和中国。一切尽在我们掌握之中。"许多人想废除伊拉克国有公司，将石油交由国际石油公司手中，却遭到了一系列挑战，包括叛乱分子的破坏、石油工人工会的抗议和伊拉克议会的反对。凯洛格公司、布朗路特公司以及哈里伯顿的子公司虽然在 2004 年获得了一份价值 12 亿美元的合同，重建伊拉克南部的石油设施，但具体操作由伊拉克人负责。美国继续向伊拉克政府施加压力，希望它快速通过搁置已久的石油化工订单。

31
★★★

伊朗才是最大赢家吗

　　事实证明，美国高兴得太早了。击败伊拉克士气低落的军队很简单，但要强加秩序却不太可能。平民和军方警告傲慢的战争策划者，想要在占领伊拉克之后管理好这个国家并非易事，但他们全当耳边风。2003 年 1 月，国家情报委员会产生了两项篇幅很长的评估报告，分析入侵之后的形势，报告吸收了 16 个情报部门的观点。题目分别为《后萨达姆时代的伊拉克面临的主要挑战》和《伊拉克政权更迭给该地区造成的后果》，报告警告说，美国挑起的这场战争会增加伊朗在该地区的影响力，会让"基地"组织流入阿富汗和伊拉克，会唤醒沉睡已久的宗派暴力斗争，使得宗教政治复兴。建立民主将是"极其漫长、困难的过程，甚至可能发生动荡"，因为伊拉克"并没有忠实的反对派，也没有权力交替的历史传统"。

　　1999 年 4 月，穿越沙漠的战争游戏过后，美国入侵伊拉克的后续评估报告也得出过类似的结论。辛尼将军牵头发布了这份报告，他坚决反对战争。他讽刺鹰派无视舆论在阿拉伯世界的重要性："我不知道这些人住在哪个星球上，反正跟我生活的地球不一样。"中情局本·拉登研究办公室的第一位负责人迈克尔·朔伊尔也出来声援，他指出"美国中情局一再警告特纳特，伊拉克战争将不可避免地引发一系列灾难，包括导致本·拉登主义的扩散，引发逊尼派和什叶派之间的血腥战争，从而破坏该地区的稳定"。

　　总统在策划战争的时候，显然没有人把这些后果告诉他。入侵开始前不久，布什会见了 3 个伊拉克裔的美国人，其中一位后来成为战后伊拉克第一个派驻美国的代表。他们担心，后萨达姆时代可能会出现逊尼派与什叶派的纷争，但是他们发现总统根本不明白他们在讲什么。于是，他们进一步解释，伊拉克有两个强大的敌对派别。布什显然不明白，他很可能将一个什叶派主导的伊拉克拱手奉送给伊朗。

"基地"组织领导人感谢安拉，让美国新保守主义战略家犯下了这么巨大的战术和战略失误。2003 年 9 月，"9·11"事件两周年纪念日，"基地"组织领导人艾曼·扎瓦赫里欢呼雀跃地说道："我们感谢上帝，赐予我们伊拉克和阿富汗的困境。美国在这两个国家都面临着极其微妙的局面。如果他们撤军，他们将失去一切；如果他们留下来，只会引来更多的流血伤亡。"第二年，本·拉登也援引相同的"流血"比喻来解释他的战略，因为已有先例，他们让"俄罗斯流了 10 年的血，最后被迫撤军"。他声称，他要"继续这种政策，让美国人流血，直到落荒而逃"，他发现，"基地"组织花了区区 50 万美元策动的"9·11"恐怖袭击，居然导致美国经济出现 1 万多亿美元的赤字。

布什、切尼和拉姆斯菲尔德又接连作了一系列灾难性决策。五角大楼无视国务院的反对，在萨达姆倒台后不久，将新保守主义者最喜欢的艾哈迈德·沙拉比及其数百名支持者送回巴格达。杰·加纳中将不允许沙拉比担当拉姆斯菲尔德和切尼预想的角色。美国后来才知道，沙拉比的忠诚确实值得怀疑。

证据显示，他与伊朗领导人以及与伊朗有密切联系的伊拉克什叶派武装联盟暗中往来，涉嫌绑架和谋杀外国人，包括在 2007 年杀死 5 名美国海军陆战队员。2008 年 5 月，美国政府断绝与沙拉比的合作关系。3 个月后，美国逮捕了他的一位高级助手，罪名是怀疑他曾担任过什叶派武装联盟的联络员。

从布什总统往下的所有政府官员都只是在妄想。2003 年 4 月，安德鲁·纳齐奥斯接受了《晚间报道》记者泰德·科博尔的采访，纳齐奥斯是国际开发署主管，他告诉科博尔美国纳税人将承担 17 亿美元的费用。科博尔表示怀疑。沃尔福威茨坚持认为伊拉克的石油收入将足够用于战后重建。因为据他观察，伊拉克是一个"漂浮在石油上的国家"。截至布什卸任之时，美国已为伊拉克战争投入了 7 000 亿美元，这还不包括支付利息，以及长期照顾在战争遭受严重身心伤害的退伍军人的费用。

5 月初，伊拉克局势更是每况愈下。布雷默很快解散了伊拉克军队和警察，并下令将前复兴社会党成员开除出政府。由于军队人手不足，无法维持秩序，于是巴格达街头抢劫事件频发。伊拉克博物馆的国宝频频失窃，但美国军队和坦克只顾着保护石油部大楼。伊拉克迅速陷入混乱，断电、断水、污水漫过了街头，医院里满是伤病人员。

虽然布雷默和联合临时管理当局（CPA）重兵把守绿色管制区，也发布了一些利好报告，但是一些对美国心怀不满的伊拉克退役士兵（即被拉姆斯菲尔德轻蔑地称为"死亡终结者"的人）武装起来引发了更严重的叛乱，战争成本也不断飙升。五角大楼又额外申请了 870 亿美元用于伊拉克和阿富汗。

截至 2003 年 11 月，联军几乎每天都要遭受 35 次袭击。整个阿拉伯世界的叛乱分子都纷纷涌入伊拉克，他们愤怒地发誓，要将异教徒驱逐出境。本·拉登和扎瓦赫里敦促同胞们"将美国人埋葬在伊拉克"。9 月，预计有 1 000 ~ 3 000 名叛乱分子进入伊拉克，另外还有数千人正在赶来的途中。一名美国高级官员指出："现在伊拉克已成为极端分子的竞技场，它是原教旨主义者的圣地，这是他们的超级碗，根本不可能有西方人的容身之地……还有无穷无尽潜在的新选手前来加入。"

布雷默着手重组伊拉克经济，基本思路是将国有石油公司和其他两百家国有企业私有化。这在入侵前已经计划好了，当时美国国际发展署拟定了"战后伊拉克发展规划"。5 家基础设施工程公司收到了 9 亿美元的合同，包括凯洛格、布朗路特和贝克特尔。财政部在财务顾问中大肆宣传它的"大规模私有化"项目。

2003 年 5 月 27 日，布雷默宣布，伊拉克再次"放开商业"，并开始发布命令：

> 第 37 号命令规定，收取 15% 的统一税率，这大幅削减了富人和企业的税收负担，这部分人之前需缴纳 45% 左右的税收。
> 第 39 号命令规定，将国有企业私有化，允许外资完全拥有

伊拉克公司的所有权；公司获取的利润可以全部转移到国外；租赁和合同可以持续40年，并且可以再续。

第40号命令规定，将银行私有化。

拉姆斯菲尔德认为这些改革是"最开明的，将自由世界的先进税收和投资法规引入了伊拉克"。据估计，重建成本将高达5 000亿美元，难怪《经济学家》杂志称之为"资本主义梦想"。诺贝尔奖得主、前世界银行首席经济学家约瑟夫·斯蒂格利茨指出，伊拉克采用的是"比苏联更加激进的休克疗法"。

叛乱让美国措手不及，五角大楼派出的美国部队及装甲车辆没有足够的保护，常常沦为叛乱分子握有的简易爆炸装置轰炸的目标。布什政府派出的官员缺乏专业素养，往往容易上叛军的当。据《华盛顿邮报》报道，一些认同右翼政治观点、忠诚于布什政府的求职者被招募和派往伊拉克，他们并不具备经济社会发展、冲突解决或中东问题的相关专业知识。布什任命的政府官员吉姆·欧贝妮往往通过问前来应聘的人如下几个问题就轻率作出选择："是否投票支持布什？是否支持反恐战争？是否支持罗伊诉韦德案？"《华盛顿邮报》报道："一位年仅24岁，从未接触过财务的年轻人申请了白宫职务，然后就被派到巴格达，重启当地证券交易所。一名著名的新保守主义评论员的女儿和一个刚从福音派大学家庭教育学专业毕业的学生被派往巴格达，管理伊拉克130亿美元的预算，但他们都没有任何会计学专业背景。"《华盛顿邮报》指出，那些负责重建伊拉克的职员，大都只关注"建立统一税……出售政府资产……结束粮食配给制"，但对经济崩溃、失业飙升问题束手无策。

2003年5月，据司法部的执法专家报告，伊拉克需要6 000名外国顾问来完善其警察机关。白宫临时任命纽约市警察局前局长伯纳德·克里克为内政部长，带领其他12名顾问前往伊拉克。克里克拖了3个月才前往履职，到达时发现伊拉克的形势比他想象的更加糟糕。后来，克里克因为犯了8项重罪而被判入狱。事实证明，布什派出的那些参与伊拉克国家建设的人，就像"启斯东警察"（启斯东制片厂是好莱坞喜剧片的摇篮，启斯东警察是他们的招牌滑稽角色。——译者注），无非就是上演了一出闹剧。

这些人固守一个简单的想法，认为伊拉克当地政权无法给人民带来保障，于是他们就要散播美国理念的正确性。到 2004 年 9 月，伊拉克的形势急剧恶化，阿拉伯联盟秘书长阿姆鲁·穆萨不无感慨地说道："伊拉克的地狱之门打开了。"

由于缺少足够的警力来维持基本秩序，于是政府雇用了一群私人保安和平民承担大部分工作，这耗去了大笔经费，而且政府对这群编外人员往往缺乏有效监督。到 2007 年，这批人员的数量达到 16 万。其中包括许多黑水公司的保安，这些人曾在拉丁美洲参与右翼军事活动，他们像其他外交人员一样获得了伊拉克当局的豁免权。其他政府所需的服务则外包给了哈里伯顿等公司，这些公司在伊拉克、阿富汗和科威特等国大肆敛财。哈里伯顿公司在伊拉克有 4 万员工，到 2008 年时，伊拉克分公司的利润超过 240 亿美元，大部分利润都来自非竞标所得的合同和订单。美国入侵伊拉克后，哈里伯顿公司在美国军队承包商名单的排名从第 19 名迅速蹿升到第 1 名。当参议员帕特莱克·莱希在参议院就哈里伯顿公司的无耻暴利质问切尼时，切尼勃然大怒道："你他妈的闭嘴！"哈里伯顿及其子公司 KBR 不但向政府漫天要价，而且 KBR 公司美国工厂生产的电器质量低劣，导致成百上千次电气火灾，伤了无数士兵。

2006 年 2 月 22 日，一颗炸弹摧毁了萨马拉什叶派圣地的黄金圆顶，局势进一步恶化。怒不可遏的什叶派开始疯狂攻击逊尼派及其在全国各地的宗教场所，自杀式炸弹袭击和谋杀平民成为司空见惯的事件。这个动荡的国家又濒临内战的边缘。

获奖记者海伦·托马斯直面乔治·布什，尖锐地问道："总统先生，你发动了这场战争，战争是你的选择，你说你也可以亲手结束它，但是今天……200 万名伊拉克难民从自己的国家出逃，还有 200 多万人无家可归，不计其数的人死于非难。你难道不觉得，是你把'基地'组织带到了伊拉克吗？"布什回应道："其实，我原本想通过外交手段解决伊拉克的问题，所以我去了联合国，与联合国安理会合作，在那里我们一致通过了一项决议。决议要求伊拉克公开核武库及其他大规模杀伤性武器，解除武装，否则将面临严重后果。"

布什曾表示，入侵伊拉克之前，给过萨达姆一次机会，"让他允许联合国核查人员入境检查，但他不让他们进入"。针对这种说法，连《华盛顿邮报》也忍不住发表评论："总统声称，战争发生的原因是伊拉克阻止核查人员进入，这有悖于事实：实际上，萨达姆允许核查人员调查，但是布什反对他们继续开展工作，因为他不相信他们前期的调查结果。"

布鲁斯·巴特利特，曾先后在里根和老布什政府任职。2004 年，他向记者罗恩·萨斯坎德描述了乔治·W. 布什的心理：

> 乔治·W. 布什对"基地"组织和原教旨主义有很清晰的看法。他认为必须把他们都杀了，因为他们很难被说服，他们是极端分子，他们的心理很阴暗。他特别理解他们，因为他自己也这样……所以他总是刁难那些违背他意志的人。他真的认为，自己肩负着上帝的使命。这种绝对信仰让他失去了理性。所谓的信仰，就是毫无理由地相信，而不需要经过实证。但是，管理世界不能光凭信仰。

萨斯坎德指出，人们经常质疑布什的政策脱离现实："总统说，他是靠'胆识'或'直觉'来掌舵这个国家的，然后他还'为国家祈祷'。"布什的一位高级顾问指责萨斯坎德"过分现实主义"。他说："世界已经变化了，我们现在是帝国，我们可以通过自己的行为来创造现实……我们是历史的缔造者……而你们，你们这些人只能在一边看着，好好学习我们的做法。"

但并非所有人都像他们那么自信地藐视现实。第 82 空降团 7 名未受命攻打伊拉克的军官在 2007 年 8 月接受《纽约时报》采访时，这样描述伊拉克的形势：

> 纵观美军占领伊拉克后 15 个月来的情况，华盛顿内进行的政治辩论确实是超现实的……他们认为美国这次不受欢迎地占领和驻军，能够赢得当地本来就顽固不化的民心，并且成功镇压叛乱，这种想法是靠不住的……逊尼派组建了自己的民兵，有时是在我们的暗中支持下组建……而在这个问题上，伊拉克政府在与我们合作时怀着极其复杂的目的，因为毫无疑问，如果美国人离

开，它担心逊尼派民兵会攻打它……绝大多数伊拉克人感到越来越不安全，他们将我们视为占领军，4年后还不能让当地恢复常态，而且随着我们继续武装各个敌对势力，要恢复正常秩序似乎越来越不可能了……要镇压叛乱，最重要的是能够改善社会和经济条件，可在这方面，我们恰恰干得最糟糕。有 200 万伊拉克人生活在邻国的难民营中。城市缺乏常规的电力、电话和卫生服务……人们目无法纪，江着一把枪就可以在街头横行霸道。在我们占领的 4 年里，我们之前的承诺一个都没有兑现……现在伊拉克百姓只关心一个问题，那就是他们什么时候、以怎样的方式死去……我们的军事存在剥夺了他们的自尊。他们很快就会意识到，让他们恢复尊严的最好方法，就是让我们这支占领军撤离。

2008 年初，据约瑟夫·斯蒂格利茨和哈佛大学经济学家琳达·比尔姆斯的统计，伊拉克战争的花费实际将达到 3 万亿美元，或者说是纳齐奥斯估计数的 1 765 倍。那么伊拉克公民和美国纳税人得到了什么回报呢？2008 年，国际红十字会的报告指出，伊拉克出现"人道主义危机"，数百万人没有洁净的水、卫生设施和健康保健："该国大部分地区的人道主义都处于最严峻的形势。"1990 年曾有 3.4 万医生在伊拉克行医，现在有 2 万人已经离开该国；2 200 名医生被杀，250 人遭绑架。2010 年，国际透明组织发起的全球最腐败国家排名中，伊拉克位列第四，仅次于阿富汗、缅甸和索马里。

如果要说美国在伊拉克到底取得了什么成就，2008 年 3 月发生的一幕恐怕是最好的诠释了。当时巴格达迎来了两位高贵的不速之客：迪克·切尼和伊朗总统马哈茂德·艾哈迈迪 - 内贾德。切尼此行高度保密，在强大安全部队的保护下，悄悄溜进巴格达，在行踪公开前，他早已迅速撤离。内贾德则提前预告了他的出行计划，于是从机场一路有人列队迎接。《芝加哥论坛报》报道：

　　内贾德此次出访伊拉克具有历史意义，到达第一天迎接他的都是拥抱和亲吻……标志着曾经势不两立的两个国家在这一天戏剧性地一笑泯恩仇，美国在伊拉克的影响力面临新的挑战……内贾德计划在巴格达待两天。他在绿色管制区外相对安全的地区下榻……伊拉克和伊朗预计周一宣布一系列双边协定，涉及贸易、电力和石油。伊拉克总理马利基告诉记者："我们打算全面开放与邻国伊朗的合作。"内贾德是第一个受到伊拉克政府国宴规格招待的国家领导人。伊拉克总统贾拉勒·塔拉巴尼与内贾德手牵着手检阅仪仗队，一旁的铜管乐队欢快地演奏着英国的进行曲。孩子向伊朗总统献花，伊拉克内阁成员列队欢迎他的到来……接下来的每一步，内贾德和他的伊拉克东道主都强调两国间的共同利益，他们之前长期的敌对关系终于因为美国入侵伊拉克后，出现了一个由什叶派领导的政府而画上休止符……内贾德庄严承诺："伊拉克和伊朗两国人民将共同努力，使伊拉克摆脱当前危机……伊拉克早晚会落到伊朗手中，只是个时间问题。"独立的逊尼派议员米萨·阿鲁希说道："内贾德传递的信息是：'布什，我们赢了，而你终将一败涂地。'"

在伊拉克总理的陪同下，内贾德站在美国占领的绿区上，他有力地驳斥了布什曾经反复强调的伊朗特工正在武装和训练什叶派民兵这一断言，他要求美国"接受这个地区的事实：伊拉克人民并不喜欢也不支持美国"。他说对了。美国是最大的输家，而伊朗则是大赢家。它的劲敌被消灭了，而现在，它在该地区的影响力无与伦比。

身陷两场灾难性战争的美国，几乎对伊朗这个"邪恶轴心国"中重要的一员毫无办法，顶多就是美国总统出来发表一番煽动性的言论，反复谴责伊朗扩大核计划、干涉伊拉克事务、支持恐怖主义。在与伊朗对抗的问题上，布什是理亏的，因为他在世纪初错过了一个修补两国关系的绝佳机会，如果当时能把握住机会的话，美国还能占上风。

"9·11"事件发生后，伊朗协助美国打击塔利班，这是它们在阿富汗的共同敌人。经过多次非正式讨论后，2003 年 5 月，伊朗提出一揽子重大交易。为了增强领土安全、相互尊重、获得和平的核能技术，伊朗提出承认以色列；"全面公开"核发展项目；帮助稳定伊拉克；支持美国的行动，打击伊朗的恐怖组织；停止对巴勒斯坦反对派（包括哈马斯）的物质援助，迫使他们停止在以色列进行"针对平民的暴力行为"；双方共同努力将黎巴嫩真主党转变成"纯粹的政治组织"。但是，布什政府新保守派一心想推翻伊朗政权，而不是与之改善关系，于是他们拒绝了伊朗的提议，积极备战。这是个历史性错误。

2005年，中情局前资深情报官菲利普·吉拉尔迪发布报告称："五角大楼根据切尼办公室的指示行事，于是向美国战略司令部下达命令，准备使用常规和战术核武器，大规模空袭伊朗。"核武器被保留在地下设施中，铀浓缩工厂在伊拉克的纳坦兹。美军参谋长联席会议的强烈反对迫使布什和切尼改变了主意。2007年，布什政府又开始打伊朗的主意了。那年10月，布什警告，如果伊朗决意发展核武器，可能导致第三次世界大战。12月初，布什煽动战争情绪的做法受阻，当时情报部门发布了新一期国家情报评估，里面"很有信心"地表示，伊朗在2003年已经停止了核武器项目，这份报告推翻了他们两年前的发现。

对美国利益更大的威胁则来自邻国巴基斯坦，该国对塔利班的创建和发展起了关键作用。巴基斯坦的情报机构三军情报局（ISI）与"基地"组织也保持着密切联系，甚至还把武装分子派往"基地"组织训练营。这些武装分子随后还在克什米尔争议领土区发动了恐怖战争，驱逐控制该地区的印第安人。

就在"9·11"事件两天之后，布什向巴基斯坦下达最后通牒。副国务卿理查德·阿米蒂奇递给三军情报局负责人迈哈默德·阿迈德一份文件，上面列出了7项不容商量的要求，其中包括结束巴基斯坦对阿富汗塔利班的支持，与其断绝外交关系；允许美国飞机飞越其领空，进入当地海军基地和机场；公开谴责恐怖主义。阿米蒂奇告诉阿迈德，如果巴基斯坦不遵守上述规定，那么后果就会像佩尔韦兹·穆沙拉夫总统所说的那样，"被炸回石器时代"。尽管巴基斯坦不信任美国，将它面临的许多问题都归咎于美国，例如巴基斯坦驻联合国大使及前外交部长沙姆莎德·阿哈默德曾说道："苏联被迫从阿富汗撤军后，是你们让我们承受了众多战争的恶果：大批难民涌入、毒品和枪支交易猖獗、卡拉什尼科夫冲锋枪文化泛滥。"

但此时，巴基斯坦除了遵守要求，似乎别无选择。虽然巴基斯坦没多大兴趣，但他们默许大批的美国军事援助涌入境内。1998 年，印度和巴基斯坦进行核试验之后，克林顿宣布禁止向印巴出售武器，此时布什宣布解禁。尽管巴基斯坦承诺协助美国，但其战略重点仍是印度，巴基斯坦三军情报局继续支持在阿富汗的反美塔利班武装分子。

　　2001 年 12 月，武装分子袭击印度国会，印度和巴基斯坦之间关系再度紧张。两个拥核国之间的战争似乎一触即发。在克什米尔分界线上，双方共有 100 万士兵对峙。专家担心，印度军队会先发制人，巴基斯坦受到威胁后会用核武器发起报复。五角大楼估计，如果动用核武器的话，将有 1 200 万人立即丧命。这种形势在两国国内引发讨论，巴基斯坦前陆军总参谋长米尔扎·阿斯拉姆·贝格说道：“我不知道你们在担心什么。你过马路会被车撞死，也可能会死于核战争。人总有一天都是要死的。”印度方面相对温和些。印度陆军参谋长孙达拉贾·帕德曼布罕说道：“如果我们必须开战，那很好。如果我们不开战，我们也有办法应对。”

　　美国武器涌入巴基斯坦进一步加剧了紧张态势。尽管危机暂时得到解决，但是有大量武器从美国进入巴基斯坦，仅 2006 年，就增加到超过 35 亿美元，巴基斯坦成为美国武器的第一大接受国。2003 年有消息披露，巴基斯坦核工业之父 A.Q. 卡恩暗地里操纵着一笔交易，将核弹设计和制造炸弹的材料出售给朝鲜、利比亚、伊朗及其他国家，持续时间长达 15 年。卡恩及其同伙还访问了叙利亚、沙特阿拉伯、埃及、乍得、马里、尼日利亚、尼日尔和苏丹。

2003 年有消息披露，巴基斯坦核工业之父 A.Q. 卡恩暗地里操纵着一笔交易，将核弹设计和制造炸弹的材料出售给朝鲜、利比亚、伊朗及其他国家，持续时间长达 15 年。美国对巴基斯坦的核武器项目视若无睹，作为回报，巴基斯坦要支持美国在阿富汗反对苏联的活动。

　　有证据表明，巴基斯坦军方高层和政府官员都暗中支持卡恩的行动。而美国对巴基斯坦的核武器项目视若无睹，作为回报，巴基斯坦要支持美国在阿富汗反对苏联的活动，这一政策由布热津斯基建议，并在里根时期颁布。卡恩公开承认他的犯罪行为，第二天，穆沙拉夫总统赦免了他，并称他为"我的英雄"。卡恩实际上被软禁了5年，但巴基斯坦当局从来没有对他提出指控，也拒绝美国官员审问他。有位巴基斯坦参议员笑着说："美国想杀了他，用他的血祭拜上帝。但是穆沙拉夫对A.Q.卡恩说：'弯腰，我们要打你的屁股。'"

　　对穆沙拉夫而言，美国提出的那种要求可能太过分了。一位美国前高级情报官员向记者西摩·赫斯抱怨道："他居然出售设计图、离心机和最新式武器。他是世界上最大的核武器扩散者，可他却得到了赦免，白宫居然也对此不吭一声。"相反，美国继续对穆沙拉夫提供军事援助和政治支持。穆沙拉夫于1999年通过军事政变上台，之后一直实行铁腕统治，直到2008年被罢黜为止。美国对这位独裁者及其军方的支持似乎并没有赢得这个贫困国的好感。2007年，皮尤民意调查发现，只有15%的巴基斯坦人对美国有好感，而就在上一年该调查发现，有23%的巴基斯坦人对他们的劲敌印度有好感，尽管这两个国家曾发动过4次战争。2007年，46%的巴基斯坦人喜欢本·拉登，只有9%的人喜欢布什。

32
★★★

中美苏核力量孰优孰劣

　　布什在俄罗斯也很不讨好。虽然他说他看透了俄罗斯总统普京的灵魂，喜欢他的价值观，布什也像其前任克林顿一样蔑视俄罗斯。布什上任不久，便无视俄罗斯的强烈反对，退出了1972年与苏联签订的《反弹道导弹条约》，为他的导弹防御计划扫除障碍。但令人惊讶的是，2001年6月，他和普京进行了友好会面。"9·11"恐怖袭击事件后，普京是第一位致电布什表达哀悼之情的外国领导人。9月24日，他宣布"五点计划"，支持美国的反恐战争。他说，俄罗斯将与美国分享情报，向美国开放俄罗斯领空，他还默许甚至是促进美国在中东地区的驻军，而这引起了俄罗斯军方和情报机构许多人的强烈反对。

　　对于普京的慷慨，布什给予了"另类回报"，他打破了他父亲当年向戈尔巴乔夫许下的承诺，将北约不断扩大，更加接近俄罗斯边境，而且还在俄罗斯周围布满了美国和北约的军事基地，一些军事基地甚至在苏联地区。2002年底，北约第二次东扩，决定于2004年3月将保加利亚、罗马尼亚、斯洛伐克、斯洛文尼亚、立陶宛、拉脱维亚及爱沙尼亚纳入其中，俄罗斯表示强烈反对。将保加利亚和罗马尼亚等前华约成员国纳入北约已经够令人讨厌的了，更何况还要将立陶宛、拉脱维亚和爱沙尼亚等苏联加盟共和国纳入其中，这简直让俄罗斯蒙受了奇耻大辱。

　　布什公开蔑视俄罗斯的意见，敦促继续扩大北约。克罗地亚和阿尔巴尼亚于2008年加入。他明确表示，还要将格鲁吉亚和乌克兰吸纳进去，尽管俄罗斯强烈抗议，其他北约成员国也警告，这将严重损害美国与俄罗斯及西方国家的关系。俄罗斯认为，美国在格鲁吉亚、乌克兰和白俄罗斯推广民主，只不过是一种进一步扩大北约、孤立俄罗斯的策略。

2001 年，美俄关系前景显得如此乐观，但是当 2003 年美国决定入侵伊拉克时，两国关系遭到严重破坏。俄罗斯官员威胁，如果布什一意孤行，俄罗斯就要在联合国否决战争决议。俄罗斯对美国的不信任度加深，于是它撤回了旨在大幅削减核武器的战略武器条约。

2005 年 4 月，普京在国家杜马年度国情咨文上哀叹，苏联解体"是 20 世纪最大的地缘政治灾难"。由于俄罗斯在资本主义制度下遭受了深重的灾难，许多普通的俄罗斯人开始怀念苏联时代的生活。在俄罗斯部分地区，出现了一股斯大林复兴思潮，很多市民想要纪念他对苏联的历史贡献，尤其是他在第二次世界大战中起到的作用，他们愿意宽恕他的罪行。俄罗斯国家杜马第一副议长柳博芙·斯利斯卡说道："西方绝不会放过任何一个机会，改写历史，贬低苏联在世界反法西斯战争胜利过程中的作用，所以我们现在更不能忘却斯大林。"

俄罗斯人也感觉到了布什的核政策威胁。布什一边痛斥伊拉克子虚乌有的大规模杀伤性武器，另一方面又铤而走险，大幅降低使用大规模杀伤性武器的门槛。2002 年，他在《核态势评估报告》（*NPR*）中，故意模糊常规武器和核武器之间的界线，并开始针对无核国家。这不但让无核国丧失坚持不发展核武器的动力，而且起到了鼓励作用，因为只有发展核武器，才能避免被人鱼肉。《核态势评估报告》指出，如果出现以下情况，美国就有权使用核武器：

★ 美国受到大规模杀伤性武器的攻击；

★ 常规武器无法摧毁坚硬的或隐藏在地下的目标；

★ 美国发现某个国家出现"令人惊讶的军事发展"。

《纽约时报》洞悉了这项新政策隐含的可怕意义，于是在 3 月 12 日刊登社论，题为《美国是核流氓》，该社论坚称："如果有国家计划开发新的核武器，并且考虑对无核国家先发制人，那么华盛顿就可以义正词严地指责那个国家是危险的流氓国家。这就是上周末布什总统公布的一份五角大楼新计划……这份计划最大的错误在于，它大大降低了使用核武器的门槛，严重破坏了《核不扩散条约》。"根据该条约，美国和其他核大国有义务逐步消除核武库。布什不仅忽视这项规定，还提倡开发新一代微型核武器和小型钻地炸弹，以便更好地用于战斗。

布什的核政策威胁要破坏整个核不扩散机制。2003 年 8 月 6 日，广岛的市长秋叶忠利发表了举世瞩目的《和平宣言》，他猛烈抨击美国的鲁莽行为："《核不扩散条约》，这一指导消除核武器的国际协议，处于崩溃的边缘。主要原因是美国核政策，公开声明可能先发制人，进行第一次核打击，还呼吁恢复微型核武器及其他所谓的'可用核武器'的研究，这显然是要像崇拜上帝一样崇拜核武器。"

俄罗斯领导人就《核不扩散条约》的若干方面据理力争，但是与 2006 年春季 3 月～ 4 月的《外交政策》上发表的文章相比，他们的反应似乎温和了一些。这是美国外交关系委员会，即国家外交政策下属机构主办的期刊。来自法国圣母大学的基尔·李柏和来自宾夕法尼亚大学的达里尔·普莱斯撰文，分析了美国、俄罗斯和中国核力量的优缺点，并得出结论：由于冷战后美国核能力的急剧发展，加上"俄罗斯核武库的急速萎缩，中国核力量现代化发展速度极其缓慢"，所以无论是俄罗斯还是中国都无法对美国的核攻击进行有效的打击报复。因此，美国已经具备了长期以来一直寻求的先发制人能力。美国可以摧毁俄罗斯或中国而不受惩罚。美国长期以来的敌人无法采取报复，这种形势在可预见的未来里都会持续下去。

作者还猜测了美国坚持导弹防御系统背后的真正原因。按照通常假定，这种防护盾从防御价值看，并不是"独立的盾"，无法回击俄罗斯导弹接二连三的大规模轰炸。它的价值在于进攻，也就是能在美国先发制人后，防止美国遭受俄罗斯或中国小型核武器的报复性攻击。

实际上，李柏和普莱斯在学术界表达这些看法已经好多年了。但是他们的文章在《外交政策》上一发表，便掀起了轩然大波。《华盛顿邮报》撰文称，这篇文章让俄罗斯见识了"核战争狂的真实面目"。俄罗斯经济学家和前代理总理叶戈尔·盖达尔在《金融时报》上发文表明："在美国的权威杂志上发布这些思想，会产生爆炸性效果。即使俄罗斯记者和分析家们再冷静，一点也没有反美思想，这些文章也会被看成是美国政府立场的官方宣示。"

普京立即宣布，俄罗斯要不惜一切代价，维持其威慑能力。曾任苏联军事情报局格勒乌战略分析师的维塔利·什雷科夫表示，文章的发表是对"普京声望的重大打击"。什雷科夫预言："现在他将全力以赴、用尽一切代价促进俄罗斯核威慑力量的现代化。"一些俄罗斯专家指出了一个事实：可以穿透美国导弹防御系统的新一代核导弹即将上线。2001年，布什废除《反弹道导弹条约》后，作为回应，俄罗斯研发了新一代核导弹，包括托普尔-M洲际弹道导弹和用于核潜艇的布拉瓦导弹。

俄罗斯专家开始讨论，外交关系协会在这个时候发表这篇文章试图释放什么信号？莫斯科外交和国防政策委员会研究中心的分析师苏斯洛夫·德米特里说道："很多人认为这并非偶然，一定是有人'指示'的。"德米特里表示，因为文章说的基本属实，它让安全专家"非常紧张"。他认为很奇怪，在世界上所有的核大国中，只有美国和俄罗斯仍然有核武库，相互瞄准对方。而文章的刊发意味着这种情况暂时不会改变。

其他人认为，这是在警告俄罗斯，不要与中国走得太近。俄罗斯前核能部长、现任战略稳定研究所所长维克托·米哈伊洛夫驳斥文章指出的俄罗斯核能力退化的观点，他提出了另一种解释："该文章写于我国总统普京访问中国期间……美国人对我们两国走得太近充满了敌意……但是俄中两国的友好关系的确存在，而且将会继续发展。"盖达尔认为，如果这才是文章的真正意图，那么效果只会适得其反。他写道："如果有人想挑拨俄罗斯和中国在导弹和核武器技术上的密切合作关系，恐怕很难找到什么巧妙和体面的方式吧。"

布什政府努力想缓和紧张态势。负责国际安全政策的副国防部长彼得·弗洛里，在《外交政策》9月~10月的后续论坛上发表了一项声明，他对文章的准确性及其意图作了相关说明。他声称，实际上美国正在弱化其第一次核打击能力。在2002~2003年担任国防部副部长并且负责军事政策的基斯·佩恩坚持认为，美国从罗伯特·麦克纳马拉担任国防部长之时起，就不再"大规模发展第一次核打击能力了"。佩恩愤怒地指出："他们断章取义地谎报美国军事发展信息……以达到自己的政策目的，却无视美国裁军的努力，美国的军事发展其实已经滞后了……他们故意曲解美国政策，而这种曲解只会破坏美俄关系。"

俄罗斯科学院世界经济和国际关系研究所国际安全研究中心主任阿列克谢·阿巴托夫认为，李柏和普莱斯点出了很重要的一点。他承认，俄罗斯的核武器主要是冷战遗产，功能落后，很快都快退役了。现代化的核武库中只有三四架新的弹道导弹核潜艇，以及 100 架托普尔 -M 导弹，只足够用于一次小小的核威慑，而且很危险，一触即发。鉴于双方日益严重的战略失衡，阿巴托夫担心两国间的危机很容易导致擦枪走火发动核战争。他警告说："如果俄罗斯担心美国的第一次核打击，那么莫斯科就可能鲁莽行事（比如让部队处于戒备状态），这反过来又会挑起美国的袭击……"他总结道："李柏和普莱斯很准确地预估到了这种风险。"

李柏和普莱斯用令人信服的方式回应了弗洛里、佩恩及帕维尔·波德维格，波德维格是斯坦福大学的俄罗斯核问题专家，他认为俄罗斯的核实力比文章指出的要强大得多。李柏和普莱斯承认，五角大楼的确削减了弹道导弹潜艇舰队的规模，但是他们指出，潜射弹道导弹弹头的数量已超出原来的 4 倍多，而且精确性也大幅提高。因此，原来一个潜射弹道导弹弹头摧毁一台坚固的俄罗斯导弹发射井的概率是 12%，但现在提高到了90%，其他核弹头的命中率为 98%。升级后的民兵三世洲际弹道导弹，命中率也大幅提高。

接下来，他们在回应佩恩时指出，美国的核战争计划中保留了先发制人的选项，最近解密的 1969 年档案中，包含了 5 个全面核攻击选项，其中 3 个属于先发制人。最后他们又回应了波德维格。他们表示，美俄双方的差距很大，俄罗斯的预警系统反应迟钝，足以让美国有时间启动潜射弹道导弹，击中俄罗斯的目标。然而，他们的回应根本无法消除俄罗斯的恐惧，也无法阻止美国在东欧设置导弹赋予系统的计划。

俄罗斯还坚决反对布什政府将太空军事化的做法。布什似乎是想实现当上美国航天司令部司令的愿景。这位"司令"曾在 1996 年预言："总有一天，我们将从太空打击地面目标，包括船只、飞机及地面设施……我们将从太空打到地面，从地面打到太空……所以美国要发展定向能工程和直接碰撞杀伤机制。"世界上其他地区都一致反对美国扩大军事领域的计划。

2000 年，联合国以 163 票赞成 0 票反对，通过了一项决议，防止太空军备竞赛，密克罗尼西亚、以色列和美国弃权。美国无视世界舆论，2001 年 1 月，拉姆斯菲尔德领导的委员会发出警告，如果美国不控制太空，那么美国将会面临"太空中的珍珠港战役"，他建议军方"确保总统在太空部署武器的权力"。那一年，美国空军战略部的彼得·蒂斯在一个太空作战研讨会上表示："我们还没有想好，如何从太空进行轰炸和扫射，但是，我们正在探究这种可能性。"

2006 年，联合国成员国以 166 比 1 的投票结果，赞成防止太空军备竞赛的决议，只有美国反对。在联合国裁军会议上，美国不断阻挠俄罗斯和中国禁止将外太空军事化的努力。美国空军正在研发很多稀奇古怪的程序，其中一项叫"上帝的鱼竿"，主要是把 20 ~ 30 英尺长、直径为 1 ~ 2 英尺的固体钨缸部署到太空，然后通过卫星以飞快的速度发射，能轻易摧毁地球上的任何目标。

在北约扩张、美国的核及太空军事化政策以及美国对伊拉克和阿富汗战争等问题上，美俄都存在严重分歧，双方关系急剧恶化。戈尔巴乔夫一直希望的俄美友谊、创造美好世界的愿景很快被扔进历史的垃圾堆里。1961 年艾森豪威尔提出要提防出现高度军事化的国家，而布什政府恰好在鬼使神差般地创造这样的国家。布什政府时期，美国的军事开支翻了一番，达到了 7 000 亿美元。五角大楼逐渐超越了国务院在制定外交政策方面的作用，而这一过程肇始于肯尼迪政府时期。

它也挤压了中情局的情报收集能力，越来越多地介入海外秘密行动。在准备入侵伊拉克时，布什政府基本将中情局边缘化了。2004 年 6 月，布什任命国会议员波特·戈斯取代乔治·特纳特担任中情局局长，标志着美国几十年来破坏国家情报机构情报搜集能力的缓慢过程终于完成了。早在45 年前，戈斯刚从耶鲁大学毕业时就曾供职于中情局。但他很快成为一个激烈的评论家，根据霍华德·哈特所说，他曾谴责中情局特工"是一群功能失调的混蛋"和"白痴"。担任局长后，他开始了该机构历史上最大的一次清洗运动。蒂姆·韦纳熟谙中情局历史，他指出："新局长的身边安插了许多跟他一起从国会山过来的政治仆从。他们认为自己肩负着白宫的使命，要帮助中情局铲除左翼颠覆分子。"当年晚些时候，布什任命约翰·内格罗蓬特担任新设立的国家情报总监（DNI）一职,中情局的权力再度缩水。

2006 年末,当中情局前局长成为国防部长时,大部分将军成为中情局的主管,国防情报处的次长和副次长、国务院反恐行动小组组长、中情局秘密行动小组组长则长期由平民担任。退休的海军上将迈克·麦康内尔很快取代了内格罗蓬特担任国家情报总监。

五角大楼拥有或租赁了联邦大楼 75% 以上的办公室。它操纵着一个庞大的办事机构网,超过 700 个驻点,有人甚至认为它在 130 个国家拥有 1 000 多个分支,覆盖了南极洲以外的各大洲,此外美国本土还有 6 000 个。2008 年国防部年度财政报告分支机构介绍中指出:"美国国防部（DOD）是世界上最大的'地主',在 5 400 多个地方拥有超过 545 700 个实体设施(建筑、架构和线性结构),占地面积大约 3 000 万英亩。"它所拥有的 13 支海军特遣队在世界各地的海洋上巡逻。美国企业研究所呼吁,将这种庞大的海外机构变成系统的"前沿阵地",培养"全球骑兵",就像"旧时代西方的骑兵一样……他们既是战士又是警察"。

道格拉斯·菲斯列出了新的军事部署态势:"我们正在进行自 1953 年以来,海外美军最彻底的重组。"他对众议院军事委员会说道:"我们希望……部队有更大的灵活性,他们能拥有迅速前往所需地区作战的能力。"菲斯遗憾地表示,"9·11"事件证明了当前军事态势已经过时,他说:"我们目前的军事态势,仍然是基于冷战的现实考虑,反映了冷战思维,以防守和就近打击为原则。但现在,我们应该要求部队能进行远距离支援。"他解释道:"过去 15 年的经验告诉我们,我们经常需要在意想不到的地方进行军事行动……我们的目标是让部队机动部署,这样他们就能在必要时迅速到达危机地区。"这就要求美国重新考虑当前的军事基地安排。例如:"我们应该在欧洲部署更轻便、更灵活的地面部队,还有领先的空军和海军力量、先进的训练设施,加强特种作战部队,这样就能快速到达中东和其他热点地区。"

詹姆斯·斯特恩戈德在《旧金山纪事报》上这样写道:"引用一些专家的话说,布什政府建立了现代历史上最为军事化的外交政策机器,这一外交政策不仅包括诉诸武力或威胁使用武力,还在乌兹别克斯坦、巴基斯坦、卡塔尔和吉布提这个弧形链上部署了新设施,五角大楼称之为'防护垫'。这不仅仅是为了保卫东道国，还是未来'预防性战争'和军事行动的主要据点。"

美国不仅是世界警察，也是世界的武器供应商，它往往为冲突地区煽风点火，并最终以"人道主义"立场介入此事。2008年，其武器出售价值高达378亿美元，占世界售武总量的68%以上；意大利以37亿美元位居第二。近300亿美元的武器流入了发展中国家，这些发展中国家有79%以上的武器都是从美国购买。

只有布热津斯基能准确评估布什发起的反恐战争对美国民主会带来多大的伤害。布热津斯基能感同身受，因为他在挑起冷战中也扮演了类似的角色，他总是以苏联威胁为借口。

2007年3月，他写道，所谓的"反恐战争"是故意创造"恐惧心理"，这对美国民主、美国精神以及美国的国际地位都有"致命的负面影响"。其伤害比"9·11"事件本身要大得多。他担心政府利用公众的恐惧心理作为伊朗战争的理由，他将美国"5年来大张旗鼓地用反恐为整个国家洗脑"的行为，与其他恐怖主义受害者，包括英国、西班牙、意大利、德国以及日本等国的"温和反应"作了对比。他嘲笑布什"发动伊拉克战争的理由"站不住脚，他还嘲笑布什要继续"在美国打击恐怖主义，并且在大西洋地区打击'基地'组织"的荒谬言论。布什散布恐怖的做法得到了"企业家、反恐专家的支持，因为他们的任务就是说服公众，他们面临着新的威胁"。于是人们整天担心会出现更加恐怖的暴力行为。就这样，美国"缺乏安全感，变得更加偏执"。这一点，看看国会列出的美国国内潜在恐怖分子那份越来越长的名单就知道了。布热津斯基还谴责近乎疯狂的"安检"、大街小巷竖着"电子广告牌敦促司机'报告可疑行为'"，还有电视节目总是出现"大胡子的恐怖分子和恶棍"，这一切都加强了恐怖疑云……愈发困扰着所有美国人的生活。他遗憾地表示，电视和电影对阿拉伯人抱有偏见，"这种方式让人想起纳粹时期可悲的反犹太主义运动"，使得阿拉伯裔美国人频频被骚扰和虐待。

他指出，布什政府对民权的践踏骇人听闻，这严重影响了美国公民的正常生活；布什大张旗鼓地开展反恐战争，使得美国的国际形象严重受损。他写道："对于中东民众而言，美军粗暴对待伊拉克平民的做法与以色列人对巴勒斯坦人的做法并无二样，于是广大中东民众对美国充满了敌意。"
他列举了"最近 BBC 对 27 个国家 2.8 万人开展的一项调查"，结果受访者
认为，以色列、伊朗和美国这 3 个国家对世界产生了最恶劣的影响。他若
有所思地感叹："唉，对有些人来说，这些国家就是新一代邪恶轴心国。"
布热津斯基在最后问道："美国领导人什么时候才会说'疯够了，停止这
种偏执吧'？"他呼吁："即使未来不可避免地要面对恐怖袭击，我们也要
理性对待。让我们忠于美国传统。"布热津斯基多次强调，恐怖主义是一
种战术，而不是一种意识形态，对战术开战根本毫无意义。

　　与此同时，在自由市场资本主义意识形态的面纱下，美国富人们继续
掠夺国家财富。布什和切尼竭尽所能予以配合，他们清楚地知道会有什么
后果。在 2000 年总统大选前不久，布什对支持他的富人朋友开玩笑："多
么令人钦佩的一群人——富人和富豪。人们通常称你们为精英，在我看来，
你们是我坚强的后盾。"

　　布什上任后不久就签署了一项法案，为美国富人减税。2002 年和
2003 年，他又先后通过两项减税政策。与此同时，联邦政府的支出却大幅
上升，他第一个任期内，就增加了 17%。而在克林顿连任期内，联邦支出
以定值美元增长了 11%。到 2004 年，布什把他从克林顿时期继承的 1 280
亿美元顺差，转变成了 4 130 亿美元的逆差。《纽约时报》指出，对于华
尔街而言，布什时期是新的镀金时代。《纽约时报》透露，银行家们用穷
奢极欲的盛宴来庆祝他们获得的暴利。美国政府问责局（GAO）的报告显
示，1998 ~ 2005 年，2/3 的美国公司都没有缴纳所得税，其中至少有 1/4
的公司资产超过 2.5 亿美元。这些年，国家收入差距急速扩大。2005 年，
10% 的人控制着 44.3% 的财富，收入差距甚至超过了大萧条时期。1929 年，
当时 10% 的人掌握着 43.8% 的财富，而 1975 年这个数值才 32.6%。2005
年，全国最富有的 300 万人所拥有的财富，甚至比 1.66 亿平民百姓，也
就是美国一半以上的人口拥有的财富总和还要多。美国亿万富翁的人数从
1985 年的 13 人，在 2008 年猛涨到 450 人。仅 2005 年一年，就有 22.7 万
人成了百万富翁。但是普通工人的工资涨幅才勉强跟上通货膨胀率，其中
3 600 万人生活在贫困线以下。几乎所有的财富新贵都立即成了前 10% 的
那群人，有的甚至到达了社会财富分配的金字塔尖。2006 年，25 名美国

顶尖的对冲基金经理，平均每人赚 5.7 亿美元。2007 年，他们的人均收入飙升至 9 亿美元。

据国际劳工组织报告，2003 ～ 2007 年，企业高管的薪酬增长了 45%，一般主管的薪酬平均涨幅为 15%，而普通员工薪酬涨幅仅为 3%。2003 年，美国前 15 强公司高管的收入是普通工人的 300 倍。2007 年，差距又增加到 500 倍。

布什削减最高收入者的赋税，包括收入税和资本收益税，大部分来自股票利润和股利，税率从 39.6% 下降到 15%。最富有的美国人承担的 36% 的边际税率是美国 80 多年来最低值，与艾森豪威尔时期的 91% 相差悬殊。但是，基本上没有对冲基金或私人股本经理按规定缴纳这 36% 的税率。他们将自己的收益当成资本收益，只支付 17% 左右的税。形势十分糟糕，甚至连比尔·盖茨和沃伦·巴菲特这样的亿万富翁也公开谴责"收入差距"巨大。巴菲特是世界第三富豪，他指出，国家只向他征收 17.7% 的所得税，可他的秘书却要缴纳 30% 的所得税。只有 2% 的富人要交的房地产税也被削减了。

然而，1997~2007 年，每小时 5.15 美元的最低工资水平却没有改变。2007 年，在财富天平的另一端，美国约有 200 万家庭资产在 1 000 万 ～ 1 亿美元，数以千计的家庭所拥有的资产额甚至更高。

赵小兰是 100 多年来，最不维护劳工利益的劳工部长。她瓦解了"职业安全与健康管理"以及"矿山安全与健康管理"两大组织。工会直接受劳工部下属机构的审查，而雇主可以践踏规则而免受惩罚。结果，工会成员人数暴跌至历史最低，布什任期结束时，劳动者的代表只有区区 12%，大多数都是政府工作人员。

全球收入不平等更是达到了极致水平。2006 年 12 月，美国、加拿大、英国和芬兰的经济学家发布了一份报告发现，全球最富有的 1% 的人口掌握了全球财富的 40%，收入最高的 10% 的人口掌握了 85% 的财富，而最穷的 50% 的人口只占有 1% 的财富。2000 年，日本人均财富为 180 837 美元，美国为 143 727 美元，而印度为 1 100 美元，刚果民主共和国才 180 美元。到 2008 年，世界上最富有的 1 100 人其净资产大约为最贫困的 25 亿人口总财富的两倍。另有分析师估计，全球最富有的 300 人的财富总量比最穷的 30 亿人拥有的财富还要多。跟大多数美国人所持的看法不同，实际上，美国基本没有通过对外援助来改善这种情况。经济合作与发展组织(OECD)统计数据表明，2008 年美国的发展援助总额不超过国内生产总值的 0.2%，是全球 22 个发达工业国中最低额，全球发达国家平均发展援助额占其国内生产总值的 0.47%。瑞典第一，占比是美国的 5 倍多，挪威、丹麦、卢森堡和荷兰紧随其后，连爱尔兰的占比都是美国的 3 倍多。

在布什的任期内，政府官员和他们的华尔街盟友，以及像美国企业研究所这样的保守团体等，都对不受监管的金融市场赞不绝口，因为他们相信这会带来大量利润和私人财富。他们对财务舞弊、毫无节制的投机视而不见，国家债务从克林顿任期结束时的 5.7 万亿飙升至布什离任时的 10 万多亿美元。

2007 年 12 月，美国经济开始衰退，形势急剧恶化。收入和财富下降，贫困人口急剧增加。哈佛大学经济学家劳伦斯·卡茨言简意赅地总结了当时的形势："对于普通的美国家庭来说，21 世纪的头 10 年是一场灾难。"早在 2008 年金融危机来临之前，布什已经创下了"二战"以来最低的就业率和收入增长幅度。

到 2009 年底，超过 4 000 万的美国人陷入贫困。1988 年，盖洛普民调显示，26% 的受访者认为美国贫富差距很大，59% 的受访者认为自己是富人，只有 17% 认为自己是穷人。2007 年夏天，当皮尤调查再次问同样的问题时，有 48% 的受访者认为美国贫富差距巨大，45% 的人认为自己是富人，34% 的人认为自己是穷人。

美国已经成为富豪统治的天下，几乎 1/4 的收入掌握在 1% 的人手中，而这 1% 的富人中的 1/10 大富豪掌握的财富比最贫穷的 1.2 亿美国人拥有的财富总量还要多。前劳工部长罗伯特·赖克指出了新贵们的身份："除了少数像比尔·盖茨那样的企业家，他们大多数人都是大企业的高管、华尔街的对冲基金经理和私人股本经理。"

2008 年 11 月，大多数美国人都清楚地认识到，布什—切尼时代的外交和国内政策是彻头彻尾的灾难。哥伦比亚广播公司(CBS)和《纽约时报》联合发起的一项调查显示，布什在任期结束时的支持率为 22%，远远低于"9·11"袭击事件后的 90%；切尼的支持率只有可怜的 13%。

　　美国人渴望改变。他们受够了美国的战争政策，厌倦了失控的国防开支，担心宪法权利一再遭到践踏，对于偏向富人的政策愤怒不已，他们战战兢兢，担心经济全面崩溃。但很少有人意识到，美国军工复合体的受益者有多么强大；也很少有人意识到，一旦这些人的统治遭到挑战，他们会发起多么疯狂的反击。不过，人们很快就能见识到了。

第7章

奥巴马泡沫
接管伤痕累累的帝国

奥巴马接手了布什的烂摊子，像一个一触即发的炸弹。美国百姓将他视为救赎，事实却变本加厉。"基地"组织发动"9·11"事件只花了50万美元，伊拉克和阿富汗两场战争的真实成本却高达4万亿美元，本·拉登实现了让美国破产的目标? 他秉持新冷战思维，把战略核心转向亚洲，夸大中国威胁，到底意欲何为? 实际上美国及其太平洋地区的盟国玩起了一场极其危险的游戏……

THE UNTOLD HISTORY OF THE

UNITED

STATES

33
★★★

奥巴马是美国人民的救星吗

　　"这是一个具有神奇吸引力的帝国，人人都想加入，成为其中的一员。"新保守主义者马克斯·布特在"9·11"事件后欢欣鼓舞地说道。但现在，美国经历了两次漫长的战争灾难，背负着数万亿美元的军费开支，在国外建立了 1 000 多个军事基地，在几大洲对囚犯实施酷刑和虐待，肆无忌惮地践踏国际法和美国宪法，国内经济几近崩溃；美国的无人驾驶机袭击所谓的恐怖分子和平民；国内的收入差距到了前所未有的惊人地步；学生的成绩一落千丈；政府对公民的严格监控史无前例；美国社会的基础设施崩溃；国内左翼和右翼势力的抗议活动此伏彼起；美国在国际社会也已声名狼藉。这样的帝国似乎并没有什么吸引力。

　　2011 年，乔治·W. 布什取消了他原计划要在瑞士进行的演讲，主要是为了避免引发大规模的抗议活动，害怕被指控为战争犯。布什落得如此狼狈不堪的下场，他身边的那些顾问们应该负很大责任。他们留给奥巴马和美国人民一个难以收拾的烂摊子。奥巴马对他的贴身顾问说道："我所接手的美国，摇摇欲坠，就像一个一触即发的炸弹……"

　　奥巴马继承的美国的确是一团乱麻，但是，从某些方面看，奥巴马还令此局面雪上加霜。奥巴马在众人的欢呼声中上台，以其雄辩的口才、卓越的才华、鼓舞人心的个人奋斗史征服了选民，他承诺捍卫公民自由、拒绝单边主义、强烈反对伊拉克战争，这些优秀品质与布什形成了强烈的对比。奥巴马的当选就像一个现实版的美丽传奇，他的父亲是一位祖籍肯尼亚的黑人，母亲是美国堪萨斯州的白人，他先后在印度尼西亚和夏威夷生活过，毕业于哥伦比亚大学，担任过《哈佛法学评论》的社长，他的当选就像是这个臭名昭著的国家对自己所犯下罪行的一种救赎。就像本书之前讨论过的，此时的美国已犯下了多宗罪，包括种族主义、帝国主义、军国主义、核武器主义、破坏环境，还有肆无忌惮的贪婪。美国的错误政策带来了巨大的痛苦。

对许多人来说，奥巴马当选是一种救赎。它展示了美国的另一面，代表着理想、平等、共和、人文、宪政、环保，也代表着拥抱自由和民主。进步人士希望奥巴马能够继承富兰克林·罗斯福总统、亨利·华莱士以及古巴导弹危机后约翰·肯尼迪等人书写下的美国传统。

然而，奥巴马并没有推翻布什及其前任们的错误政策，而是进一步添砖加瓦。奥巴马没有削弱华尔街和大型公司在美国社会的影响力，而是放任自由，使其继续大部分的掠夺行为。奥巴马没有恢复"9·11"之后被布什剥夺的公民自由，也没有限制布什时期无限扩大的行政权力，相反，他加强了对国内安全和审查的监管，扼杀了公民表达异见的权利和自由。

在 1939 年那部著名电影《华府风云》中，导演富兰克林·夏弗纳在片头花了整整 11 分钟讲述华府中隐匿的权力、阴谋和一系列错综复杂的邪恶关系，这就是天真的理想主义者杰斐逊·史密斯在改变华盛顿的过程中将会遇到的挑战。

奥巴马也将面临类似情形，盘根错节的权力网络和利益集团。但奥巴马显然比史密斯要精明得多，处世也更加张弛有度。他深知自己周围的政策顾问都是元老级人物，得罪不起，就自动打消了大胆革新、改变根深蒂固传统的念头，而这显然违背了他竞选时许下的承诺。奥巴马背弃了此前的承诺，成为大选中第一个拒绝公共竞选资金的总统候选人，转而向华尔街的高盛、花旗集团、摩根大通和摩根士丹利等大财团拉赞助。通用电气和其他国防承包商也在奥巴马赞助者的名单上。美国制药行业大亨多年来支持共和党，这一次他们改弦易辙，给奥巴马提供的赞助是给麦凯恩的 3 倍多。奥巴马的基层支持者很大程度上忽略了这些令人不安的事实。进步人士一厢情愿地将自己的希望和期望寄予奥巴马身上，保守派则对此深感恐惧。他们都错了。他是个中间派，推行的是安全务实的政策举措。他一贯支持中产阶级。至于工人阶级和贫穷的黑人、拉美裔、亚裔、美国原住民以及白人在奥巴马眼中并不重要，这一点从他与希拉里·克林顿和约翰·麦凯恩的辩论中就可见一斑了。他没有抓紧机会，解释制造业的下滑以及大企业其他结构性功能失调，是穷人特别是非洲裔美国人贫困的主要原因，相反，他转而指责贫穷的黑人自己"不负责任"。他忽而站在左翼势力一边，高调反对伊拉克战争，以此夹攻希拉里，因为她当初投了支持票；又忽而攻击布什的阿富汗政策，这一点布什的支持者们往往习惯性地忽视。奥巴马在参议院投票支持《外国情报监视法案》，法案规定电信公司支持布什的窃听活动，拥有司法豁免权，这也就表明了，奥巴马可能不愿轻易放弃布什和切尼处心积虑窃取的大量行政权力。

2008年2月，奥巴马在卡洛琳·肯尼迪(左二)和泰德·肯尼迪(左三)等资深民主党人的拥护下，在康涅狄格州首府哈特福特向支持者们做演讲。这位年轻的候选人在竞选游说中进行了一番慷慨激昂的讲话，激发了民众崇高的厚望。进步人士希望奥巴马能继承富兰克林·罗斯福总统、亨利·华莱士以及古巴导弹危机后约翰·肯尼迪等人书写下的美国传统。但是，对这些人来说，奥巴马执政的头3年怕是要让他们大失所望了。

　　奥巴马上任，最大的赢家是华尔街。银行家们用各种创新的投机方式破坏经济，包括信用违约、用债务抵押债务等，现在摇尾乞怜地向政府求助。奥巴马的经济顾问几乎都是比尔·克林顿时期的财政部长罗伯特·鲁宾的门徒，毫无疑问，他们非常乐意伸出援手，一个 7 000 亿美元的金融救助计划出炉了。鲁宾自 2005 年起就开始系统培养奥巴马，他在财政部任职之前，曾是高盛投资公司的联合主席，于是他任财政部长时颁布了两项政策，促成了美国现在面临的金融危机，可笑的是，现在正好轮到他的门徒来收拾残局。那两项政策就是：放松对衍生品市场的管制；1999 年，废除《格拉斯·斯蒂格尔法案》，该法案将投行业务与商业银行业务分离开来。他因为在财政部时帮助华尔街干了不少肮脏的勾当，于是离职后接到花旗集团的高薪聘请，在花旗的 8 年里他获得了 1.26 亿美元的收入。2008年 11 月下旬，《纽约时报》报道："随着奥巴马经济顾问团队的发展，虚拟的鲁宾阵营也就成形了。"鲁宾的财政部办公厅主任、花旗集团高管迈克尔·弗罗曼促成了这支团队。奥巴马经济班底中两个最高职位都由鲁宾的门徒担任：纽约美联储主席蒂莫西·盖特纳被任命为财政部长，白宫高级经济顾问则由劳伦斯·萨默斯担任。鲁宾任财长时，盖特纳在他手下任职，《格拉斯·斯蒂格尔法案》是在萨默斯任财长时被正式废除的。萨默斯就像鲁宾一样，主张经济放任政策，卸任后也投入华尔街的怀抱，2008年他进入肖氏对冲基金公司工作，每周工作 1 天，年薪 520 万美元，另外还在华尔街各大公司做演讲而得到 270 万美元的出场费。高盛请他做一次演讲，支付的费用为 13.5 万美元，调查记者格伦·格林沃尔德称之为"高明的贿赂"。但是，相比于盖特纳—萨默斯管理经济时期华尔街从中攫取的利润，高盛等银行业巨头出这么点钱，已经算占了大便宜了。奥巴马提拔鲁宾的门生彼得·欧尔萨格为预算主任。《纽约时报》报道："盖特纳、萨默斯和欧尔萨格都信奉一种经济理念，就是鲁宾经济学：平衡预算、自由贸易和金融自由化。"经济决策团队的各个梯次都有鲁宾的盟友。只有少数例外者：经济顾问委员会主席克里斯汀·罗默以及拜登的首席经济政策顾问杰瑞德·伯恩斯坦。在他们短暂的任期内，他们曾试图反对鲁宾派的一些新自由主义经济主张，但都没有成功。

　　前民主党策略家大卫·西罗塔恰如其分地指出，鲁宾派将打造奥巴马的经济策略:"鲍勃·鲁宾以及这些家伙,他们都是富有的典型自由主义者。他们都从经济投机中攫取了巨额财富,但他们口口声声称自己是善良的民主党人,因为他们愿意给穷人一些小恩小惠。这就是民主党的模式:让富人大块大块吃肉,穷人则只喝一点点汤。"

2008 年 11 月 23 日,布什政府宣布了一项对花旗集团的价值 3 060 亿美元的救助计划,以帮助它度过危机。最近,花旗集团根据《不良资产救助计划》,获得了 250 亿美元救助金,这项计划旨在为金融行业提供大规模救助。《纽约时报》明确指出,盖特纳在谈判中起到了"关键作用",而且布什的财政部长亨利·保尔森与奥巴马的过渡团队进行了非常密切的合作。这项计划为华尔街注入了生机,道琼斯指数连续两天出现了 20 年来的最大涨幅,而花旗银行的股票在过去的一年中从 30 美元暴跌至 3.77 美元,又突然在一天内大涨 66%。前劳动部长罗伯特·赖克说道:"如果你曾经不相信华尔街比缅因街地位高,那么你的怀疑都可以收起来了。"之后还有源源不断的证据。2009 年 4 月初,《华盛顿邮报》报道,财政部违反法律,违背了国会要求限制高管薪酬的愿望:"据政府官员透露,奥巴马政府在展开新的救助计划,他们坚信公司免受国会限制就能从中受益。"

得克萨斯大学经济学家詹姆斯·加尔布雷斯抨击奥巴马被银行家牵着鼻子走,他认为要解决危机,其实还有其他办法:

……没有人能为奥巴马团队上任后的行为开脱。法律、政策和政治都指向一个方向:把陷入系统性危机的银行交给希拉·贝尔掌舵的联邦存款保险公司。保证储户、更换管理、解雇游说者、审计查账、起诉欺诈、重组并精简机构。金融系统应该被清理。大银行家们应该受到政治力量的打击。

奥巴马团队根本没这么做。相反,他们宣布"压力测试"(2009年 2 月 10 日,美国财政部长盖特纳提出对全美最大的 19 家银行进行压力测试,旨在判定银行"缺血"程度,其最终目标是让这些金融机构在未来两年继续持有充足资本,同时仍能提供消费信贷。——译者注),有意掩盖银行的真实情况。他们迫使联邦会计准则委员会给银行开绿灯,无视有毒资产的市场价值。管理团队还是原班人马,没有人受到起诉。美联储将资金成本降低为零。总统多次为这种做法辩护，声称这一政策的目标是"使信贷重新流动起来"。

银行举行庆功宴，声称利润飙升，红利也提高了。得到免费的资金援助，银行可以毫无风险地赚钱，他们还可以回馈美国财政部。他们可以繁荣股市，他们可以通过自营交易攫取巨额利润，他们在次贷危机中的损失被巧妙地掩盖了……

美联储前主席保罗·沃尔克建议奥巴马采取强硬措施。他说："现在，趁他们羽翼未丰，你还有机会掌控华尔街这帮家伙，他们多年来横行霸道，习惯了当高高在上的债主。"但是奥巴马没有与华尔街对抗，而是拜倒在其石榴裙下。2009 年 3 月，奥巴马当着美国 13 家大银行 CEO 的面宣布："我想帮忙。我不是要将你们赶尽杀绝，我要保护你们。我能帮助你们摆脱公众的谴责、国会的愤怒，但你们也要有所感恩。"银行家们纷纷施以口惠，主动表示愿意自我约束，创造良好业绩。因此，与欧洲限制银行薪酬的做法不同，奥巴马政府甚至没有限制那些接受政府救助的公司的薪酬。阴暗的利润随之而来。《华尔街日报》报道，华尔街银行、投资银行、对冲基金、理财公司和证券交易所的总薪酬福利，在 2009 年时达到 1 280 亿美元，创下历史纪录，2010 年时达到 1 350 亿美元。最大的受益者是前 25 强对冲基金公司的经理，他们的平均收入从 2006 年的 5.7 亿美元飙升至 2009 年的 10 亿美元。2010 年，纽约一位名叫约翰·保尔森的对冲基金经理敛财 49 亿美元。

记者罗恩·萨斯坎德事后报道，幕后其实发生了一场复杂的内部谈判，奥巴马同意罗默和其他人的看法，认为有必要进行一场自花旗集团开始的银行彻底重组。但是盖特纳和白宫幕僚长拉姆·伊曼纽尔从中作梗。萨斯坎德指出，奥巴马曾要求盖特纳拟定改革计划，但是盖特纳拒绝了，并最终说服总统采取亲华尔街政策。伊曼纽尔在 1999 年离开白宫后，在华尔街的投资银行佩雷拉集团工作了两年半，获得 1 800 多万美元的收入。他坚决支持盖特纳的建议。奥巴马很快便缴械投降了。

始于 2008 年的金融危机根本没能让中产阶级和工人阶级幸免于难。2010 年，标普指数 500 强公司 CEO 的平均总薪酬上涨了 23%，达到 1 140

万美元。2010 年，CEO 的薪酬相当于中等工薪阶层的 343 倍，自 1980 年以来两者的差距增长逾 8 倍，当年的差距是 42 倍。相比之下，其他工业国家的 CEO 报酬要少得多。英国和加拿大的 CEO 们的工资是该国工人的22 倍，在日本为 11 倍。探索通信公司的首席执行官大卫·扎拉夫也是其中的幸运儿。他的薪水从 2008 年的 790 万美元攀升至 2009 年的 1 170 万，到 2010 年时达到 4 260 万美元。

其他劳动者只能指望自救了。奥巴马的经济刺激计划大约只有克里斯汀·罗默所倡导的 1.2 万亿美元的一半。他的建议被萨默斯阻止了。奥巴马早期的经济复苏计划不但无法促进就业，而且受益者只有美国富人。东北大学的经济学家安德鲁·萨姆及其研究小组调查发现，从 2009 年第二季度到 2011 年第一季度，国民收入增长了 5 050 亿美元。税前公司利润增长了 4 650 亿美元。然而，工资和薪金却下降了 220 亿美元。这个问题值得深思。他们发现，在经济触底 9 个月后，到了 2009 年第二季度，在增加的利润和工资中，公司利润占 85%。而 1981 ～ 1982 年经济衰退的恢复期内，公司利润只涨了 10%。2010 年，93% 的收入增长被最富有的 1% 的家庭所有，其他 99% 的人分享不到 7% 的增长成果。金字塔尖的 0.01%，也就是约 1.5 万个家族，效益更好，又增加了 37% 的新收益。与此同时，社会福利继续下挫。2010 年调查发现，在过去的一年中，员工健康保险费增加了 13.7%，但雇主的贡献率却下降了 0.9%。

克里斯·赫奇斯所谓"企业掠夺美国"的现象已经持续了好几十年。据美国劳工统计局统计，尽管高管薪酬飞涨，但普通工人的平均工资却从1970 年以来降幅超过 10%。据国会预算办公室估计，1979 ～ 2005 年，处于社会财富分配塔尖的那 10% 富人，其收入上涨了 480%。

到 2007 年，最富有的 1% 人口，获得了 25% 的国家收入，几乎占有全国财富的 40%。2007 年工会只代表 7% 的私人劳动者，他们的实际工资，如果考虑到通货膨胀因素，实际上还低于 30 年前的水平。2007 年，塔基80% 的人只拥有 15% 的财富。经济政策研究所的报告称，到 2011 年，1%的富人掌握的财富比 90% 的穷人拥有的财富总额要多。很多家庭通过让女性参与劳动，基本保持了 20 世纪 70 年代的生活水平。1966 年，刚生完孩子参加工作的年轻女性比例为 24%，到 20 世纪 90 年代后期，增加到

60%。也有些人通过增加工作时间来增加收入，从而减轻经济负担。另外，有些家庭通过无节制的借款维持生活。

在 2011 年 10 月贝塔斯曼基金会发布的《经合组织成员国社会正义指数比较》报告中，美国排名大幅下降，在 31 个成员国中排名第 27，仅领先于希腊、智利、墨西哥和土耳其。该报告考察了许多测量指标，包括贫困预防、儿童和老人的贫困率、收入不均、学前教育支出、医疗和其他关键指标。在总体贫困率上，美国排名第 29；在儿童贫困率和收入不均方面，排名第 28。哥伦比亚大学国家贫困儿童中心指出，42% 的儿童生活在低收入家庭，其中一半在贫困线以下。2011 年 12 月，美联社报道，接近一半的美国人都处于贫困中或者属于低收入者。2010 年，人口调查局的报告表明，4 620 万美国人处于贫困线以下，这是自 52 年前发布该数据以来的最高值。

在曼哈顿附近，一块豪华住宅楼的广告牌下，躺着一个无家可归的人。据美国人口普查局统计，2010 年，美国有 4 620 万人处于贫困线以下，创下历史纪录；多项指标显示，美国的收入差距不断扩大。

越来越多美国人陷入贫困，而能摆脱贫困的人却越来越少。一直以来流传着这样一个神话：美国社会具有阶级流动性，人们很容易进入上流社会，但社会阶层流动性研究的结果打破了这一神话。事实上，美国的社会保障处处都是漏洞，办学失败、加入工会的工人比例极低，比其他先进工业国的社会阶级流动性低很多。

这些差距激怒了美国人，他们要负担卫生保健、抵押贷款，还要维持家庭生计，而国会很不情愿地采取行动，于 2010 年通过了《多德—弗兰克华尔街改革和消费者保护法》。该法案要求上市公司高管向股东上报公司盈利情况。全国金融公司首席执行官安吉罗·莫奇洛反对这种遏制企业利润的做法。他在过去 5 年中利用自由放任的金融体制攫取了 4.7 亿美元现金，包括股票销售所得，最后他的贪婪和非法交易导致了住房市场的崩溃。莫奇洛谴责"左翼媒体和眼红的工会领导人"向公司董事会施压的做法，指责他们压制了公共部门的"创业精神"。

尽管《多德—弗兰克华尔街改革和消费者保护法》朝正确的方向迈出了第一步，但是并没能纠正导致经济崩溃的深层次问题，未能解决鼓励冒险行为的激励机制，也未能控制银行迅猛发展的势头，因为它们"太大了，无法倒闭"。联邦存款保险公司前主席威廉·艾萨克在《福布斯》杂志中坦承，该法案"无法阻止眼下的金融危机，也无法阻止下一次"。艾萨克写道："事实上，这个法案根本无法改变功能失调的监管系统，而这个病态的监管制度在过去 40 年中已经引发了 3 次严重的银行危机。"

《华盛顿邮报》金融作家斯蒂文·帕尔斯泰因惊呆了，奥巴马居然"没有回应民怨，也没有将公众愤怒有意识地导向"华尔街以及盖特纳那种"让他们吃饱"的放任自由态度。在帕尔斯泰因看来，这个"历史性时刻"终于在 2009 年 11 月到来了，盖特纳"同意对金融交易收税，以筹集资金稳定经济，并抑制大容量的短期投资"。帕尔斯泰因写道，如果奥巴马真的在乎百姓疾苦，而不是那些经济掠夺者的话，他可以让司法部对华尔街大佬启动反垄断调查；也可以向国会施压堵住税收漏洞，让对冲基金和私募股权基金经理缴纳高昂的税率；他还可以与 20 国集团一起把"交易税提上议程"。

帕尔斯泰因问道："奥巴马到底站在哪一边？"随着 2012 年大选临近，这个问题变得尤为重要。人们对经济形势怒不可遏，占领华尔街运动爆发，抗议者在全国各地的城镇聚集，这是自 20 世纪 30 年代以来从未有过的基层起义。奥巴马如履薄冰，他四处奔走，充当和事佬，希望劝和抗议者和华尔街大亨，但是抗议者唾骂他与华尔街大佬是同一个鼻孔出气。2011 年 6 月，据《纽约时报》报道，奥巴马已经得罪了华尔街富豪，因为他称呼他们为"特权阶级"，指责他们攫取高额利润，还大胆提议要限制他们的贪婪。但是现在，奥巴马和他的高级助手又开始向华尔街求助，希望他们支持他的连任竞选，他也试图抚慰银行家受伤的感情。富兰克林·罗斯福曾把忘恩负义的资本家比作"溺水老人得救后斥责救援者为什么不帮他找回帽子"；于是奥巴马来到他们面前，手里拿着帽子，乞求宽恕。罗斯福通过由政府创造大规模就业，实施全面金融监管和改革，与华尔街金融家势不两立，但奥巴马不同，他不但纵容华尔街的特权阶级，大肆剥削工人群众，还因为伤害了他们的感情而主动道歉。

奥巴马也欠其他企业捐助者一份人情。获得诺贝尔奖的经济学家约瑟夫·斯蒂格利茨指出："国会通过立法，禁止政府这一最大的药品买家与制药公司讨价还价——制药公司获得这样一份万亿美元的豪礼绝非偶然。但是他们还不能高兴得太早，除非国会再次通过法律，为富人大幅减税。鉴于美国前 1% 首富所具有的影响力，你应该不难预料到，这一切都是那么顺理成章地发生了。"斯蒂格利茨引用了银行家查尔斯·基廷的回答，基廷曾在 20 世纪 80 年代的次贷危机中几近破产。当国会委员会代表问他向当选官员捐献的 150 万美元能否买到影响力时，他回答："我当然希望如此。"2010 年最高法院对公民联合团体作出裁决，取消了对企业活动支出的限制，从而确保了企业和银行利益集团对美国政府的影响力蓬勃发展。

在推进医疗改革问题上，奥巴马也没有太大作为。他一早就打定主意，避免与医疗保险和医药公司闹僵，因为他们不仅在他竞选过程中立下汗马功劳，而且还在挫败希拉里医改方案中发挥了重大作用。为了赢得他们的支持，他只好屈从其要求，排除了民主党一些核心倡议的立法，如药物再进口和批发价格谈判。他还放弃了单一支付者全民保健制度的讨论，但是他承认大多数发达国家的实践证明，单一支付者制度是建立廉价全民保健制度的最佳选择。他没有率先引领这场改革，而是把球踢到国会，让国会提出细节方案。他还进一步取消了公共选择以及扩大医保覆盖率，以此安抚医疗保险业，而这两项改革其实是公众全力支持的。

医疗行业自身也下了不少工夫。在商讨立法以大规模减少医药企业利润的过程中，代表 1 500 个医疗团体的 3 300 名游说者竭力施加影响，进行阻挠，人数是支持立法的游说者的 3 倍。重塑美国政策的这种努力可能影响美国经济总量的 17%，游说者的人数是国会成员的 6 倍，他们在 2009

年的上半年就为游说花费了 2.634 亿美元。最终立法结果，扩大了医保的全民覆盖率，但其方式却能让保险公司从中渔利。

白宫谴责国会乔·利伯曼等"中间派"，因为他们被迫接受了多数民主党人唾弃的妥协。大力支持公共选择的参议员拉塞尔·范戈尔德对这个借口并不买账，他表示："这个法案其实是总统一开始就希望通过的立法，所以我觉得把责任推到利伯曼等人的身上，根本就是模糊问题的焦点。"奥巴马医疗改革失败，这成了 2010 年选举中民主党人的软肋。正如罗伯特·库特纳指出的那样："这本来应该是总统与民众共同对抗利益集团的战争，但是越来越多的选民发现，这是总统与利益集团共同对抗民众的战争。"民主党为这种背叛付出了代价。

预算之争也上演着同样的戏码。奥巴马继续争取两党合作，但是反对派不但要打败他，还在质疑政府解决所有社会问题的能力。《华盛顿邮报》的专栏作家哈罗德·梅尔森在 2011 年 4 月撰文表示："不管怎么说，众议院共和党人公布的预算计划……标志着共和党人 21 世纪的第一项计划，那就是：抛弃 20 世纪的老路。"

然而，奥巴马与共和党人最终达成的协议，实际上比共和党人一开始主张的更加糟糕：不但延续布什时期对美国富人的减税政策，还削减了弱势群体急需的项目开支。10 年前，布什"暂时"制定了减税政策，他很清楚这些政策不会轻易过期。布什的前发言人丹·巴特利特承认："我们知道，在政治上，一旦它成了法律，就不太可能被废除了。这不是什么坏事。说实话，看到我们当初设下的陷阱起到了作用，这个感觉很不错。"但是，以奥巴马为首的民主党政府义无反顾地往陷阱里钻，这对美国公众来说并不好受，绝大多数人反对在国家财政赤字猛增的情况下，继续延长美国富人减税政策。

诺贝尔奖获得者、普林斯顿大学的经济学家保罗·克鲁格曼哀叹，那个敢作敢为的奥巴马已经远去，他质问道："这位平庸无能、胆小如鼠的家伙到底是谁？怎么什么事都干不成？"他这样描述奥巴马与共和党人讨价还价的方式："其实他一开始先跟自己谈判，说服自己首先作出让步，然后再与老大党（即共和党）谈判，进一步妥协。"克鲁格曼批评奥巴马全盘接受新共识的做法，他对新共识作了如下描述："穷人必须接受医疗补助和食品救济券的大幅削减；中产阶级必须接受医疗保险的大幅削减（实际上是整个体系的破坏）；企业和富人必须接受应缴纳税收的大幅削减。好一个全社会同仇敌忾、共同牺牲！"

奥巴马对批评声置若罔闻，继续大踏步偏向右翼。首先，他任命摩根大通前高管威廉·戴利取代伊曼纽尔担任幕僚长。更令人大跌眼镜的是，他任命通用电气公司董事长兼首席执行官杰弗里·伊梅尔特担任总统就业与竞争力委员会主席，使之成为奥巴马的首席编外经济顾问。这一切都明确无误地表明了奥巴马的立场。2010 年，通用电气获得 142 亿美元利润，却没有缴纳联邦税。事实上，通用电气拥有 32 亿美元的税收抵免额。该公司在 2008 年的金融危机期间，还从美联储获得了 161 亿美元救助款。奥巴马选择伊梅尔特作为创造就业的首席顾问之际，通用电气正备受谴责，因为它将就业岗位外包，还降低了新员工的医疗和退休福利。伊梅尔特为满足个人贪欲而不顾社会责任，这位元老级员工的年薪从 2009 年的 989 万美元，到 2010 年时上涨为 2 140 万美元，涨幅超过 100%。为了确保华尔街能清楚地意识到伊梅尔特的这项任命所释放的信号，奥巴马随后向美国的进步团体、美国商会做了安抚性演讲，还命令联邦机构审查监管条例，以废除不必要的条款。

2010 年国会选举如火如荼地进行，共和党与民主党的选战热情有巨大差距。奥巴马的软弱和妥协严重挫伤了民主党的士气，共和党获得压倒性优势，于是他只好超越党派的界线。他很快违背了实施更严格环境标准的承诺，宣布放弃对烟雾和有毒气体的排放标准，继续实行布什政府时期的环保政策。

但是，即便这样的做法也没能安抚华尔街的企业精英。对奥巴马伸出的橄榄枝，他们的回应是投桃报李，在 2012 年的选举中齐刷刷地支持米特·罗姆尼。美国几大银行的高管、对冲基金和私人股本的运营商，这批 2008 年奥巴马的铁杆粉丝，在 2012 年 4 月大规模地资助罗姆尼，他们还向支持罗姆尼的"超级政治行动委员会"投入了大量资金。2008 年，通用电气的员工向奥巴马提供的捐助额是向麦凯恩资助额的 5 倍，但是截止 2012 年夏天，他们以 4 比 1 的比率倒戈支持罗姆尼。伊梅尔特宣布中立。

让奥巴马的支持者们最失望的，还有他拒绝将国家安全状态降级，大肆侵犯美国公民自由。实际上，他在这方面的开局表现良好。上任第一天，奥巴马便废除了 2001 年布什关于限制访问前总统资料的行政命令，推翻了 2001 年阿什克罗夫特备忘录，因为这项备忘录赋予政府机构极大权力，拒绝公众对于信息公开的要求。他承诺，新一届政府会坚持信息透明。他坦承："很长一段时间里，这座城市藏了太多秘密，本届政府不支持大规模地隐瞒信息，而是主张信息公开。拥有保密的合法权利，并不表示你永远要使用这种权利。透明和法治将是本届政府孜孜以求的标准。"

奥巴马坚持透明的承诺并没有持续很长时间。2010 年夏天，美国公民自由联盟发出警告："奥巴马政府继续实践布什政府时期被广泛认为极端和非法的做法，这是真正的危险。换句话说，奥巴马政府将着手建立一种'新型正常秩序'。"这正是奥巴马的所作所为，完全背弃了他当初捍卫宪法、惩戒布什的承诺。例如，他谴责布什反复用国家机密对抗法律的做法。但是上任后，他出尔反尔，多次阻碍起诉布什政府实施酷刑和虐待的做法，而且还积极推进《纽约时报》所指出的"秘密行动"。他比之前的任何总统都更频繁地援引"国家机密特权"，以此规避涉及酷刑、非常规引渡、国家安全局非法窃听等事宜的法律诉讼。他继续纵容中情局的非常规引渡程序，否认阿富汗囚犯的人身保护权，他未经正当程序，批准军事委员会授权中情局在也门杀害了一名怀疑与"基地"组织有染的美国公民。他拒绝对布什政府实施酷刑的做法进行调查和起诉，这种行为本身就违反了国际条约。布什的司法部官员杰克·戈德史密斯很快发现，迪克·切尼指责奥巴马背弃布什时代反恐政策的说法，是个彻底的错误。事实上，戈德史密斯在《新共和国》一书中写道："事实恰好相反，新政府复制了布什时期的大部分政策措施，很多政策都是变本加厉，只有一小部分有所收敛。奥巴马所作的改变，都只停留在包装、论证、象征和语言水平上……"他总结道："奥巴马的策略就是试图让布什最为核心的反恐怖主义政策，从政治上和法律上变得更加切实可行，从而得以持续。"

34
★★★

政治反讽剧：希拉里谴责中国干涉互联网自由

公民自由主义者目瞪口呆，他们多么期待这位前宪法学教授能带给他们一些惊喜。奥巴马在芝加哥大学法学院时的同事、美国宪法学会董事局主席杰弗里·斯通谴责奥巴马的政策与他的竞选承诺存在巨大差距，他遗憾地表示，奥巴马"在步其前任的后尘，真是令人失望"。乔治华盛顿大学的法学教授乔纳森·特里失望地表示："奥巴马当选或许是美国公民自由史上最具毁灭性的事件。"

布什—切尼政府有种病态的隐秘心理，但从很多方面看，奥巴马政府有过之而无不及。奥巴马政府将更多的信息予以保密，而且对《信息自由法案》作出回应的速度比其前任更加缓慢。他起诉政府告密者的案件是史上最多的，6 次援引 1917 年的《间谍法案》，而在他之前的 92 年里总共只有 3 例。

最臭名昭著的是列兵布拉德利·曼宁案，被告是一名在伊拉克的 22 岁陆军情报分析员。曼宁被指控向维基解密泄露机密文件，涉嫌 34 项罪名，包括违反《间谍法案》和"通敌罪"，这足以被判处死刑。泄密的文件中，有美军"谋杀无辜者"的视频，显示美军残暴地打死伊拉克平民和两名路透社记者，这揭露了美国的战争罪。曼宁还涉嫌泄露了伊拉克战争日志，里面详细描述了美军暴行，并且显示平民死亡人数远远超过官方公布的数据。尽管曼宁还没有被正式定罪，但他被裸体监禁数日，并且被单独囚禁 9 个月，遭受了不少酷刑。很多人对曼宁的遭遇感到愤怒，国务院首席发言人 P.J. 克劳利便是其中一位。克劳利对麻省理工学院的学生说，对付曼宁的手段"可笑、愚蠢，而且效果只会适得其反"。3 天后，在政府任职30 年的克劳利递交了辞呈。

2011 年 12 月，在军事监狱监禁了 19 个月的曼宁终于获得了举行听证会的权利，听证会将确定是否有足够证据将其送交军事法庭审判。奥巴马政府决定起诉曼宁披露真相的做法，却让说谎、实施酷刑、入侵主权国家的布什、切尼和他们的同事逍遥法外，不追究其战争罪，这种做法实在是对新一届政府正义感和透明度的极大讽刺。法学教授马约莉·科恩指出："如果曼宁没有揭露他们的战争罪，而是与其同流合污犯下战争罪，那么今天他就是自由的。"

同样令人愤怒的还有奥巴马政府对朱利安·阿桑奇案的反应。阿桑奇通过维基解密发布了 25 万多份外交电报，他声称这是从曼宁手中获得的。阿桑奇犯了一个错误，他第一次公布的时候，没有隐去名字。这引起了强烈反应，因为电报暴露了美国政府在很多关键问题上都满口谎言，包括入侵伊拉克和阿富汗。文件还进一步披露了美国盟友们所干的醴龊勾当，埃及、利比亚、也门和突尼斯等地爆发起义,促成了广为人知的"阿拉伯之春"。事件对国际新闻和舆论也产生了前所未有的影响。世界各地的主流媒体几乎每天都要发布与泄密文件有关的报道。格伦·格林沃尔德一针见血地说道："维基解密发布的有新闻价值的独家新闻比过去一年中其他媒体加起来的还要多。"鉴于此，2011 年 11 月，维基解密荣获由沃克利基金会授予的"新闻界最杰出贡献奖"，相当于澳大利亚的普利策奖。该基金会称赞维基解密"披露了一系列绝密信息,震动了全球出版行业。它所揭露的信息,不管是发动反恐战争的真相，还是外交上的无耻勾当，不管是政府高层的博弈扯皮，还是他们对他国内政的干涉，都产生了无可辩驳的重大影响"。

然而，司法部却想方设法惩罚阿桑奇及其他与维基解密信息发布有关的个人，尽可能援引《间谍法案》。很多此前谴责有些国家限制互联网信息和新闻自由的人，现在成了"抓住阿桑奇"活动的坚定支持者。参议院情报委员会主席丹妮·费恩斯坦要求指控阿桑奇为"间谍"，乔·利伯曼表示同意。纽特·金里奇称他为"敌方战斗人员"。莎拉·佩林提出，要像对待"基地"组织成员一样对他进行围追堵截，因为他是"反美主义者,双手沾满了鲜血"。《纽约时报》五角大楼泄密案前法律顾问詹姆斯·古德尔指出,这么做会玷污美国新闻自由。他警告说:"指控朱利安·阿桑奇'与人合谋进行间谍活动',很可能成为'践踏新闻自由'的先例。"

奥巴马坚持要将告密者和"泄密者"赶尽杀绝。但是,2011 年 6 月他的努力受到了严重打击,检察官撤销了依循《间谍法案》对托马斯·德雷克的重罪指控。这位国家安全局员工曾经勇敢地向《巴尔的摩太阳报》透露,国安局挥霍了 10 多亿美元开发"开拓者"系统,这个监控数字通信的项目存在漏洞。他承认自己未经授权使用政府计算机,但没有被罚款或监禁。德雷克案是在奥巴马时期的司法部受理的第一起反间谍案件。国防部门内部监督机构发布了一份报告,证实了德雷克的证词,使其摆脱罪名。政府发誓要加紧其他反间谍案件的审理,但这些案件几乎都立不住脚。

政府把矛头指向了普利策奖获得者、《纽约时报》记者詹姆斯·里森,他曾揭发 2005 年国安局进行的大规模窃听活动,给所有记者发去这条使他们心寒的消息。政府处心积虑向公众隐瞒的信息如今被披露,而记者们拒绝透露秘密消息的来源。恼羞成怒的切尼迫使司法部调查里森,但无法将其起诉。奥巴马接过了布什手中的接力棒,让布什的梦想照进现实。2010 年 4 月,司法部传唤里森出庭。里森明确表示,他宁可坐牢也不会透露消息来源。2011 年 1 月,美国政府起诉前中情局官员杰弗里·斯特林涉嫌向里森泄露机密,信息涉及该局 2 000 次破坏伊朗核设施的行动。里森在他 2006 年出版的书《战争状态:中央情报局与布什政府秘史》(*State of War: The Secret History of the CIA and the Bush Administration*)中透露了这一信息。坚决捍卫公民自由的格林沃尔德,谴责奥巴马的行为。格林沃尔德指出:"奥巴马政府一直在完成迪克·切尼的邪恶愿望,有的甚至超出了切尼的预期。"

世界各地的政治领导人和新闻记者嘲笑美国民主的虚伪。英国《卫报》、美国《纽约时报》和德国《明镜周刊》首先发声。约翰·诺顿抨击美国关闭维基解密的做法是"一种巧妙的讽刺"。舍马斯·米尔恩写道,美国官方的反应"是一种精神错乱",他讥笑道:"与这片自由国土上口口声声宣扬的信息自由完全不符。"诺顿指出,2009 年希拉里·克林顿谴责中国干涉互联网自由的讲话,堪称"最了不起的反讽剧"。

奥巴马在安全情况问题上也毫无作为。2010年《华盛顿邮报》发表了一系列发人深省的报道，共4个部分，公布了两年来对"另一个美国，即隐藏于公众视野之外、缺乏监管的绝密美国"进行调查后的结果。在全球范围内，共有85.4万人（实际上接近120万人）拥有最高级别安全忠诚调查许可，他们来自分布在美国1万个地方的1271个政府组织和1931个私营公司，他们的工作涉及反恐、国土安全和情报，其中2/3的活动由五角大楼主使。2009年，情报预算达750亿美元，是"9·11"之前的2.5倍多。国安局每天截获并储存多达17亿封电子邮件、电话和其他通讯信息。

《华盛顿邮报》的达纳·普里斯特和威廉·阿尔金在最后一部分报道中指出："美国正在组建巨大的国内情报机构，利用联邦调查局、当地警察、国土安全办公室和军事刑事调查人员，调查美国人的信息。"很多被调查的目标"历史记录清白"，而且也没有什么可疑行为。3984个地方、州和联邦机构进行了监控活动，通常使用与伊拉克和阿富汗等地相类似的方法。联邦调查局还收集了9600万套指纹，存放在其位于西弗吉尼亚州克拉克斯堡的数据库中。

2011年5月，在国会延长《爱国者法案》的辩论中，民主党参议员罗恩·怀登和马克·尤德尔这两位情报委员会成员，对奥巴马政府解读法案条款的方式表示愤慨。怀登警告道："如果美国人发现他们的政府是如何秘密地解读《爱国者法案》的，他们一定会目瞪口呆，并且勃然大怒。"他还指出20世纪70年代的国内间谍活动、伊朗门事件和布什的"无证监视"等都违反了该法案。

美国人并没有投入足够的关注。于是，国会将《爱国者法案》的监督权力延长到2015年。联邦调查局又大幅扩员，增加了1.4万名特工。最高法院扩大了搜索和监督权。总之，开国元勋们一直认为神圣不可侵犯的公民权正遭到严重践踏，包括第四修正案保障的隐私和不受无理搜查和扣押等权利。公民自由主义者对"9·11"以来美国政府所具有的庞大权力深感惊恐。乔纳森·特里历数了以下10项权力：

★ 总统有权命令刺杀美国公民；

★ 无限期拘留；

★ 总统有权决定是否在联邦法院或军事法庭对囚犯进行审判；

★ 未经授权进行监听；

★ 使用拘留和审讯期间获得的秘密证据，政府有权秘密取消受理针对美国的案件；

★ 拒绝起诉战争罪犯；

★ 增加外国情报监视法庭的秘密使用；

★ 参与不正当监视美国公民的企业可获司法豁免；

★ 未经法院授权，监控公民；

★ 不正当引渡其他国家公民，包括酷刑犯。

尽管奥巴马否认使用上述某些权力，但是谁也无法保证未来的白宫主人会搁置不用。特里恰如其分地指出："独裁国家的定义，不仅要看这个国家是否使用独裁权力，还要看它是否有能力使用它们。如果总统可以凭自己的权力，随意剥夺你的自由或生命，那么所有的公民权利无非就是行政意志的延伸。"

35
★★★

外交重点转移到亚洲

如果说奥巴马的国内和安全政策令人大失所望，那么他的外交政策也许更加糟糕。最初，他的外交政策顾问团队主要是克林顿政府时期的班底，包括国家安全顾问安东尼·雷克、助理国务卿苏珊·赖斯、海军部长理查德·但泽、财政部长罗伯特·鲁宾的幕僚长迈克尔·弗罗曼，以及国务院官员格雷戈里·克雷格。另外，吉米·卡特时期的国家安全顾问、疯狂的"反共"分子兹比格涅夫·布热津斯基也发挥了重要作用。

然而，据《华盛顿邮报》报道，竞选时与奥巴马走得最近的是两个新人：哈佛大学肯尼迪政府学院公共政策教授萨曼莎·鲍尔和退休的空军少校斯考特·格雷申将军。格雷申是一位战斗机飞行员，戎马多年，曾在海军陆战队司令詹姆斯·琼斯任欧洲盟军最高指挥官期间，在其麾下担任战略和规划部主任。大部分人都把政府外交政策新思维的希望寄托在鲍尔身上，她因著有《来自地狱的一个问题：美国和灭绝种族的时代》（*A Problem from Hell: America and the Age of Genocide*）一书而声名鹊起。书中，她提倡在发生了种族灭绝事件的情况下进行自由干涉的观点。她因称呼希拉里为"怪兽"而被迫辞职，之后又接受返聘成为国家安全委员会的高级助手，她积极推动了美国在利比亚的干预行动。

奥巴马自身的外交政策经验非常有限，他的观点相对传统，有时甚至比较混乱。他在宾夕法尼亚州竞选时，对一名观众说道："实际上，我在外交政策上倾向于回归传统的两党合作模式，就像乔治·W.布什的父亲、约翰·F.肯尼迪或者说罗纳德·里根时期那样。"要解读奥巴马这句话的真正意图恐怕并不容易，但可以确定的是，他的思想并没有摆脱一个世纪以来帝国征服的老路。他采取中间派的方式以便更好地管理美帝国，而不是急于推进美国在迅速变化的世界中的角色。他打算减少美国对中东事务的介入，让美国更多地参与亚洲事务，因为在这里美国霸权受到了日益复兴、日趋强大的中国的挑战。

负责东亚和太平洋事务的助理国务卿库尔特·坎贝尔指出："我们正在一点点偏离过去 10 年的中东政策，未来我们将主要致力于在亚太地区的发展。"奥巴马的副国家安全顾问本杰明·罗德说道："头两年，我们主要是有效处理历史遗留问题，如伊拉克战争、阿富汗战争和针对'基地'组织的战争，并重新分配我们的海外军事资源和军事存在。归根结底就是平息两场战争、调整美国身份、重建美国在世界上的领导地位，将重点逐渐转移到亚洲事务、全球经济和核不扩散等问题上。"带着这种想法，奥巴马迅速纠正了布什的一些政策。

上任第一天，他就讨论从伊拉克撤军的计划，明确提出要积极参与巴以和平谈判。他下达命令，防止行政人员接受游说团体的礼物。第二天，他再接再厉。他禁止了刑讯逼供，关闭了中情局的"地下"监狱，宣布在一年内关闭关塔那摩湾军事监狱的计划。

出于多种原因，奥巴马无法兑现其中的许多承诺。因循守旧的共和党人、保守的民主党人，甚至连他的顾问都提出了反对意见。《华盛顿邮报》称，奥巴马的外交政策团队将是"经验丰富的中间派"。他的首席顾问们分别是：国务卿希拉里·克林顿；从布什的共和党政府延续下来的国防部长罗伯特·盖茨；约翰·麦凯恩的盟友詹姆斯·琼斯将军担任国家安全顾问；美国太平洋司令部前司令、海军上将丹尼斯·布莱尔担任国家情报总监（DNI）。这些人也许经验丰富，但不幸的是，"中间派"的说法恐怕只是一厢情愿。

奥巴马曾经说过，如果他只能带一本书进白宫，那么他会带多丽丝·卡恩斯·古德温所著的《对手的团队》（*Team of Rivals*），书中盛赞了亚伯拉罕·林肯将他的政敌和批评者纳入内阁的明智做法。奥巴马遵循这种做法，选择了强硬的希拉里和盖茨进入团队，但他忘了将这些人的批评者也纳入团队进行平衡。结果可以想见。2009 年 8 月，新保守主义者埃利奥特·科恩在《华尔街日报》上发表专栏文章，题为《奥巴马的外交政策有什么不同》，文中指出其政策基本趋于保守派，没什么改变："政策的基底结构没有变……而且，奥巴马的外交政策团队成员中，有来自民主党的中间派专家，所以对世界事务和美国利益不太可能作出与其前任截然不同的判断。"

盖茨是保持政策连续性的主要角色。他是坚定的冷战斗士，与新保守派有着密切联系。盖茨曾参与很多见不得光的行动，包括涉嫌推迟释放 1980 年美国在伊朗的人质，在"两伊"战争期间，他涉嫌分别向伊朗和伊拉克出售武器。这些事件都没有被全面调查。在里根执政期间，他帮助中情局收集情报，除掉见解独立的分析师，因为他们不赞同苏联威胁巨大的观点，也不赞同美国的大规模军事建设。他坚定不移地支持里根在中美洲的血腥政策，提倡非法秘密措施，反对尼加拉瓜的桑地诺政权。

盖茨与希拉里一起阻挠了重新评估美国的全球角色的提议。希拉里在美国外交关系委员会（CFR）上指出："国内外很多人都很想知道未来美国会怎样，所以我想清楚地表明：美国可以而且必须在新的世纪中领导世界。"2010 年 11 月，盖茨附和道："正如我们以前就说过的那样，从本质上讲，我们依然是不可或缺的国家。"但是，在外交关系委员会宣布"美国新时刻"时，希拉里似乎又陷入了某种陈词滥调中："第二次世界大战后，美国建造了横贯大陆的铁路、装配线和摩天大楼，搭起了全球合作的支柱性框架。许多人担心的第三次世界大战没有到来。数以百万计的人摆脱了贫困，并且首次享受了人权。这些令人受益无穷的全球架构都是美国两个政党的领导人多年来苦心经营缔造而成的。"

在布拉格、开罗、奥斯陆和其他地方发表的演讲中，奥巴马用更微妙的方式解释了美国在世界上的作用，但他最终传递的信息与希拉里和盖茨的如出一辙。最令人失望的是，2009 年 12 月，他获得了诺贝尔和平奖，并发表了获奖演说。这个发动了两场战争的国家，它的总统居然获得了和平奖，这本身就很荒谬。但是让评选委员会更加苦恼的恐怕是，没过几天奥巴马宣布他要派更多军队进入阿富汗，然后又发表了捍卫美国军国主义的演说。在这场对世界复杂问题进行过深思熟虑的演说中，奥巴马居然口口声声捍卫战争、单边主义和先发制人。

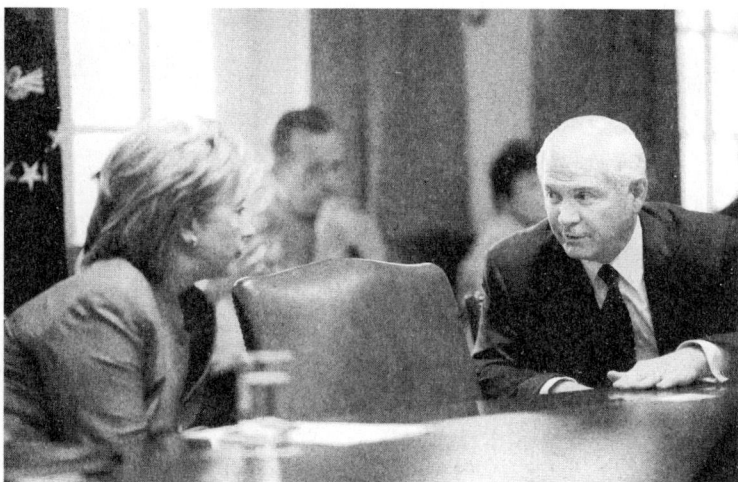

国务卿希拉里·克林顿和国防部长罗伯特·盖茨在一次内阁会议中。从布什政府延续至新一届政府的盖茨，与强硬的希拉里一起阻挠了那些重新评估美国的全球角色的提议。

奥巴马主张总统权力的方式恐怕连迪克·切尼看了都会眼红。2011年，奥巴马不顾顶级律师的反对，坚持声称自己不需要国会的批准，也能根据《战争权力决议案》，宣布继续在利比亚采取军事行动。有人说，乔治·W. 布什对"酷刑"的定义，以及比尔·克林顿对"性"的定义已经够奇怪了，但是奥巴马还有更稀奇的解释，他认为美国的军事行动不属于法律界定的"敌对行动"。奥巴马主张延长对利比亚的轰炸，支持暗杀卡扎菲并推翻他的政权，而且他认为这些都不算"敌对行动"，这种说法连强硬派的众议院议长约翰·博纳都大感吃惊。博纳指出："白宫表示没有发生'敌对行动'，但是我们的无人机在发动攻击，我们每天的战争花费是1 000万美元，我们在不停轰炸卡扎菲的住所。这样还说我们没有进行'敌对行动'，恐怕说不过去吧！"奥巴马拒绝了五角大楼总法律顾问约·约翰逊及司法部法律顾问办公室代理主管卡罗琳·卡拉斯的意见。在这些事务上，总统无视法律顾问办公室的意见，几乎前所未闻。

2008年总统初选时，有人问奥巴马："总统是否可以未经国会授权下令轰炸伊朗？"奥巴马回答："根据宪法，如果一个国家没有受到事实性或迫在眉睫的安全威胁时，总统没有权力单方面授权军事袭击。"联合国决议对北约进行有限授权，要求其保护利比亚平民，但北约大肆越界，开创了一个非常危险的先例。

　　尽管利比亚政权实现更迭，但是有大量证据显示美帝国实力已大幅下降。美国对事件的掌控力遭到侵蚀。2010 年 11 月维基解密披露了美国国务院的大量机密电报，英国《卫报》的西蒙·詹金斯据此谴责美国外交政策的无能和错误："大量的财富浪费……给我们留下的印象是，世界超级大国在一个局势变幻莫测的世界中显得特别无助。伊朗、俄罗斯、巴基斯坦、阿富汗、也门、联合国都脱离了美国的掌控。华盛顿就像一只受伤的熊，它怀着帝国的雄心壮志和本性，却显得心有余而力不足。"

36

★★★

新技术推进机械化，降低开战门槛

阿富汗是最好的例子，美国军队自 2001 年起一直深陷其泥淖中，一心想要取缔"基地"组织。奥巴马继承了这项义务，他在竞选期承诺立即结束伊拉克战争，从而把更多的资源投入到阿富汗。许多人试图劝阻他的愚蠢行为。2009 年 6 月 30 日，奥巴马在白宫与 9 名美国最顶尖的总统历史学家共进晚餐，希望他们传授过去的总统成功和失败的经验教训。因为奥巴马表示希望定期进行这样的晚餐，所以参与者对于晚餐期间他们讨论了什么一直讳莫如深。

一年多以后，西北大学的加里·威尔斯终于打破了沉默，他有些沮丧地写道："第一次晚餐后，再没有后续。而且很明显，他并没有从中学到任何东西，他唯一的'成就'是很多人的核心观点被他当成了耳旁风。人们普遍认为，如果他要进行阿富汗战争，下场会跟林登·约翰逊的越南战争一样。"晚餐接近尾声时，奥巴马又再次要求他们给出最后的忠告。威尔斯回忆说："轮到我时，我也像很多人一样提醒他警惕阿富汗泥潭。我说，阿富汗政府如此腐败、蛮荒，而且那儿毒品猖獗，阿富汗很难稳定。他回答说，他并不天真，他知道这些困难，但是认为应该能寻求切实的解决方案。我本来想补充说'除非母猪会上树'，但是我忍住了。"

奥巴马从布什手中接过了烂摊子。在布什政府末期，一位美国高级军事指挥官向《华盛顿邮报》透露："我们没有战略计划，从来都没有。"但是到那一年 6 月，奥巴马又加剧了形势的混乱程度。奥巴马就职时，美国在阿富汗有 3.4 万兵力。2 月，他下令增加 3.4 万士兵，以"稳定不断恶化的局势"。5 月，盖茨在军区司令戴维·彼得雷乌斯将军的敦促下，辞去大卫·麦基尔南的美国驻阿富汗指挥官之职，由斯坦利·麦克里斯特尔中将接任。

麦克里斯特尔似乎是被斯坦利·库布里克赶鸭子上架的指挥官。据《纽约时报》报道，麦克里斯特尔"过着苦行僧的生活……为了避免惰性，通常一天只吃一顿晚饭，只睡几个小时"，他跑步"上下班，一边跑还一边听 iPod 播放有声读物"。在担任秘密联合特种作战司令部司令的 5 年间，他监管在伊拉克的"秘密突击队行动"，被赫斯称为切尼手下的"暗杀党"。《纽约时报》写道："前情报官员说，他就像一部有关恐怖分子知识的百科全书，对恐怖分子的生活了如指掌，他命令手下尽可能杀掉更多的恐怖分子。"有些人认为他是一个"斗士式的学者"，还有人把他称为"彻头彻尾的工作狂"。

麦克里斯特尔在阿富汗实施了彼得雷乌斯式的镇压叛乱策略，不过他也努力减少平民的伤亡，他对巴基斯坦则采取了更激进的敌对立场。麦克里斯特尔与麦基尔南不同，他偏执地认为阿富汗和巴基斯坦"同属一个棘手问题"，他主张对巴基斯坦的塔利班圣地进行突击。尽管麦克里斯特尔在任的日子屈指可数，但是在这期间，定点暗杀已成为美国全球战略的基本要素。

奥巴马深知巴基斯坦的战略意义。2009 年 11 月 25 日，奥巴马在椭圆形办公室召开会议时说道："毒瘤就在巴基斯坦。"所以必须在阿富汗取得成功。他坚决认为："这样癌细胞才不会入侵阿富汗。"

美国和巴基斯坦的关系充满机会主义。20 世纪 80 年代，美国与巴基斯坦三军情报局密切合作，训练"斗士"，并将他们秘密送到阿富汗与苏联对抗。为了感谢其援助，美国当时有意对巴基斯坦初建的核项目视而不见，但是该国的核发展在布什和奥巴马时期突飞猛进。到 2011 年，巴基斯坦的核武库估计有 110 件核武器，拥有的核燃料可以再造 40 ~ 100 多件核武器，它取代了法国的地位，一跃成为世界第 5 个核大国。尽管美国在核武器和核燃料发展方面给予其大量援助，但其安全监管十分松懈，用于制造炸弹的材料屡屡失窃，在这个充斥着极端分子的国家时刻都存在安全威胁。许多极端分子在美国的唆使下，走上了阿富汗战场。

美国和巴基斯坦的联盟关系极其脆弱。苏联从阿富汗撤军后，美国支持的"斗士"又花了 3 年时间，终于在 1992 年推翻了阿富汗亲苏联的纳吉布拉政府。此后，美国对该地区的兴趣锐减。穆沙拉夫总统，这位在 1999 年政变中上台的巴基斯坦前陆军参谋长表示，巴基斯坦人觉得他们被美国"利用完后就被抛弃了"。20 世纪 90 年代，由于巴基斯坦的核计划进一步加剧了该地区的紧张态势，美国又恢复了对巴基斯坦的制裁。

"9·11"之后，美国再次寻求巴基斯坦的援助。但这一次，巴基斯坦人显得不那么热心了。美国威胁道，如果他们不按美国的要求做，如果他们不停止对阿富汗塔利班的支持，就要把他们"炸回石器时代"。美国每年向巴基斯坦支付 20 多亿美元援助，让他们把塔利班赶出巴基斯坦边疆地区临近阿富汗边境的避难所，塔利班与北约军队就在那儿发动了一场战争。巴基斯坦阳奉阴违，表面上装模作样地袭击巴基斯坦境内的反叛分子，实际上却秘密窝藏着两个最大的塔利班组织，支持他们在阿富汗的行动。

眼看巴基斯坦配合度远远不够，美国决定单方面采取行动。美国特种部队以及中情局的反恐追踪小组，组成了一支 3 000 人的阿富汗秘密军队，对巴基斯坦境内武装分子聚集的部落区发起攻击。巴基斯坦强烈抗议美国侵犯其主权。

尤其让巴基斯坦人感到恼怒的是，美国在巴基斯坦境内增加了无人机的袭击次数。据《华盛顿邮报》报道，在奥巴马任期的头 3 年内，袭击已经导致了 1 350 ~ 2 250 人死亡。无人机可用于监测和袭击，美军经常将无人机装上具有重大杀伤力的导弹，在巴基斯坦和阿富汗境内展开袭击。奥巴马上任的前 9 个月里就授权了大量的无人机袭击事件，次数甚至超过布什任期的前 3 年，导致许多无辜平民丧生。

大卫·基尔卡伦于 2006 ~ 2008 年担任戴维·彼得雷乌斯将军的反叛乱顾问；安德鲁·艾克萨姆于 2002 ~ 2004 年先后在伊拉克和阿富汗担任军官，2009 年 5 月，他们就巴基斯坦的愤怒提供了自己的看法。他们引用了巴基斯坦媒体的报道，指出过去 3 年里美国无人机多次空袭，共杀害了 700 名平民，而杀掉的恐怖分子只有 14 人，也就是说杀掉一名武装分子要牺牲掉 50 名无辜百姓，"命中率才 2%"。基尔卡伦和艾克萨姆注意到，美国官员"强烈"否认数字的真实性，认为媒体夸大了平民的伤亡比例，于是他们警告道："每一个无辜者的丧生就意味着一个家庭的破裂，这同时也就意味着又多了一份复仇的欲望，那么就会有更多的人加入武装组织，武装分子的数量就会以指数倍上升，哪怕你增加了无人机空袭又能怎么样呢？"而且，在远离攻击区的巴基斯坦境内，也会暴涨一股"发自内心的反对和愤怒"。

很难精确得出平民伤亡的真实数字。巴基斯坦摄影师努尔·贝拉姆出生于瓦济里斯坦的部落区，那是大部分袭击的发生地，他于 2011 年夏天在伦敦举办了个人摄影展，他的作品展示了 27 次无人机空袭后的可怕场景。贝拉姆将平民与恐怖分子的死亡比降低了少许。他发现："每杀死 10 到 15 人，里面或许有一个是武装分子。"新美国基金会将平民死亡率定为 20%。贝拉姆描述的场景与美国在其他地区轰炸后导致的后果有着惊人的相似："袭击过后，只剩下一堆堆的肉渣，你找不到完整的尸体。所以当地人捡起肉渣，然后不断诅咒美国。他们说，美国居然在我们自己的国家、我们自己的家里，杀掉我们，仅仅因为我们的信仰。年轻人都疯了。那些亲眼目睹袭击的人心里的仇恨不断堆积。美国人觉得这种办法很有效，但实际上他们得不偿失，因为留下的伤害更大。"生于巴基斯坦的美国公民费萨尔·沙赫扎德便是最好的例子。他就是著名的"时代广场炸弹客"。他被捕后，问道："看到有人攻击美国，你们有何感受？但是你们一直在攻击巴基斯坦这个主权国家。"在审判中，法官问他，为什么要冒险杀害无辜的妇女和儿童，他回答道："美国的无人机空袭也不看孩子，不管什么人都杀。他们杀了妇女、儿童，杀死了每个人。"对巴基斯坦人来说，受害者是人。而对无人机操作员来说，他们不过是"障碍物"。

难怪，皮尤研究人员调查时发现，有 97% 的巴基斯坦人对美国无人机持负面态度，将美国视为敌人的巴基斯坦人从 2009 年的 64% 升至 2012 年的 74%。难怪有那么多人被 2010 年 5 月奥巴马总统那番有些挑衅意味的讲话激怒。当时，白宫举行记者协会晚宴，奥巴马在观众席中发现了很受美国青少年欢迎的乔纳斯兄弟乐队成员。奥巴马指着自己的女儿调侃道："萨莎和玛丽亚是你们的铁杆粉丝。男孩们，不要有太多顾虑。送你们一句话：做勇敢无畏的无人机。你们永远都不知道哪里会有你们的粉丝（目标）。"2012 年春天，只有 7% 的巴基斯坦人对奥巴马怀有好感。

奥巴马那些空洞的话至少可以看作是幽默，但他在寻求大规模杀伤性武器方面与其前任乔治·布什并无二致。2011 年 6 月，奥巴马的反恐顾问约翰·布伦南板着脸说道："无人机袭击根本就没有引发任何附带伤亡。"《长期战争杂志》的编辑比尔·罗吉欧一直以来密切观察无人机袭击的动态，他认为上述断言"很荒谬"。不久，英国调查性新闻报道局指出，在访问了部落地区后发现，至少有 45 位平民在过去一年中的 10 次袭击中丧生。布伦南之所以会得出这么荒唐可笑的结论，主要是因为奥巴马把突袭地区的适龄男青年都划归成了武装分子。2012 年 2 月，调查性新闻报道局指出，这其中显然包括试图帮助营救受害者的平民和参加武装分子葬礼的不知情的平民。

2010 年，巴基斯坦人的愤怒爆发，美国大使卡梅伦·蒙特抱怨局面"失控"。一位同事评论道："他没有意识到自己的主要任务就是杀人。"奥巴马和拜登只知道，在不增加军力的情况下增加无人机攻击，惩罚塔利班和"基地"组织，但是其他人却担心这么做的合法性，以及这种致命方法一旦广泛使用对未来世界会产生什么不良影响。事实上，在"9·11"之前，美国曾竭力反对其他国家的"定点杀害"行为。2000 年，美国驻以色列大使马丁·迪克谴责以色列人攻击巴勒斯坦，他说："美国政府很清楚谁在进行有针对性的暗杀活动。这是非法处决，我们绝不支持。"

奥巴马不仅积极追求布什的反恐战争，甚至在他上任前就支持扩大无人机的使用。一位前中情局官员透露，奥巴马的过渡团队曾向中情局表示："他们至少会像布什政府一样强硬……他们基本上架空了审讯委员会。他们想明确地向人证明，他们并不是一群温顺的左翼派猫咪，他们会不遗余力地为掠夺项目加料加量。"

在布什离任时，巴基斯坦是美国唯一使用无人机轰炸的国家，但在奥巴马任期内，无人机的使用逐步扩大到 6 个国家，其中 2012 年 2 月美国将菲律宾的叛军也添加到了攻击目标中。评论家十分赞同汤姆·恩格尔哈特的敏锐观察，他指出："无人机……就像布什时代关塔那摩湾原理的延伸，它表明了华盛顿拥有不可剥夺的权力，是全球法官、陪审团和刽子手，任何法庭的法律都不能质疑其权威。"

然而，随后总统居然亲自操刀攻击官方"死亡名单"上的目标，似乎显得不够光明正大。2006年，前副总统戈尔对布什滥用权力表示愤慨，他质疑总统权力是否还有节制。戈尔问："如果总统有权未经授权随意窃听美国公民，可以一声令下就关押美国公民，绑架和实施酷刑，那么他还有什么不能做的？"奥巴马的定点刺杀手段提供了一个令人不寒而栗的回答。格伦·格林沃尔德警告说："不经检查、审核、监督或透明化，就随意下令将人（包括美国公民）处决，这种权力实在太极端、太危险了。"他提醒读者："毕竟，民主党人有一点共识，那就是布什在监视或扣留公民之前，必须事先进行司法审查，更何况是命令中情局将他们处决。"

奥巴马政府对行动严格保密，拒绝透露任何有关打击目标或伤亡的信息。在巴基斯坦执行袭击任务的中情局甚至拒不承认存在这项行动。但是，无人机攻击行动为这个"9·11"后名存实亡的情报机构注入了新的活力。一位前政府官员说道："你们把一个摇摇欲坠的机构变成了杀人机器。""9·11"事件后的10年中，中情局的反恐中心规模扩大了7倍。大约有20%的中情局分析师化身为"攻击者"，有35%的人支持无人机行动。

无人机袭击的整体成本十分高昂，而且操作复杂。每次战斗至少需要150人的团队进行维护，作好打击目标的准备。在伊拉克和阿富汗负责无人机袭击的空军，每年需要为此花费50亿美元，而且他们的花销不断增长。2012年，五角大楼要求再增加50亿美元军费开支。

联合特种作战司令部在也门和索马里也发动了袭击。2011年末开始，60多个周边军事基地联合发动攻击，战斗机"飞行员"穿着统一的绿色飞行服操纵无人机的操纵杆，就像对着电脑屏幕玩视频游戏一样。另外还有计划辅助这些陆基无人机载着飞机的航母部署在太平洋，矛头瞄准攻击目标。美国正在努力缩小远程情报收集和杀人机器可瞄准目标的精度，在未来战争中，这些机器可以瞄准鸟类和昆虫大小的目标。2011年，五角大楼透露，计划将在未来10年里花费近400亿美元，增加700多架中型和大型无人机，计划到2012年时无人机总量超过1.9万架，其中还包括微型无人机。美国空军指定学习无人机操作的飞行员比学习驾驶飞机的人员还要多。同时，还有计划向士兵们派发便携式可发射微型无人机，侦察敌情和俯冲轰炸敌军。

　　但美国的盟友和联合国官员质疑这种定点暗杀的合法性。2011 年 9 月下旬，美国杀死了出生于美国的"基地"组织支持者安瓦尔·奥拉基以及美国籍的也门人萨米尔·卡恩，进一步引发了人们对合法性的关注。之后一个月，奥拉基出生于美国的儿子也被杀。2012 年 7 月，受害者的亲戚与美国公民自由联盟和宪法权利中心一道，以非正常死亡罪，联合起诉国防部长莱昂·帕内塔、中情局局长彼得雷乌斯将军和军队特别行动小组的两位高级指挥官，理由是"杀戮行为违反美国公民的基本人权，包括未经正当法律程序不得剥夺公民生命的权利"。

　　除了奥拉基和卡恩的亲戚，还有其他许多也门无人机轰炸造成的受害者。就像在巴基斯坦一样，无人机袭击创造的敌人人数要远超其消灭的敌人。2009 年，美国开始在也门发动无人机袭击之时，在也门的阿拉伯半岛"基地"组织武装分子人数还不到 300 名。到 2012 年中期，这一数字已超过700。正如《华盛顿邮报》所言，针对南也门的袭击活动"增加了人们对'基地'组织武装分子的同情，驱使更多的部落成员加入恐怖活动，反对美国"。有位也门商人，他的两位兄弟在袭击中丧生，他们生前一位是老师，一位是手机修理工。《华盛顿邮报》援引这位也门商人的话："这些袭击让人们不得不说，我们现在相信，'基地'组织是正义的一方。"还有成百上千的部落成员加入了"基地"组织，并不是出于对"基地"组织的同情，而仅仅是出于对美国的仇恨。当地一名人权激进分子警告说："无人机正在消灭'基地'组织头目，但同时也把他们塑造成了英雄。"

　　对于美国政策制定者而言，无人机是一种巧妙的、低成本低风险的杀人机器，它可以帮助美军在数千英里之外将敌人置于死地，而保证美军毫发无伤。但是，评论家谴责这种远程杀人形式太过懦弱。泰国的《国家报》尖锐地指出："无人机……可以满足我们的自私和胆怯，我们可以屠杀并摧毁，而不用直接面对生灵涂炭的后果。"陆军还在试验机器人杀手，可以补充甚至是替换真人战斗部队。佐治亚州本宁堡设计出了一种机器人，可配合无人侦察机操作，还配备了手榴弹发射器和一挺机关枪。许多人担心，这些新技术在推进战争机械化、减少美军伤亡的同时，也降低了发动战争的门槛。温德尔·瓦拉赫是耶鲁大学生物伦理学中心的交叉学科技术和伦理研究小组组长，他警告说："爆发战争变得相当容易，因为成本很低。"

对恩格尔哈特而言，无人机只是一长串"奇妙武器"中最新式的一种而已，它们共同确保了美国军事霸权，就像曾经的原子炸弹、氢弹和"越战"时期的电子战场、里根时期的导弹防御盾，以及第一次海湾战争的"智能炸弹"。但是 2011 年底，美国人有些怀疑他们的新式武器了，当它们在伊朗领土上进行间谍活动时，居然拿伊朗的 RQ-170 发射器毫无办法。许多无人机已接近目标，但最终都没有取得令人满意的结果。

一些人担心，伊朗将研制克制无人机的技术，破解其秘密。迪克·切尼要求奥巴马派遣飞机摧毁被击落的飞机，但是已经太迟了，"鸟儿"早已飞走了。50 多个国家，包括对美国友好的和敌意的，都购买了无人机，还有些国家已经拥有先进的无人机项目。大部分国家购买的都是侦察无人机，美国只向最亲密的盟友出售无人轰炸机。2009 年，美国因以色列向中国出售了一架无人轰炸机而惩罚了以色列，该国在无人机制造技术方面仅次于美国。据维基解密透露，以色列因向俄罗斯出售先进的无人机模型而激怒了美国当局。其他声称已经掌握了无人轰炸机制造技术的国家还有俄罗斯、印度和伊朗。2010 年夏天，伊朗总统马哈茂德·艾哈迈迪-内贾德展示一架被他称为"死亡大使"的无人机模型。

中国是美国之外拥有最新动态技术的国家。到 2011 年，距离中国首次公开展示无人机 5 年后，中国又拥有了 20 多种无人机机型，另外还有更多新机型正在研制当中。中国航空工业集团公司向前来购买的客户提供了一个名叫"翼龙"的无人机模型，性能相当于美国的"捕食者"，这类机型联合了作战和侦察双重功能。在排队向中国购买战机模型的国家中，还不乏美国的盟友，比如巴基斯坦。

通用原子航空系统是美国主要的国防承包商，它所生产的"捕食者"和"MQ-9 收割者"性能先进，每台售价超过 1 000 万美元，这些公司也争相进入国际市场，迫使美国政府放松出口管制。国防安全合作机构负责人，副海军上将威廉·兰德三世负责监督武器销售，他指示下属，要事先决定哪些国家可以购买什么性能的无人机，一旦得到进出口许可，美国制造商就能旗开得胜了。

美国在对抗"基地"组织和塔利班时，并没有通过正当理由发动"热战争"，而是在很多国家进行定点暗杀，美国的做法开了一个很危险的头。

人权观察组织指出，美国这么做，那以后凭什么阻止俄罗斯除掉伦敦的车臣武装分子？

国家情报总监、海军上将丹尼斯·布莱尔曾试图阻止无人机袭击和中情局的其他秘密活动，他认为这会玷污美国的声誉。2010 年，他的职位由退役中将詹姆斯·克拉珀接替。克拉珀是国家地理空间署前署长，他支持上述行动。布莱尔抱怨说，白宫一味痴迷无人机袭击，却从未严肃考虑对付"基地"组织的策略。布莱尔说道："白宫的口头禅是'这是最好的'，这让我想起了在'越战'中牺牲的人们。"

37

★★★

阿富汗把美国拖向破产边缘

在阿富汗战争的早期，美国实行空中轰炸，接着美国官员提议使用无人机袭击。2010年，《纽约时报》报道："美国军队的轰炸行动引起了大量平民死亡，当地人愤怒不已，纷纷揭竿而起。"美国炸死了无数的阿富汗平民，许多人在检查站被射杀。在阿富汗的北约高级士官迈克尔·霍尔说道，许多被囚禁在巴格拉姆空军基地的人得知他们的熟人被杀后，纷纷加入了叛乱活动。他对部下说道："有许多类似的故事告诉我们，这些人为什么变成了叛乱分子。每次战争升级，都有无数无辜者被杀。"

奥巴马和他的顾问都读过《灾难的教训》（*Lessons in Disaster*）一书，书中戈登·格尔斯坦对美国卷入越南战争作了仔细研究。格尔斯坦指出，外交政策制定者未能质疑共产主义威胁和多米诺骨牌理论这两个基本假设是导致美国误入歧途的主要原因。奥巴马决心在对付"基地"组织和塔利班时不犯同样的错误。

奥巴马明白深陷阿富汗战争的泥潭将毁掉其总统生涯，就像"越战"断送了约翰逊的前途一样。他已经承诺增加美国军队，也宣布了赢得阿富汗战争对美国的国家利益至关重要，这时他希望限制美国的参与，寻求一个退出战略。但是，《华盛顿邮报》的特约撰稿人鲍勃·伍德沃德敏锐地注意到，他已经入局了。周围的最高军事顾问，如迈克·马伦、彼得雷乌斯、麦克里斯特尔等，在盖茨和希拉里的推动下，都要求增兵4万，他们同时还希望扩大战争，全面镇压叛乱活动。奥巴马要求他们提供另外的方案。但在 9 月 30 日的会议上，他取消了其中一个很有意义的方案，然后对他的国家安全顾问说："我想停止从阿富汗撤军的讨论。"不过，他明确表示，他不希望战争时间过长，耗费成本过高。在 2009 年 11 月 11 日的战略回顾会议上，奥巴马生气地指出，军方领导人只提供了一个有勇无谋的方案。更糟糕的是，上述 3 人都公开声明，如果不增兵，就会蒙受战败的耻辱，这一观点立即受到新保守主义势力和他们的媒体盟友的好评。

《纽约时报》和《华盛顿邮报》都竭尽所能支持鹰派人士。媒体监督组织"公平精确报道"（FAIR）对 2009 年前 10 个月《纽约时报》和《华盛顿邮报》中所有涉及美国对阿富汗政策的专栏展开了调查。《纽约时报》虽然曾因朱迪斯·米勒在推动美国入侵伊拉克战争过程中所起的作用而饱受诟病，但是在这 10 个月中，它发布了 36 篇支持战争的文章，只有 7 篇是持反对立场的。《华盛顿邮报》的这一比例是 10 比 1，编辑们很明确地表达了自己的立场。该报于 2009 年 9 月发表社论指出，中断麦克里斯特尔中将的战争政策，"是美国的耻辱，而且还会危害我们的国家"。

拜登和参谋长联席会议副主席詹姆斯·卡特赖特提出了一个相对折中的方案，增加 2 万兵力，但不进行后续的国家建设和人口保护，这样就能有效保证迅速撤出。他们提出，集中削弱和分裂塔利班，希望能够与之和解，并且训练阿富汗军队。后来，盖茨和马伦对卡特赖特这一异议进行了惩罚，他们阻挠他升任联席会议主席，即便奥巴马已经通知他任职了。

阿富汗真正需要的是经济援助和社会改革，而不是更多的美国军队。阿富汗的贫穷程度令人震惊。截至 2009 年，虽然有大量美国援助进入该国，但阿富汗仍然是世界第五贫困国，贫富差距很大。人均收入只有 426 美元；68% 的人口每天的生活消费水平不到一美元；只有 23% 的人拥有干净的饮用水；人均寿命只有 43 岁；24% 的成年人能读书认字，但女性的比例只有 14%。

即使在 2011 年，战争 10 年后，也只有 30% 的女童入学。社会经济需求如此之大，但美国每年向该国投入的军事花费为 1 000 多亿美元，用于社会发展建设的费用却只有 20 亿美元。美国进步中心报告："即便是苏联，在阿富汗重建方面也花得比美国多。"可悲的是，这么微不足道的数量居然也超过了阿富汗政府所能提供的经费。战略和国际关系研究中心的安东尼·科德斯曼，2009 年时他是麦克里斯特尔文职顾问团队的成员，写道："外部援助提供的资金是喀布尔政府创收能力的 14 倍。"

在阿富汗上空执行战斗任务的无人机"MQ-1 捕食者"（上图）和"MQ-9 收割者"（下图）。美国官员认为这些无人驾驶的武器能够精确地定点清除敌方战斗人员，但是它们的使用导致了众多平民死亡，而且还开启了无人机在全球扩散的时代。

阿富汗妇女的处境特别凄惨。苏联支持的政权曾因提倡男女平等而在阿富汗普遍不受欢迎，自从美国及其盟友推翻了该政权后，妇女们饱受痛苦。起初，将妇女从塔利班政权的镇压中解放出来，是美国入侵阿富汗的其中一个理由。但是，正如阿蒂奇·莎娃里和罗伯特·克鲁斯注意到的那样："在 25 年中，阿富汗妇女一直是 4 个独立政权希望解放的对象：共产党、极端分子、塔利班和美国领导的联盟，他们都提出要改善妇女境况，以此作为其统治合法性的依据。"阿富汗绝大多数人生活在农村地区，在那里婴儿和产妇的死亡率依然很高，虽然最近与阿富汗的人均寿命一样稍有改善。在一些塔利班控制的南部省份，只有不到 1% 的女孩上到中学。大卫·怀尔德曼写道："一群藐视人权的人用武装来推翻另一群践踏妇女权益的人，并不能真正改善妇女的处境。阿富汗女性在法律、卫生保健和生活中仍然得不到平等权利。"2009 年，阿富汗在联合国的性别发展指数评估报告中，仍然排名倒数第二，评估项目包括女性识字率、受教育程度和人均寿命。而这已经是经过美国 8 年占领和改革的结果。

由此可见，阿富汗最不需要的就是更多的美国军队。很多人试图拯救奥巴马，希望他不要犯下无法弥补的错误。11 月初，美国驻阿富汗大使卡尔·艾肯伯里写了两份秘密备忘录给希拉里，他在备忘录中警告，镇压叛乱政策将会失败，增兵的效果会适得其反。

艾肯伯里曾在 2006 ~ 2007 年的 18 个月里，担任过阿富汗美军指挥官，他据此提醒："上次我们增派了大量军队，即在 2008 ~ 2009 年总计增派 3.3 万兵力，这已经加剧了阿富汗的暴力冲突和动荡。"而且，他还明确表示："只要巴基斯坦的避难所还在，更多的军队也无法结束叛乱活动。"阿富汗总统哈米德·卡尔扎伊的腐败，以及阿富汗军队、警察的无能，只会让局势更加令人绝望。

其他熟悉该地区情况的人表示赞同。2009 年 9 月，4 名前高级情报官员提醒《纽约时报》的纪思道："我们在普什图地区的军事存在就是问题的症结，增兵只会向普什图人证明，塔利班是正义的一方。领导层缺乏常识，将会导致更多美国军队的精英死于阿富汗，而且不会产生什么积极效果。"4 人中其中一位名叫霍华德·哈特，他是中情局驻巴基斯坦站前站长，竭力主张美军迅速撤回。他在演讲时告诉弗吉尼亚大学的学生，美国可以派遣无数的士兵，花费无数的金钱，但依然无济于事："他们永远不会停止与我们的战斗，他们此前也从来没有停止与苏联的战斗。他们甚至从来没有停止过彼此间的战斗。"

阿富汗不仅痛恨外国入侵部队的存在，还痛恨他们的策略，尤其是在反叛乱战争的白热化阶段。阿富汗人憎恨夜间突袭，美国和阿富汗军队强行进入居民住宅，破门而入，打破阿富汗人的禁忌，侵犯女性隐私。夜间突袭的次数在奥巴马上任后呈指数倍增加，用于针对塔利班领导人和疑似武装分子，试图破坏全国各地的塔利班"影子政府"。以色列地理学家伊亚尔·威茨曼对于发生在巴勒斯坦、伊拉克和阿富汗等地的夜间突袭如此评价："这种突然私闯民宅的战术，巴勒斯坦和伊拉克的平民都经历过，往往留下最深刻的创伤和耻辱。"

更糟糕的是，夜间突袭也像无人机一样经常误杀无辜。2011 年 5 月，北约军队在午夜对家贾拉拉巴德城外的一栋民居楼发起突袭，误将一名当地警察当成塔利班领袖杀死了。军队还将他 20 岁的外甥女内洛伐也杀了，当时她因为屋里太热正睡在外面的院子里。北约一名官员对这次意外悲剧及时道歉，但内洛伐的父亲悲痛欲绝，他说："他们杀了我 20 岁的女儿，杀了我的小舅子，然后对我说：'我们很抱歉'，这是什么意思？一句'对不起'能抚平我的伤痛吗？"当年，阿富汗的塔利班比外国军队杀害的平民还要多，但这一事实根本无法平息阿富汗人对北约军队的愤怒。

层出不穷的报道显示，美国士兵多次越界，无缘无故杀害阿富汗的无辜平民，与之前在伊拉克的情况如出一辙。一名 20 岁的士兵擅离职守后去了加拿大，他描述了人性侵蚀的过程：

> 我发誓我再多看那些人一眼，就会觉得他们不是人类。要想瞬间驯服像我这样的年轻人，最好的办法很简单且很有效，那就是种族主义教化。你装腔作势地戴着空壳武器走在洛杉矶、布鲁克林的街头或田纳西州某个偏僻村镇，那时美国有很多这样的适龄青年。我就是其中没有拖家带口、了无牵挂的一个。不管怎样，你就扛着那些唬人的家伙去吓人，让他们吓破胆，然后再与他们培养起兄弟感情，在他的头脑中灌输种族主义之类的思想，说些废话，比如"所有阿拉伯人、伊拉克人和阿富汗人很恨你，他们想伤害你的家庭""他们的孩子是最坏的，因为他们一天到晚都在乞讨"。这种中伤别人的宣传很荒谬，但是却很彻底地给我们这一代士兵洗了脑。

2010 年 3 月，奥巴马与阿富汗总统哈米德·卡尔扎伊在喀布尔总统府邸用餐期间进行交谈。卡尔扎伊顶多就是个立场摇摆的美国盟友，以他为首的阿富汗政府不但残暴，而且腐败。

12 个疯狂的年轻人组成了一支"杀人部队"，专杀无辜的阿富汗人，然后装成好像他们是处于自卫才杀人的样子。其中一名被告承认了谋杀，他们与尸体的合影被德国《明镜周刊》曝光，惹得美国当局很不高兴。

阿富汗领导人的可耻行为更加剧了美国驻军带来的伤害。2009 年 9 月，美国驻阿富汗萨布尔省的最高文职代表马修·何宣布辞职，他是海军陆战队前上尉，曾在伊拉克服役。他在离职时写道，卡尔扎伊政府充斥着"明目张胆的腐败和贪污"，卡尔扎伊总统的亲信和首席顾问都是"毒枭和战争犯，这真是对我们多年来进行法治和打击贩毒运动的讽刺"。

艾肯伯里大使也反对向臭名昭著的腐败政府卡尔扎伊政权投入美元和武器。权力被卡尔扎伊的朋友、家人和政治盟友掌控，他们中饱私囊，把外国的援助据为己有，国家却陷入极度贫困中，他们和军阀一样镇压和歧视女性，与塔利班政权一样无视民主，阿富汗前议会议员兼人权卫士马莱拉·久雅称这些人为"塔利班的翻版"。《经济学人》报道："在阿富汗的部分地区，叛乱分子被驱逐出去，也恢复了政府命令，可居民却时常怀念那些武装分子，因为他们至少比卡尔扎伊之流少了些残暴和腐败。"

2010 年，国际透明组织发布的报告称，在最腐败国家的排名中，阿富汗排名世界第二，仅次于索马里，伊拉克位居第三。联合国报告显示，2009 年，阿富汗用于贿赂警察和政府官员的花费为 25 亿美元，相当于阿富汗国内生产总值合法收入的 1/4，人均贿赂花销为 158 美元，对于一个人均 GDP 才 426 美元的国家来说，这个数量已经相当可观了。

2010 年 11 月，维基解密发布的 25 万份机密外交电报中，曝出了很多令人咋舌的惊天秘密。腐败无处不在，阿富汗领导层几乎所有人都沦陷了。卡尔扎伊政权的"反腐先锋"艾扎图拉·沃斯菲因涉嫌在拉斯韦加斯贩卖海洛因而在美国被判入狱 4 年。卡尔扎伊努力保护其家族成员和支持者，即使他们作案被抓了个现行，也经常撤销对他们的指控。

据阿富汗商务部部长透露，交通部每年能收取 2 亿美元运输费，但最后进入国库的只有区区 3 000 万美元。买官卖官的现象无处不在。据美国驻喀布尔大使馆汇报，在 2004 ~ 2009 年担任阿富汗第一副总统的艾哈迈德·马苏德在 2009 年访问阿联酋时，海关发现他竟然携带了 5 200 万美元现金。尽管马苏德竭力否认，但他无法解释，自己月薪不过几百美元，却能与其他阿富汗官员一样住得起迪拜最豪华的朱美拉棕榈岛酒店的海景房。另一份电报显示，艾哈迈德·瓦利·卡尔扎伊总统同父异母的兄弟在 2011 年 7 月遭暗杀前一直是坎大哈地区最有权势的人，他暗中替美国中情局效力，"是公认的腐败分子和毒品贩子"。其他哈米德·卡尔扎伊的很多盟友也都是大毒枭。英国军队抓获赫尔曼德省省长时，在他办公室搜出了 2 万磅鸦片。他虽然被罢黜省长之职，后来却进了参议院。

其实塔利班政权在控制毒品交易方面干得不错。但是美军入侵后，毒品开始泛滥。鸦片产量从 2001 年的 185 吨飙升至 2007 年时的 8 200 吨，占整个国民经济的 53%，为近 20% 的阿富汗人提供了就业。毒枭都居住在别墅区的豪宅中，那一带被称为"罂粟宫殿"，在这个贫穷的国度中显得独树一帜。许多阿富汗人也因此沦为瘾君子。据统计，2005 年阿富汗的吸毒人数为 92 万，之后这个数字又大幅上升。

在卡尔扎伊时期，毒品交易成为塔利班的稳定收入来源，他们向每笔交易收取 10% 的费用，接着又从保护毒品运输中收取额外费用。塔利班也间接从美国和北约收取了数亿美元资金。据记者珍·麦肯齐报道，阿富汗至少有 20% 的工程承包项目由于塔利班的阻挠而停工。一名阿富汗承包商透露："我是建筑桥梁的，当地的塔利班头目打电话给我说：'别在那儿建桥，我们要炸掉它。'我请求他们，先让我把桥造完，拿到钱，然后他们什么时候想炸就炸。我们达成了共识，于是我才得以完成我的项目。"

2010 年，美国官方向美国和阿富汗运输公司支付了 22 亿美元，用于向阿富汗的美军基地输送物资。这些运输公司往往会联系保安公司押送物资，这些保安公司通常在政府高层有门路，每卡车收取 800 ~ 2 500 美元的保护费。安全公司反过来经常会故意设置障碍，以证明他们所提供的安保服务的重要性，他们还贿赂塔利班不要攻击他们押送的卡车，有位在喀布尔的北约官员不禁抱怨道："我们实际上是不断在给战争双方送钱。"

卡尔扎伊的兄弟马哈茂德涉嫌在阿富汗最大的银行喀布尔银行进行大规模舞弊行为。在这家银行里，内部高管和股东没有任何担保抵押和相关文件，私自挪用 9.25 亿美元贷款，但是哈米德·卡尔扎伊命令调查委员会不追究其责任。涉案人员还牵扯到政府部长和议会成员。委员会在报告中表示，马哈茂德·卡尔扎伊已经偿还了贷款，但央行行长告诉议会，他还欠 2 200 万美元。像他这样因裙带关系而免受法律惩罚的人不胜枚举。该国第一副总统的兄弟阿卜杜勒·哈桑·法希姆欠了 1 亿美元，也没有被追究法律责任，只是向委员会保证，他会提供足够的财产进行抵押。

2011 年 6 月，阿富汗中央银行行长阿卜杜勒·卡迪尔·菲特拉特辞职叛逃。因为他在议会调查银行欺诈时提供证词，越来越多的卡尔扎伊盟友盯上了他，他的生命受到威胁。阿富汗总检察长诬陷他，对他提出检控。调查委员会主席祖拉·卢丁居然证实了这一检控，卢丁此前曾担任卡尔扎伊独立选举委员会主席，在 2009 年那场被公认为舞弊的总统大选中，他居然批准承认选举有效。联合国的选举投诉委员会否决了 100 多万张违规选票，占卡尔扎伊总票数的 28%。联合国副特使彼得·高伯瑞宣称："选举欺诈让塔利班在与美国及其阿富汗盟友的 8 年斗争中获得了最大的战略胜利。"卡尔扎伊试图将 5 人选举委员会中的 3 名外国成员换成他挑选的阿富汗人，但被阿富汗议会拒绝了，卡尔扎伊威胁要加入塔利班。

在阿富汗，直接购买选票的舞弊行为十分猖獗，2010 年 9 月的议会选举也很难幸免于难。在坎大哈用 1 美元就能买到一张选票，在东部的加兹尼省得花 18 美元。大多数省份的选票价格是 5 到 6 美元。在某些地区，只要获得 2 500 张选票就能赢得选举，这笔投资似乎颇为划算。《纽约时报》指出："许多富有的阿富汗独立候选人纷纷掏出腰包购买议会的闲职，因为那是个肥缺，不仅俸禄优厚，每月工资收入大约 2 200 美元，而且还有大量的灰色收入。"女性选民登记卡尤其畅销，因为卡上没有照片，而且由于女性禁足在家，通常由男性替她们投票。

当奥巴马决定在阿富汗采取行动时，他其实已经对这样的腐败和欺诈了解得一清二楚。2009 年 11 月 25 日，他会见了拉姆·伊曼纽尔和国家安全顾问琼斯，以及琼斯的副助理托马斯·多尼隆，此间，他失望地说道："我觉得我最好还是出去跟大家说：'你们知道吗？美国人已经厌倦了这场战争，我们会派 1 万名培训师过去，因为我们就要撤出阿富汗了。'"伍德沃德认为，如果奥巴马有勇气直面军事顾问的话，他可能真的想这么说。奥巴马仍然举棋不定，然后在感恩节期间的周末会见了最贴身的国家安全委员会顾问，评估最终决策。陆军上校约翰·提恩说："我觉得，你可能无法与军方抗衡。"他提醒奥巴马整个最高司令部，包括马伦、彼得雷乌斯、麦克里斯特尔和盖茨等，可能会集体辞职以示抗议。多尼隆和中情局局长利昂·帕内塔也表达了类似的看法。帕内塔警告："没有一位民主党的总统能违背军方建议，特别是当他向其寻求建议的时候。"他建议道："所以，就这么干吧，按他们的要求做。"

眼看奥巴马再次失去判断力，被逼到了墙角，国家安全委员会阿富汗及巴基斯坦事务的协调员道格拉斯·卢特将军提醒道："总统先生，其实你没必要这么做。"就在前一天，科林·鲍威尔也曾提出同样的建议，他告诉总统："你不必忍气吞声承受这一切，你是总司令，他们是你的手下，他们意见一致并不表示他们就是对的。况且还有其他将军持有不同看法呢，但总司令就你一位。"

终于到了最后作决定的日子，但奥巴马并没有古巴导弹危机时约翰·F. 肯尼迪的那份勇气和智慧。他同意增加 3 万兵力，还同意军方领导提出的其他要求，甚至给的比他们预期的还要多。

奥巴马借鉴了布什煽动爱国主义情绪的招数，决定于 12 月 1 日在西点军校发表演讲，阐述增兵计划。他解释说，美国及其盟友入侵阿富汗，因为它包庇"9·11"恐怖袭击的主谋——"基地"组织。但是他忘了 3 个至关重要的事实：第一，"基地"组织分布在全球各地的 300 名骨干分子中，在阿富汗的只有 50 ~ 100 个，其余大部分都在巴基斯坦以外的地区，受到美国支持的那些政权和人民的拥护，如沙特阿拉伯、科威特、也门和阿联酋。第二，实际上，塔利班头目毛拉·奥马尔反对发动"9·11"事件。根据"9·11"委员会官方报告，"2001 年夏天，袭击事件进入最后的准备工作时，阿富汗的'基地'组织对是否进行袭击产生了异议。塔利班领导人毛拉·奥马尔反对攻击美国。但是本·拉登不顾高级助手的反对，一意孤行发动了袭击"。第三，恐怖分子根本不需要避风港，不需要什么训练营来从事秘密活动。中情局反恐中心前副主任保罗·皮勒指出："一些特别重要的秘密行动根本不需要有这样一个据点，也没有什么成员在接受更加致命的恐怖主义训练。因为'9·11'事件的多数准备工作不是在阿富汗的训练营中完成的，而是在德国的驻点、西班牙的酒店和美国的飞行学校完成的。"

奥巴马的逻辑让 CNN 评论员法里德·扎卡瑞亚感到很困惑："如果在阿富汗的'基地'组织成员最多 100 人，那么我们为什么要大张旗鼓地发动这场战争？"他指出，上一个月有 100 名北约军人被杀，而每年战争花费为 100 多亿美元，他认为战争"在一个月内，为该地区每位'基地'组织成员付出的代价是至少一名盟军战士的生命"，而每年"为该地区可能存在的每位'基地'组织成员投入的费用是 10 亿美元"。有人支持战争，因为他们认为塔利班与"基地"组织有密切关系，但扎卡瑞亚回应道："这就像是'二战'时期希特勒政权倒台、柏林沦陷后，我们去打意大利，仅仅因为意大利曾与德国结盟。"

海军陆战队军事学院的吉姆·莱西根据 14 万盟军士兵的花销，作出了自己的估算，实际上每年为阿富汗地区每名"基地"组织成员付出的成本是 15 亿美元。莱西问道："有人计算过吗？我们地球上有哪位战略家认为这样的代价是值得的？"

历史学家安德鲁·巴斯维治指出了其中最明显的矛盾。如果阿富汗对美国的安全真的那么重要（他认为这个说法"很荒谬"），那为什么又要限制美军的参与？……为什么不干脆增兵 10 万，而只是区区 3 万人？为什么不干脆发誓"要不惜一切代价",而恰恰要求早日退出?为什么不提高税收、恢复草案……为什么不承诺"胜利",为什么这个词在总统讲话中不见踪影?

代价确实高昂,而且不断攀升。2006年,国会研究人员估计,在阿富汗的每位士兵每年耗资39万美元。到2009年,经费涨到每年100万美元,因为防雷运兵车和监控设备的成本提高了,而且在翻越叛乱分子聚集的崇山峻岭之地时,要加上每加仑400美元的燃料运输成本。

奥巴马宣布2011年7月开始撤兵,到2014年时全部撤出,试图以此安抚他的进步党支持者。据《誓言报》的乔纳森·艾尔特透露,奥巴马曾对彼得雷乌斯和马伦说:"你们跟我说实话,你们是不是真的能在18个月后撤退?"彼得雷乌斯回答:"总统先生,我有信心训练当地军队,并在规定时间内顺利把国家转交给阿富汗国家军队。"奥巴马继续追问:"如果在18个月中达不到我们的预定目标,我们也不会再留下来了,是吗?"彼得雷乌斯向他保证:"是的,我们同意撤军。"马伦也插嘴道:"是的,总统先生。"

但是,正如《华盛顿邮报》专栏作家达纳·米尔班克挖苦道:"奥巴马总统所说的18个月后从阿富汗撤军的最后期限,刚宣布完18个小时就被推翻了。"奥巴马发表讲话后的第二天,政府官员告诉参议院武装部队委员会,这个撤军时间只是天方夜谭。盖茨定下了基调,他说:"我们目前的计划是在2011年7月时开始过渡。我们将在2010年12月对能否实现预期目标做一个评估。"盖茨告诉参议员,奥巴马总统有权改变他的想法。马伦表示同意。希拉里补充道:"我认为,我们并没有限定离开期限。"2010年5月,在希拉里为卡尔扎伊及其内阁部长专门主持的晚宴上,盖茨向阿富汗人保证:"我们不会过早离开阿富汗。"他进一步说道:"事实上,我们不会彻底离开。"确实,五角大楼计划在阿富汗保留1万到3万士兵,认为这很有必要,因为阿富汗严重依赖外国援助。

撤军要视阿富汗军队和当地经常的训练、武装和装备情况而定。麦克里斯特尔游说要训练40万阿富汗警察和军队。估计一支阿富汗安全部队每年的维护费用大约为100亿美元,但阿富汗的税收收入总共才20亿美元,3/4的国家预算靠外来援助,于是约翰·克里质问道:"那么由谁来支付这些费用，才能避免这些全副武装的士兵和警察不倒戈成为叛乱分子？"

政府内部评审明确显示，组建这样一支军队虽然说不上异想天开，但的确是一项艰巨的任务。经过多年的训练，极少数阿富汗军队或警察可独立运作，因为各个层级都缺少主心骨。威廉·考德威尔中将是北约联军中负责训练阿富汗部队的美方将领，他在 2011 年指出，在战争频发地区，每年有 30% 的阿富汗士兵叛逃，另外还有差不多比例的人从警队离职。考德威尔表示，新兵的识字率大约为 10%。腐败现象异常严重。士兵素质很低：阿富汗士兵为了在祈祷前洗脚，往往把水槽从墙上拆下来，破坏了新建筑；房子里明明有厨房和锅炉，可他们偏偏直接在地上烧火做饭。建筑修葺既花时间又费金钱。

另一个问题是动机。托马斯·弗里德曼责备奥巴马缺乏勇气，不敢拒绝一场他和他的顾问们都不想打的战争。他写道："你该知道你遇到了麻烦，因为你的敌人塔利班目标清晰、上下齐心，而且有着源源不绝的斗志。"他问道："我们为什么还需要培训阿富汗军队，教他们如何打仗？阿富汗人最不需要人教的，就是如何打仗。这应该是他们最擅长的事情，因为他们经历了 30 年的内战，又经历了几个世纪抵制外国侵略的战争。反过来想想，塔利班打仗又是谁教的呢？他们居然与美国军队不相上下，而他们的很多司令连大字都不识一个。"

有些人很想知道，阿富汗政府军平时不读书、不演练，那么他们到底在干吗？看看下面那些荒唐的事吧。据《华盛顿邮报》报道，2011 年 1 月，阿富汗政府与联合国签署了一项协议，停止招募儿童进入警队，禁止把小男孩当成性奴发泄。《纽约时报》报道："阿富汗有个传统叫作'玩弄男童'，就是把约 9 岁大的男孩子打扮成女孩，教他跳舞，娱乐男性观众，最后将他卖身，竞价最高者得。通常，最有权力的人，如军队和警队中的指挥官，都会保留这样的男孩，让他们穿着制服，作为他们固定的性伴侣。在美国支持叛军对抗苏联时期，'玩弄男童'游戏在叛军中十分盛行，其中最猖獗的要数坎大哈地区。"《纽约时报》指出："塔利班在那里崭露头角……是为了阻止两个变童癖军人之间的争斗，当时那两个人都垂涎一名跳舞的男孩。"塔利班掌权时，禁止玩弄男童。

在阿富汗指挥官们逍遥快活之时，美国军队却付出了身体和心理上的巨大代价。大多数受伤士兵回美国前都会到德国兰兹图地区医疗中心接受治疗，那儿的医生进行了一项研究发现，由于简易爆炸装置（IED）的广泛使用，2009～2010 年截肢的士兵比例大幅增加。2010 年，11% 的伤员截肢，其中 38% 的截肢人员接受多项截肢手术。

其中最可怕的是伤到生殖器和尿道，此类伤员人数在一年中几乎翻了3 倍。退休的陆军上校约翰·霍尔科姆博士有丰富的战斗医疗队经验，连他都惊呼这个数据"令人难以置信"。霍尔科姆说道："大家都被这么高的受伤比例惊呆了：双截肢、阴茎和睾丸受伤，这样的事以前从未发生过。"

还有些伤亡没有被报道公开。到 2010 年中期，军队报告称，11.5 万士兵由于路边炸弹的冲击波造成轻度创伤性脑损伤，可能导致长期的心理和生理伤害。ProPublica（一家总部设在纽约市的非营利性独立新闻网站，为公众利益进行调查报道。——译者注）和全国公共广播电台的一项联合调查发现，实际受伤人数比军方公布的更多，很多伤员未纳入统计数字。

心理受创的士兵数量也很庞大。2009 年 11 月，退伍军人事务部部长埃里克·辛塞奇指出："自 2001 年以来，自杀的退伍军人比战死在伊拉克和阿富汗的军人还要多。"

2010 年，约瑟夫·斯蒂格利茨和哈佛大学公共政策教授琳达·比尔姆斯发表报告称，曾在伊拉克和阿富汗参战的 210 万士兵中有 60 万人在退伍军人事务部寻求治疗，其中 50 万人申请了伤残抚恤金，比最初估计的高出约 30%。接受创伤后应激障碍（PTSD）及其他健康治疗的人数随着人均寿命的上升而不断增加，他们估计，两场战争的真实成本可能高达 4万亿美元。相较于"基地"组织发动"9·11"事件花费的 50 万美金，美国的反击却花费了数万亿美元，本·拉登要让美国破产的目标的确实现了。

美国为了打败总部在巴基斯坦的敌人，用了 10 年时间、付出天价来发动阿富汗战争，这的确很不合逻辑，有些人认为美国必然有不可告人的动机。2010 年他们似乎找到了答案。五角大楼宣布，美国地质学家和其他调查人员已经证实，阿富汗存在巨大的矿产资源。五角大楼预计，阿富汗可能成为"锂矿资源中的沙特阿拉伯"，锂是各种电子设备所需电池的关键成分。摩根大通的矿业专家伊恩·汉纳姆则更进一步指出，阿富汗"的铜、黄金、锂和铁矿石生产都将处于世界领先地位"。即将取代麦克里斯特尔将军担任美国驻阿富汗指挥官的彼得雷乌斯深表赞同，他说："阿富汗有惊人的潜力。"阿富汗官员估计，矿物资源的价值为 3 万亿美元，对于一个国内生产总值才 120 亿美元，严重依赖毒品交易和外国援助的国家来说，这实在是笔惊人的财富。

尽管人们对这一"发现"议论纷纷，但实际上阿富汗蕴藏着丰富的矿产资源早已不是什么新鲜事了。1911 年 1 月，《芝加哥每日论坛报》报道，阿富汗"拥有丰富的自然资源，它蕴藏着大量的铜、铅、铁和黄金资源"。1928 年，刚刚成立的阿富汗美国贸易公司宣布，它获得了开采阿富汗石油和矿产的独家权利。但之后的几年中，好像很少有资源提取出来，但是阿富汗和外国投资者都相信，这一天终会到来。

西方投资者还在等待安全形势稳定后再伺机下手。负责谈判阿富汗东部一个铜矿开发权的阿富汗部长穆罕默德·易卜拉欣·阿德尔因涉嫌受贿而被罢黜。他在 2006 年 3 月受到总统卡尔扎伊的任命，因为其前任将阿富汗唯一运行的高瑞（Ghori）水泥厂私有化，卖给马哈茂德·卡尔扎伊。阿德尔上任后第一件事，就是把工厂卖给卡尔扎伊阿富汗投资公司。

投资者也十分看好中亚的能源资源潜力，最被看好的是土库曼斯坦的天然气，这可能是迄今已探明的第五大气田。地方政府设想建立一条通过阿富汗运输天然气的管道。

与此同时，巴基斯坦从中作梗，企图削弱美国和印度的影响力，加强巴基斯坦对阿富汗的影响。他们决定利用美国与卡尔扎伊不断加深的裂痕，因为卡尔扎伊说过，他觉得美国和北约不可能获得军事胜利并最终撤军。巴基斯坦高级官员多次与卡尔扎伊会面，向其传达塔利班关键人物贾拉勒丁·哈卡尼、毛拉·穆罕默德·奥马尔和古勒卜丁·希克马蒂亚尔的意思，双方分权而治，结束冲突。阿富汗情报局局长萨利赫和内政部长哈尼夫·阿特马尔竭力反对与塔利班武装分子的谈判，卡尔扎伊将他们双双罢黜，这种做法表明，他就像阿富汗大多数普什图族人一样，也对谈判很感兴趣。但是占该国人口近一半的塔吉克族、乌兹别克和哈扎拉族是亲美的，他们表达了强烈的反对。这些人在普什图塔利班统治期间饱受疾苦，他们中的很多人成了阿富汗国家军队中的激进分子，坚决反对上述谈判，阿富汗的内战似乎一触即发。

　　经历了 10 年的流血战斗和大量财富耗费，美国人终于厌倦了这场徒劳无功的战争。2011 年 3 月，美国广播公司与《华盛顿邮报》联合发起的一项民意调查显示，2/3 的美国人认为阿富汗战争不值得。一年后，美国有线电视新闻网（CNN）报道，反对派的比例已上升到 72%。

　　反对最激烈的是各市市长，因为联邦政府削减了他们的预算和收入。2011 年 6 月，在巴尔的摩的年度会议上，他们向政府表达了真实想法。他们呼吁尽快结束伊拉克和阿富汗战争，将每年 1 260 亿美元资金用于美国的城市建设。洛杉矶市长安东尼奥·维拉戈沙说道："只愿意构建巴格达和坎大哈的桥梁，而不愿意改善巴尔的摩和堪萨斯城的基础设施，这种想法实在让人匪夷所思。"

　　2011 年 5 月 1 日，海军海豹突击队击毙了本·拉登，当时他正在巴基斯坦陆军军官学校附近的阿伯塔巴德，舒舒服服地过日子。事成之后，美国被要求撤军的压力急剧增加。美国人认为，巴基斯坦官方肯定早就知道本·拉登的下落，于是纷纷要求切断对巴基斯坦的援助。美国对巴基斯坦极度不信任，于是他们没有通知巴方，已经找到本·拉登的下落，并且打算发起袭击，因为他们担心巴基斯坦官方会暗中向本·拉登通风报信。

　　这次突袭令巴基斯坦政府陷入尴尬，他们的政权几乎也与邻国阿富汗一样摇摇欲坠。美国驻巴基斯坦大使安妮·帕特森在 2010 年初报告："巴基斯坦的平民政府依然软弱、无效、腐败。"总统阿西夫·阿里·扎尔达里是美国的主要盟友，他早前向拜登透露，军方和三军情报局这两大握有巴基斯坦实权的机构想把他赶下台。陆军总参谋长阿什法克·佩尔韦兹·卡亚尼也是泥菩萨过江，因为他手下的军官反对他与美国交往过密。在种种压力下，卡亚尼宣布巴基斯坦将不再配合美国无人机袭击巴基斯坦境内的叛乱分子，并且要大幅限制美国情报人员在该国的行动。

　　2011 年 11 月，北约发动空袭，杀死了 24 名巴基斯坦士兵，美国与巴基斯坦间的"盟友"关系进一步受到打击。美国官方拒绝道歉，巴基斯坦政府关闭了通往阿富汗的运输线，北约不得不选择速度更慢，更昂贵的线路。2012 年 5 月，巴基斯坦法庭以叛国罪判处一名巴基斯坦医生 33 年有期徒刑，因为他暗中帮助中情局追捕本·拉登。美国参议院立即发起报复，将已经提上议程的 12 亿美元对巴军事援助削减了 3 300 万美元。2012 年 7

月初，巴基斯坦得到国务卿希拉里的道歉后，重新开放路线。

在国会共和党和民主党都以本·拉登已被暗杀为由，要求美国迅速从阿富汗撤军。参议院外交关系委员会的共和党理查德·卢格认为："我们没有理由再留在那儿了。"他反对美国参与"宏大的阿富汗国家建设"。民主党党魁、参议员迪克·德宾也持相同意见，他问道："如果你认为军事手段无法解决冲突，而且也不符合美国政策的现实，那么我们为什么还要派美国士兵前去阿富汗送死呢？"

美国和卡尔扎伊政府之间的裂痕继续扩大。2011 年 6 月中旬，卡尔扎伊在阿富汗青年国际会议的讲话中，谴责联军部队。他说："你或许还记得，几年前，我感谢外国军队的帮助，我时时刻刻都在感谢他们，但是，现在我再也不说这样的话……"他在全国电视广播上抱怨："他们都各怀鬼胎来到我国，为了他们自己的目标，却在我们的国土上达到龌龊的目的。"卡尔扎伊指出，北约轰炸不仅造成了大量平民伤亡，还破坏了环境，因为他们使用贫铀武器。几个星期之前，卡尔扎伊还对北约发动的一起造成数名儿童和平民死亡的袭击表示愤怒。他威胁，如果北约继续轰炸阿富汗民居，他将采取"单边行动"。他警告道："如果他们继续袭击我们的家园……历史将见证我们阿富汗人如何对付入侵者和占领者。"美国官方对他的忘恩负义感到吃惊。即将离任的艾肯伯里大使回应道："当我们听到自己被称为'占领者'或是其他更糟糕的称呼时，当我们看到我们的慷慨援助完全无效，反而成了腐败的根源时，我们的尊严受伤了，我们没有了持续下去的信心和勇气。"

卡尔扎伊的挑衅言语引发了美方的愤怒，接下来的几个月里，他开始谨慎措辞了。但是 10 月，他在接受巴基斯坦记者采访时说道："如果巴基斯坦和美国开战，我们将站在巴基斯坦一边。我再也不想让美国士兵进入阿富汗了。"这番话再次激怒了他的美国支持者。

正如参议员德宾所说的那样，没有军事解决方案出台，也没有增兵。仅 2011 年 7 月和 8 月，塔利班就暗杀了 181 名阿富汗政府高官，包括艾哈迈德·瓦利·卡尔扎伊。

其他受害者还有：坎大哈市长、坎大哈宗教理事会负责人、卡尔扎伊总统的亲密顾问，以及和平谈判代表、前总统布尔汉丁·拉巴尼。2012

年 7 月下旬，北约公布数据显示，过去 3 个月中叛乱分子的袭击次数实际上比过去一年增加了 11%，证明之前声称的成功遏制了叛乱活动的说法纯属无稽之谈。

阿富汗不断涌现各种坏消息。9 月，人权观察组织发布报告称，接受美国训练和资助的阿富汗当地警察（ALP）和民兵，不仅没有很好地保护村民，反而对村民暴力相向。他们的暴行包括谋杀、强奸、绑架、任意拘留和强行征地。组建警察是美国稳定阿富汗计划的关键举措。彼得雷乌斯曾告诉美国参议院，阿富汗当地警察"可以说是我们发展阿富汗安全能力最关键的要素"。稳定计划的另一大支柱，即阿富汗国家警察（ANP）也同样糟糕。人权观察组织发布上述引起公愤的报告后不到一个月，联合国对阿富汗的援助机构发现"确凿"证据，证明阿富汗情报部门、国家安全委员会和阿富汗国家警察让囚犯，包括 18 岁以下的未成年人，在审讯期间接受"一系列"酷刑。报告特别强调的几项酷刑包括：拧囚犯的生殖器直到他们昏厥；吊住囚犯的手腕把他们悬在半空，用电缆和橡胶管抽打他们；拔掉囚犯的脚趾甲；实行电击；威胁对其性侵。

奥巴马和他的国家安全团队在白宫军情室监控刺杀本·拉登行动的最新动向。

阿富汗国家警察学院毕业典礼上，阿富汗国家警察（ALP）指挥官巡视各学员。阿富汗当地警察（ALP）被指控没有保护村民，反而强奸和谋杀村民。但阿富汗国家警察（ALP）似乎也没有更好地起到确保国家稳定的作用。联合国对阿富汗的援助机构发现"确凿"证据，证明阿富汗国家警察对犯人实施酷刑。

联合国禁毒机构的报告显示，北约试图削减阿富汗毒品交易的努力也一败涂地。尽管 2011 年北约反麻醉品的力度加大，但当年罂粟的种植面积实现两连增。另外有 7% 以上的土地打算种植罂粟，由于物价飞涨，种植面积的扩大带来了 14 亿美元的收入，是前一年的两倍。罂粟种植就像叛乱一样蔓延到了北部和东部省份。摧毁罂粟种植地的活动比前一年翻了两番。

奥巴马预见美国入侵阿富汗终将惨淡收场，于是在 2011 年 10 月，他宣布美国军队于年底从伊拉克撤出。实际上，乔治·W. 布什在 2008 年时就商定 2011 年 12 月 31 日开始撤军。不过，奥巴马算是兑现了他的竞选承诺，大多数美国人赞成结束伊拉克战争。

但是，五角大楼有不少人对这项声明表示不满。军方领导人之前坚持保留 1 万到 2 万兵力，现在将数量降低到 3 000 ~ 5 000。他们与奥巴马和希拉里一起向伊拉克施压，要求同意保留部分美国军队。但是，以穆克塔达·萨德尔为首的议会什叶派阵营拒不服从，然后数量又有所减少。

可以肯定的是，美国不会完全结束在伊拉克的军事存在。国务院估计，有1.6万～1.7万美国人仍留在伊拉克，其中包括5 500名武装部队承包商。美国在世界上面积最大的大使馆，占地104英亩的驻巴格达美国使馆依然高高耸立，它和美国在巴士拉以及埃尔比勒领事馆将时不时提醒人们，美国对伊拉克的入侵、破坏、征服和占领。在过渡期间协助国务院的陆军旅指挥官约翰·S.拉斯科迪注意到，"国务院正在构建其历史上最大的使命"。参议员约翰·克里担心美国是在"用私人雇佣军代替其军事存在"。剩余的少量部队将监督美国用于武装伊拉克的价值100亿美元合同的履行，武器涵盖坦克、战斗机和其他武器，其中30亿美元由美国政府支付。美国还每年花费近10亿美元训练伊拉克警察。

阿富汗法拉省波杰曼地区的村民们正在摧毁罂粟地，但这种做法无济于事，在卡尔扎伊执政时期，阿富汗的鸦片贸易蓬勃发展，瘾君子的数量也迅猛上升，阿富汗政府腐败狷獗。

最终统计结果显示，近4 500名美国士兵牺牲，3.2万多人受伤。成千上万的人遭受创伤后应激障碍综合征以及其他心理疾病。据估计，伊拉克的死亡人数为15万～100多万。2006年10月，美国和伊拉克流行病学家发布报告，美国入侵又"额外"导致 65.5 万伊拉克人死亡。美国花了接近 1 万亿美元，但与最终的成本相比，这只是一小笔首付款而已。

奥巴马在布拉格堡欢迎军队回家，但是他没有真诚地将伊拉克战争当作一场不折不扣的灾难，没有从中吸取深刻的教训，没有感谢那些为此牺牲的人们，而是空谈爱国主义的老调，不禁让人想起了昔日坚决支持帝国主义的吉卜林。吉卜林怂恿自己的儿子报名参加第一次世界大战，结果他的儿子上战场第一天就战死沙场。在他的"战争墓志铭"中，吉卜林写道："如果有人问我们为什么死 / 告诉他们 / 因为我们的父辈撒谎。"

奥巴马的谎言也会带来同样深切的痛苦。他对士兵们说道："我们留下的，是一个拥有主权、稳定和自立的伊拉克，由一个民选政府统治。"他赞扬他们"取得了非凡的成就"。他声称："最重要的是，我们明白了，只要我们美国人同仇敌忾，我们将无所不能……所以美国军队是最受人景仰的。"他称赞士兵们愿意为"一个陌生国家的人民"作出那么多牺牲，"这是美国人之所以如此特别的其中一个原因"。

他继续说道："我们不像老牌帝国那样，为了领土或资源而作出牺牲。我们之所以这么做，是因为这是正确的。我们离开伊拉克，把国家留给它的人民，就是证明了美国支持民族自决。这就是我们美国人。"在改写了伊拉克战争历史后，他又把话锋转向阿富汗战争，声称军队还"挫败了塔利班的气焰"。他向士兵们保证，战争使得"美国更加强大，令世界更加安全"。他渲染了美国的神圣光环之后，又开始赞扬美国的伟大："这些理念早已呈现在我们的建国法典中，这是一种独特的价值观，愿意为推动人类自由和尊严奉献。这就是我们美国人，这就是我们美国人共同书写的丰功伟绩。"他称士兵们为"两个世纪以来英雄主义精神的继承者"，他说："从美国开国元勋推翻殖民者，到你们的祖父母推翻法西斯主义，再到你们这一代人，在费卢杰和坎大哈为了相同的正义而英勇作战，直到将'9·11'的肇事者绳之以法。"

乍一看，读者可能不知道该如何破解这番歪曲事实的话，也不知道要怎么揭穿这个神话，但是，正像我们之前所阐述的，美国所谓的利他主义、善行、自我牺牲，可能是很好的突破口，特别是他们一再否认对领土和资源的兴趣。

奥巴马吹嘘美国的独特性在于，"愿意为了人类的自由和尊严付出巨大的代价"。他荒谬地声称，战争使"美国更加强大，令世界更加安全"。他把在伊拉克费卢杰屠杀了数百名平民的军队与"推翻帝国统治"的美国初期殖民者，以及"打倒法西斯主义"的"二战"时期的人们相提并论。也许他没有看到美军离开伊拉克时，费卢杰人民燃烧美国国旗，庆祝他们获得反抗的胜利，获得自由；也许他没看过美国海军陆战队员行为不检点的调查报告，他们在哈迪塞等地肆意杀戮伊拉克平民、妇女和儿童；也许他也没看到美军指挥官在安巴尔省向伊拉克人解释为什么不调查美军"任意在哈迪塞杀害 24 名伊拉克平民"时的窘境。

他解释道："这样的事在全国各地时有发生……"与布什政府早期的谎言不相上下的，恐怕还是奥巴马所说的下面一番话，他祝贺部队，"在费卢杰和坎大哈为了相同的正义而英勇作战，直到将'9·11'的肇事者绳之以法"。这实际上论证了布什—切尼政府为入侵伊拉克所编造的谎言，他们认为萨达姆支持"基地"组织，所以到 2011 年时占有阿富汗或伊拉克都与最初的"基地"组织恐怖袭击有关。

奥巴马话音未落，他口中"稳定"的伊拉克就陷入混乱。几天后，该国就爆发了一系列自杀式炸弹袭击，造成数十人死亡，数百人受伤，把伊拉克推向内战边缘。

逊尼派特别忿忿不平。2010 年大选 8 个月后，美国官方好不容易凑到一起的联合政府最终坍塌了。来自什叶派的总理努里·马利基发出逮捕令，下令逮捕逊尼派的副总统塔里克·哈希米。马利基指控哈希米秘密操控杀人小分队，曾试图推翻来自逊尼派的副总理。哈希米为逃脱逮捕，逃往库尔德地区。在最近几个星期中，马利基的安全部队已经逮捕了数百名逊尼派的反对派领导人以及前社会复兴党成员，同时马利基还加紧对军队和警察的控制。

反对派指责马利基是独裁者。逊尼派和世俗的批评者开始抵制议会。一连好几个月，逊尼派统治的省份纷纷要求更大的自治权，库尔德人依循其脚步，成立了石油资源丰富的库尔德斯坦政权，有自己的议会、总统和安全部队。伊拉克国家面临着分成 3 个独立政权的危险。

伊拉克对美国的"牺牲"并不领情，美国虽然帮助其摆脱了讨厌的独裁者，但也带来了无数的伤亡和成千上万伊拉克平民的无故丧生。伊拉克对美国的厌恶还表现在其他方面，譬如大多数伊拉克老人都拒绝参加《华盛顿邮报》所称的"军事庆典"。在前一年春天，美国实际上已经停止了军事基地关闭典礼了，因为叛乱分子往往借机发动袭击。有一次情况特别危急，12 月 17 日，美国和伊拉克官员一同出席签约仪式，决定将原先的应急操作基地，即原先驻扎过 1.2 万名美国士兵和承包商的美国驻伊拉克最后一个军事基地，转变成伊拉克空军基地。《华盛顿邮报》的格雷格·贾菲描述了当时的场景。首先入场的是"6 名伊拉克人组成的乐队，穿着肮脏的蓝色制服，就像衣衫褴褛的乞丐般，边走边有气无力地吹着喇叭和长号"。接着，"伊拉克军官用阿拉伯语激动地说了一番话，又是欢呼，又是鼓掌，又是跺脚的。很快，大多数伊拉克群众跟着他一块儿高喊、欢呼"。贾菲注意到，"一名美国军官僵直地坐在舞台后面，他前面的牌子上写着'上校'"。伊拉克人接着大声说道："美国的占领结束了！愿上帝怜悯我们的烈士！"剩余的美国部队趁着夜深人静偷偷地离开了，"黎明前秘密潜入了科威特"。

　　地上溅满了鲜血，5 岁的萨马尔·哈桑在他父母被进入伊拉克塔尔阿法巡逻的美军误杀后，拼命大哭。究竟有多少伊拉克平民伤亡，不得而知。各地发布的统计数据差别很大。

　　这两场战争是切切实实的灾难，就连盖茨也承认没有想到美国居然会再次陷入另一场侵略战争的泥淖。2011年2月，他告诉西点军校的学生："在我看来，未来如果还有国防部长建议总统，再次派遣大规模美国陆军进入亚洲、中东或非洲国家，他就应该被处以极刑，就像麦克阿瑟将军所说的那样。"

38
★★★

后冷战时期的世界新秩序

美国多年来的短视和错误政策导致了恶劣后果，它也最终自食其果。中东便是最好的一例。美国之前为改变该地区局势耗费了大量精力，但是"阿拉伯之春"引来的民主巨变从根本上改变了现状，而这时候美国只有在一旁看热闹的份儿。几十年来，美国一方面毫无原则地支持以色列，另一方面又武装、训练、扶植了一个又一个阿拉伯独裁政权，包括"9·11"后利用埃及人、利比亚人和其他国家的人作为代言人，这些做法已经侵蚀了美国的道德权威。它高举民主的旗号，却成了一纸空谈。在伊拉克和阿富汗的美军直接或间接杀戮了成千上万平民后，美国却声称将使用武力惩罚专制政权，这类义正词严的讲话，再也没人会当真了。

即便是奥巴马在开罗讲话营造的友好氛围，也很快荡然无存。美国巴勒斯坦问题工作组组长阿尔·奥马里说出了巴勒斯坦地区激进分子的心声："现在他们的普遍想法是'贬低美国人'，他们普遍认为美国不再重要，'阿拉伯之春'的发生并非美国出手相助的结果。"前国际原子能机构总干事、诺贝尔和平奖得主穆罕默德·巴拉迪指责美国是该地区几十年来落后和压迫的罪魁祸首。他指出："美国通过这一支持镇压的错误政策，助长了埃及和整个阿拉伯世界的激进主义。"

一方面，美国长期以来对巴林、也门、叙利亚等国政府的暴行睁一只眼闭一只眼，而且对沙特阿拉伯地区激烈的内部镇压、瓦哈比教派极端分子继续资助"基地"组织和全球极端分子等做法无动于衷；另一方面，它又以阻止暴行和安全威胁为借口支持利比亚的政权更迭、刺杀穆阿迈尔·卡扎菲。这种自相矛盾的做法也显示了美国的虚伪。人们大概只能得出这样的结论：只有美国的盟友才能屠杀和镇压其人民。

事实上，在批评中东的专制政权时，奥巴马总是故意避谈沙特阿拉伯，美国60年来一直扶持该国反动的君主制以换取沙特石油。沙特还是美国先进武器最大的采购商。《华尔街日报》统计，2010年奥巴马批准出售的武器可能高达600亿美元。而沙特一直阻挠该地区的民主改革，用政治和财政等手段横加干涉，在巴林甚至还动用军事。由此可见，对于那些寻求进步的国家来说，美国并非可靠的盟友。

美国还不断支持日益趋向右翼主义的以色列政府。奥巴马似乎比其前任更加同情巴勒斯坦，他选择乔治·米切尔担任中东特使，似乎让人看到了这样的希望：美国将促进以更加公平的方式处理中东问题。其中亟待解决的主要问题是以色列占领了有50万犹太人定居的东耶路撒冷和约旦河西岸地区。令这一问题更加复杂的是，2006年哈马斯通过选举上台后，以色列封锁了加沙。除了本雅明·内塔尼亚胡的以色列右翼政府以及美国的保守派以色列游说团成员，其他人都意识到上述举动不但不公平、站不住脚，而且还威胁着以色列不堪一击的民主制度。

然而，在政府内部辩论中占上风的并非米切尔，而是奥巴马的首席中东问题顾问丹尼斯·罗斯。罗斯是沃尔福威茨的门徒，曾担任过里根总统的顾问，是以色列的忠实卫士。2011年5月，约旦国王阿卜杜拉二世抱怨道，我们从国务院和五角大楼得到了"积极回应"，"但还没有得到白宫方面的积极消息，我们知道问题出在丹尼斯·罗斯身上"。在美国是否应该提出一个全面的中东和平计划问题上，罗斯和米切尔出现了强烈的争执。米切尔认为，内塔尼亚胡政府继续实施非法殖民政策、阻挠巴以问题的解决，应该向其施加一定压力。罗斯则反对向以色列施压。以色列游说团向来步调一致，竭力影响美国的以色列政策，他们支持罗斯的观点。奥巴马向美国以色列公共事务委员会（AIPAC）屈服了，米切尔十分受挫，于2011年4月宣布辞职。

在巴以冲突问题上，美国再次无视世界舆论，在联合国安理会决议谴责以色列非法占据巴勒斯坦领土、阻碍和平时，美国却投了否决票。该决议由 130 多个国家发起，安理会其他 14 个成员国都投票支持。可是奥巴马政府试图巴结美国最保守、势力最大的以色列游说团，即美国以色列公共事务委员会，于是他投票反对。尽管美国和以色列从中阻挠，大多数国家仍旧期望联合国投票承认巴勒斯坦国的独立地位。

以色列和美国竭力阻碍事情的进程，但同时以色列也变得越来越孤立。随着埃及总统穆巴拉克下台，土耳其越来越支持巴勒斯坦人，以色列也失去了该地区两个最亲密的盟友。阿拉伯势力在整个地区迅速崛起。托马斯·弗里德曼将此归咎于"50 年来阿拉伯的独裁政权，他们只允许阿拉伯人进入政坛，却不允许独立、世俗、民主的党派和组织在政治领域发展"。邻国叙利亚发生起义反对阿萨德政权的残酷统治，极大地挫败了伊朗和真主党，同时也让以色列边境增加了一个不稳定因素，因为叙利亚库存的大量化学武器可能落入极端分子手中。不过，内塔尼亚胡和他的右翼盟友仍然不妥协，他们无视奥巴马和世界舆论的呼声，继续扩大对东耶路撒冷和约旦河西岸的占领，尽管他们清楚地知道，这会破坏巴以问题的解决。

连以色列议会前议长亚伯拉罕·伯格都不知道，以色列领导人是否有意愿寻求公平解决。他问道："难道我们就不能不到处树敌，太太平平地过下去吗？"以色列著名学者茨夫·斯坦贺尔在《以色列国土报》上发表的一篇文章，很好地解答了上述疑问，题目是《以色列右翼需要持久的战争》。

与伊朗开战，这是以色列右翼最希望发生的事情。以色列鹰派努力寻求支持，攻击伊朗核设施，他们声称伊朗正在制造核武器，阻止伊朗的这一举动的确是个很充分的理由，因为它可能引发整个中东地区的核军备竞赛，沙特阿拉伯、土耳其、埃及、叙利亚以及其他国家可能会纷纷效仿。2011 年 9 月，伊朗在布什尔建立了中东第一家核电站，是仿照俄罗斯模型建造而成。其他中东国家也不甘落后，该地区有几十个核反应堆将在 2017 年或 2018 年投产。伊朗坚称没有建造原子弹的打算，还不断邀请国际核查人员进入该国核查。

不过，人们普遍认为，以色列拥有大约 200 件核武器。2007 年美国情报委员会在国家情报评估上表示，伊朗已经在 2003 年就停止发展核武器，并未重新启动程序。美国官员警告以色列，对伊朗发起先发制人的攻击不仅无法达到预期目标，还可能给该地区及其周边带来灾难性后果。他们希望加强对伊朗石油出口和伊朗央行的制裁，而不是采取军事行动。

2010年，以色列几乎就要发动一场危险的攻击。梅尔·达甘8年来一直担任以色列间谍机构摩萨德的负责人，直到2010年9月才卸任，他于2011年6月透露，他、军事参谋长加比·阿什肯纳兹和以色列辛贝特国内安全机构首席尤瓦·迪斯，竭力阻止了内塔尼亚胡及以色列国防部长埃胡德·巴拉克这种不计后果的行为。但是，现在他们3人都离任了，达甘很担心以色列领导人可能会有所动作。达甘说："我在任时决定出面阻拦，阿什肯纳兹与迪斯也跟我一样反对这种冒险举动。但是现在，怕是再也没有人阻止内塔尼亚胡和巴拉克了吧。"有报道表明，以色列总理希蒙·佩雷斯、国防部队高级指挥官加蒂·艾森科以及最近退休的军事情报局局长阿莫斯·雅德林也反对攻打伊朗。

绝大多数以色列人也反对军事打击。2011年11月一项民意调查显示，尽管90%的人认为伊朗会成功发展核武器，但只有43%的以色列犹太人赞成袭击。64%的人支持中东无核化，尽管这意味着以色列废弃其核武库。

美国在拉美地区的影响力也明显下降。像中东一样，一个多世纪以来，美国持续支持该地区的独裁政权，以谋求自己的商业和政治利益，这种做法导致了21世纪初拉美反美情绪的高涨。除了眼睁睁地看着洪都拉斯总统曼努埃尔·塞拉亚在一片嘘声中下台外，美国似乎无力阻止左翼席卷中南美洲的势头。连美国最亲密的伙伴哥伦比亚，最近也开始重新评估其与"北方巨人"的关系。哥伦比亚总统胡安自2010年上任以来，不但致力于缩小该国巨大的贫富差距，还成功地修补了与委内瑞拉和厄瓜多尔的关系，现在他称查韦斯（委内瑞拉总统）为"最好的新朋友"。

2011年12月，查韦斯在加拉加斯召开为期两天的拉丁美洲及加勒比国家元首峰会。这位备受争议的委内瑞拉领导者向世界表明，他要建立起与美国主导的美洲国家组织（OAS）相制衡的区域联盟。与美洲国家组织不同，这个新组织（CELAC）主要由33个拉丁美洲和加勒比国家组成，包括古巴在内，但把美国和加拿大排除在外。查韦斯宣称："此次峰会是我们美洲地区100多年来最重要的政治事件。"古巴总统劳尔·卡斯特罗的说法更加夸张，他认为新组织是"我们200年来追求独立过程中发生的最重大事件"。新组织旨在进一步削弱美国在该地区的影响力。尼加拉瓜

总统丹尼尔·奥尔特加宣布:"我们是在给门罗主义判死刑。"门罗主义是
1823 年由美国总统詹姆斯·门罗提出,他声称西半球是美国的势力范围。
巴拉圭总统费尔南多·卢戈在接受记者采访时表示:"很高兴来到玻利瓦
尔的故乡。"他所说的玻利瓦尔出生于委内瑞拉首都加拉加斯,是 19 世纪
南美洲勇敢的解放者。他补充道:"玻利瓦尔的梦想终于慢慢实现了。"甚
至连美国的盟友,即墨西哥总统卡尔德龙、哥伦比亚总统胡安和智利的塞
巴斯蒂安也出席了此次峰会。

　　2012 年 4 月奥巴马出席美洲峰会,美国进一步被孤立。会议在哥伦
比亚海滨城市卡塔赫纳举行,西半球国家的领导人受到加拉加斯峰会的鼓
舞,用前所未有的方式公开反对美国。争论的焦点集中在两个问题上:美
国排挤古巴以及美国的毒品政策。过去,美国一直是会议议程的设置者和
话题的主导者,但已经今非昔比。墨西哥总统卡尔德龙将讨论问题的坦率
程度描述成"激进和不可想象"。《牙买加观察家报》上的一篇文章称"峰
会显示出美国的影响力已经下降"。

　　拉丁美洲领导人明确表示,过去他们屈从了美国的施压,禁止古巴
参与,其实只有美国和加拿大希望把古巴排除在外。美洲玻利瓦尔联盟
(ALBA)是一个成立于 2004 年的拉美国家组织,其成员国表示,如果美
洲峰会继续排斥古巴,那他们也不参加了。桑托斯驳斥美国对古巴的政策
是"不合时宜且无效的",并要求会议将古巴也纳入其中。巴西的迪尔玛·罗
塞夫也表示,如果不让古巴参会,她也不再出席。尽管奥巴马竭力为美国
政策辩护,但他坦承,这次讨论让他想起了"炮舰外交、洋基队和冷战"。

　　一些领导人还抨击美国的毒品政策,奥巴马再次无力辩护,他自己也
承认青少年吸毒现象严重。危地马拉总统奥托宣布 40 年来的反毒品交易
运动失败,呼吁将其合法化。哥伦比亚总统胡安表示,哥伦比亚成功地减
少了古柯的种植面积,却最终导致秘鲁和玻利维亚古柯产量的飙升,尽管
毒品交易和吸毒在哥伦比亚得到遏制,但蔓延到了墨西哥、危地马拉和洪
都拉斯。

　　2012 年 8 月,厄瓜多尔总统拉斐尔向维基解密创始人阿桑奇提供政
治庇护,激怒了美国、英国和瑞典当局,这被视为一种前所未有的挑衅。
阿桑奇躲藏在厄瓜多尔大使馆,为了避免被引渡到瑞典,接受性侵罪的调

查。他担心一旦到了瑞典，他就会被引渡到美国。英国对厄瓜多尔的举动感到十分恼火，威胁要直闯厄瓜多尔大使馆，逮捕阿桑奇，这无疑是公然违反国际法。

2012 年 6 月，巴拉圭的右翼势力通过议会政变重新上台，弹劾了左翼总统费尔南多·卢戈，因为他推行的土地改革威胁到了巴拉圭富人和跨国农业企业的利益。《国际先驱论坛报》发表评论指出，过去在拉丁美洲发号施令的美国，如今逐渐淡出了该地区的政治发展进程。然而，美国没有谴责巴拉圭的这一举动，反而释放出支持的信号。其他拉美国家则不然。阿根廷、巴西、乌拉圭投票搁置巴拉圭在南美自由贸易协会南方共同市场中的席位，并邀请委内瑞拉加入，成为正式成员。巴拉圭此前一直反对委内瑞拉加入该贸易组织。

尽管美国在中东和拉丁美洲频繁受挫，但其军事实力仍居全球首位。正像查尔莫斯·约翰逊多年前透露的那样，美国是通过遍布全球各地的军事基地而非殖民地来维护其全球霸权的。记者尼克·特斯发现，很难确定美国军事基地的确切数据，但有证据表明，总数应该超过 1 000 个，其维护费用相当庞大。大部分基地位于日本，仅冲绳就有 38 处，在韩国有 87 处。2012 年，人类学家大卫·万认为，即使不算上伊拉克关闭的 505 处，基地数量依然要超过 1 000 处，每年维护这些军事基地和海外驻军的费用大约是 2 500 亿美元。军队部署方式有所改变，从冷战时期的集中聚居，到之后广泛分散的"百花型"部署，提高了美国军队的调度能力。这种据点在中东、亚洲和拉丁美洲大幅激增。美国正在迅速扩大其在非洲的军事存在。

美国陷入了困境。后冷战时期的世界规则发生了变化。不管是无与伦比的军事力量还是独占鳌头的经济实力，都无法如美国领导人希望的那样，转化成左右历史的能力。整个世界似乎越来越脱离美国的掌控。中国的崛起便是最明显的例子,这个拥有 13 亿人口的泱泱大国,其经济蓬勃发展（大约 40% 为国有企业）。中国的经济增长形势非凡，与美国经济的停滞和衰落形成了鲜明的对比。2011 年，中国的人均 GDP 虽然只有美国的 9%，但已经比 4 年前翻了一倍。中国领导人还计划在未来 4 年内再翻倍。中国已经取代日本，成为世界第二大经济体，而在 2003 年时它的世界经济排名才第七。在谈到中国的发展潜力时，城市土地研究所和安永事务所报告指出，中国将国民生产总值的 9% 都用于基础设施建设，是美国在这方面投入金额的 3 倍多。

2011 年 10 月，中国经济影响力有了新发展，欧洲要求中国帮助拯救欧元，邀请它向欧洲紧急稳定基金投资数百亿美元。确切地说，中国被要求承担起世界金融领袖的角色，而这一直以来是由美国担任的。中国购买了欧洲的一些主要经济资产，欧洲已经成为中国最大的贸易伙伴。尽管在欧洲经济形势仍具有不确定性时，中国拒绝大规模投资，但它的存在意义已经毋庸置疑。几个星期后，美国财政部长提摩太·盖特纳提议召开欧洲财长会议，遭到断然拒绝。《纽约时报》的头版头条发文对此作了恰到好处的分析："想对欧洲债务提供建议？欧洲建议美国还是省省吧。"

相对于西方的衰落，中国最近的发展无疑展示了其经济和政治制度的优越性，它同时也在其他方面不甘落后。最令美国领导人和它的亚洲邻国感到不安的是，中国正在迅速推进军事现代化。其国防开支在 10 年中翻了 3 倍，达到 1 600 亿美元。它组建了一支远洋海军，增添了军舰、潜艇、战斗机和进攻性导弹，还开始武装其第一艘航空母舰。

光是军事现代化或许还不至于让中国的邻国如此警觉，但是中国在东海和南海等油气、矿产资源十分丰富的争议岛屿地区也显得比较积极。中国在南海的主张与越南、印尼、菲律宾、马来西亚和文莱等地相冲突。在东海，中国和日本之间也呈现紧张态势。各种冲突相互交织，错综复杂。口水战也不断升级。2011 年 10 月，在中国有着广泛读者群的《环球时报》以强硬的口吻报道："如果这些国家不改变对中国的态度，那就等着听炮弹声吧。我们需要作好这种准备，也许这是解决海上争议的唯一办法了。"

中国的军事建设以及对能源和原材料的积极追求，让美国找到了一个进入亚洲的机会。美国领导人并不打算帮助解决争端，而是利用地区紧张局势，夸大中国威胁。美国官方一味炒作中国提升军力之事，却绝口不提中国在过去 20 年中大幅削减军队规模，减少空军的飞机以及舰队的潜艇这些事实，其国防支出占国内生产总值的比例，基本与日本、韩国持平。美国准备利用这次危机重申美国在亚洲的霸权，为其庞大的防御预算辩护，还打算重振美国在全球不断衰退的影响力和威望。美国秉持着新冷战思维，开始在经济、军事和政治上"遏制"中国，并要求其他亚洲国家与其携手。

2011 年 11 月，国务卿希拉里在《外交政策》杂志上发表文章，题为《美国的太平洋世纪》，直言不讳地向中国发出挑战。文章开篇声称："随着伊拉克战争接近尾声，以及美国开始从阿富汗撤军，美国如今站在一个十字路口。"她断言的戏剧性变化，预示着她将"大幅加强在亚太地区的外交、经济、战略和其他方面的投入"，这显然还包括了印度洋和太平洋。

之后一个月，奥巴马在太平洋国家进行了为期 8 天的访问，增强了上述信号。他告诉澳大利亚议会："在这个亚太世纪里，美国将全情投入……我经过深思熟虑，作出了战略决定，作为一个太平洋国家，美国将在重塑该地区未来发展的过程中，长期发挥更大的作用。"他向澳大利亚人保证："我不会，我再重复一遍，我不会冒着失去亚太地区的危险，削减美国的国防开支。"为了证明他的话，奥巴马宣布美国将在澳大利亚部署 2 500 名海军陆战队员，这是"越战"后，美国首次在亚洲增加长期驻军。美国总计在该地区驻军 8.5 万，外加 7 艘航母和 18 艘核潜艇。

离开澳大利亚后，奥巴马前往印度尼西亚的巴厘岛东南亚十国联盟（东盟）的年会，他是第一个出席东亚峰会扩大会议的美国总统。奥巴马承诺要与每个与会国加强联系，并且宣布向印尼空军销售 24 架 F-16 战斗机。他还透露，将派国务卿希拉里到缅甸以修复它与美国之间的关系，这令与会国感到十分惊讶。

当奥巴马访问澳大利亚时，希拉里在菲律宾。她站在马尼拉湾一艘美国军舰的甲板上，表示美国支持菲律宾在南海争端中的立场。之前就在 6 月份，美国与菲律宾进行联合军演，7 月又与越南联合军演。9 月，美国与越南签署了国防合作谅解备忘录。这对曾经的宿敌甚至还讨论了美国海军进入金兰湾口岸事宜。2012 年，越南宣布增加 35% 的国防开支。美国还计划让濒海战斗舰进驻新加坡。

12 月，菲律宾重新推出其最大和最现代化的军舰，即一艘美式的海岸警卫队快艇。泰国一家报纸这样描述当时的场景："随着海军铜管乐奏响，罗马天主教神父在新粉刷的军舰甲板上洒下了圣水。这艘军舰的飞行甲板上配备防空枪支和翻新后的侦察直升机。海军的 3 架飞机从上空飞过。当军舰开始执行任务时，军官们在船头开甘蔗酒庆祝。"官方还公布了菲律宾的第一支装载士兵和坦克的军舰，宣布将从美国购买另一艘海岸警卫队快艇和战斗机。2012 年 7 月，随着争议岛屿地区紧张局势的重新点燃，总统阿基诺三世宣布了购买直升机和其他飞机的计划，用于军事对峙。马来西亚也通过展示其最新潜艇，显示其军事力量。马来西亚在南海有着丰富的石油和天然气资源。

美国太平洋司令部司令、海军上将罗伯特·威拉德指出，为了制衡中国日益增长的实力，将加强美国与印度的战略关系。印度一直在努力遏制中国。1998 年 5 月，印度进行核试验后，美国对其实施制裁，但是 2000 年 3 月，克林顿成为 22 年里首位访问新德里的美国总统。《纽约时报》称这次访问为 "矛盾调和"。乔治·W. 布什更是进一步加强美印关系。"9·11" 之后，他取消了所有制裁，与印度建立军事联盟。2006 年，他与印度签署了核合作协议，尽管印度并非《不扩散核武器条约》（NPT）的缔约国。虽然限于民用核能，但此举明显违反了《核不扩散条约》，使印度获得了发展核武器的自由。美国事先需获得核供应集团 45 个国家的批准，这是美国在 1974 年印度进行非法核试验后建立起来的联盟。《纽约时报》社论指出："为了达成与印度的核协议，美国政府威逼利诱，获得了国际认可。""美国 - 印度商业委员会" 主席罗恩·萨默斯表示，两国关系出现 "结构性调整"。这也是核不扩散努力受到的重大挫折。

奥巴马加快建立了战略伙伴关系，他第一次白宫国宴就邀请了印度总理，不顾顾问们的反对推进实施核协议，进一步巩固了布什建立的军事联盟。希拉里宣称，美国和印度负有 "决定世界事务" 的共同责任。2010 年 11 月，奥巴马对印度进行了为期 3 天的访问，加强了两国合作。

2011 年 11 月，印度国防部批准了一项价值 120 亿美元的大规模军事现代化计划，包括扩大印度军队规模，这是自 1962 年中印边界战争后首次扩军。战略与国际关系研究中心估计，到 2015 年，印度的国防支出将达到 800 亿美元。2006 ~ 2011 年，印度已成为世界最大的军火进口国。为了应对中国日益增长的海军实力，印度计划在未来 20 年中，花费 450 亿美元建造 103 艘新战舰。

但是，印度国内的持续贫困和不断扩大的贫富差距，使得它国防预算大幅增加的措施备受争议。2012 年初，一项对印度 9 个贫困地区 7.3 万户家庭的调查发现，有42%的5岁以下儿童营养不良。印度总理曼莫汉·辛格承认："营养不良的问题事关国家耻辱。"但他还是继续把钱挥霍在并不急需的武器上。

美国对于犹豫不决的人根本毫无耐性，这一点日本首相鸠山由纪夫算是领教了。他试图重新谈判协议，将美国在冲绳的美国海军陆战队航空基地从普天间移到边野古。奥巴马坚称日本应该遵守其承诺，但是遭到了冲绳人的强烈反对。鸠山向美国施加的压力屈服了，他的政府也垮台了。

鸠山由纪夫的继任者菅直人，吸取了前者的教训。2010年12月下旬，日本宣布调整军事策略，淡化北部的俄罗斯威胁，集中资源和注意力对抗中国和朝鲜。日本自卫队也将加强与美国、澳大利亚和韩国的密切合作。新的国家防卫计划纲领主张，将日本的潜艇数量从16艘增加到22艘，同时增加多架新型战斗机，减少坦克的数量，创建更加灵活机动的部队，以便迅速前往东海或朝鲜海地区处理危机。2011年12月，日本宣布向洛克希德·马丁公司购买40架F-35隐形战斗机，费用在60亿～80亿美元，但实际上日本迫切需要资金来重建3月地震、海啸与核泄露事故后的国家。

中国领导人指责美国试图从周边包抄中国，坚持声称在亚太地区不断加强军事影响力的是美国而不是中国。他们坚称，中国努力和平解决其与邻国间的争端。他们对于奥巴马继前一年批准了64亿美元的对台军售后，又批准58亿美元的军售表示愤慨。美国国会的共和党人则要求更多，一位政府高级官员表示，比起布什，奥巴马"在一半时间内，提供了两倍的量"。中国《人民日报》提醒美国不要忘记，在其他全球性问题上，还需要中国的合作："如果美国政客们认为他们不断损害中国的核心利益，却还指望中国在其他问题上担起负责任大国的角色，与他们一同合作的话，他们完全想错了。"中国还对美国的其他举动表示愤怒，如奥巴马决定会见达赖喇嘛，虽然他早期为了改善与中国的关系，没有这么做。

美国还无意中透露，他们正在研究一个新的亚洲战争策略，称为"空海一体战概念"。虽然其内容依然高度保密，但美国在2010年进行4年一次的防务评估报告时首次提及了这一计划。该计划旨在协调美国海军和空军部队，以防止中国不断增长的军事实力将破坏美国的高科技武器和通信系统，美国担心这会干扰美军在冲突中的投射能力。美国军方领导人指出，中国"反介入"战略对美国有很大威胁，因为这将限制美国在军事上援助盟国的能力。战略与预算评估中心（CSBA）的安德鲁·克里潘尼维奇指出，他们害怕中国会控制西太平洋的海上运输线。国防部长罗伯特·盖茨在美国空军学院发表演讲时表示，这种威胁"会消除美国自冷战结束以来一直享有的绝对军事优势，即无拘无束地向全球任何地区增加飞机、军舰、部队和物资的调动能力"。

中国领导人明白，实际上，随着美国对南海控制力的加强，中国的海上运输受到了威胁，因为中国的大部分石油进口靠油轮运载，需要通过南海。他们承诺要和平解决地区间的分歧，但他们也明确表示要捍卫自己的利益。

美国国防部的智库，战略与预算评估中心（CSBA）为五角大楼评估了与中国发动大规模战争的可能性，他们发布了 2010 年主要问题的报告。海军陆战队指挥官的一份内部报告警告："集中海军和空军的海上战斗部队建设将十分昂贵"，如果用于美中之间的战争，将会造成"不可估量的人员和经济损失"。

与中国对抗的过程中，美国及其太平洋地区的盟国实际上在玩一场非常危险的游戏。他们对中国存在严重的经济依赖，特别容易受到中国的制裁。中国持有 1 万多亿美元的美国国债，实际上扼住了美国经济的咽喉。美国与其最大的债权国为敌，它真的担得起这样的风险吗？更糟糕的是，中国已经取代美国，成为所有亚洲国家最大的贸易伙伴。2004 年，美国还是东盟十国最大的贸易伙伴，但到 2011 年，中国跃居第一，美国退居第四。2011 年 12 月，日本和中国宣布，两国货币可直接实现兑换，而无需事先购买美元。这一举措不仅会扩大中日两国间的贸易，还代表了中国在促进人民币成为美元的替代储备货币上迈出了重要一步。

美国似乎并不害怕，它努力增强其经济地位。2011 年秋天，它建立了一个跨太平洋的自由贸易集团，与亚洲、拉丁美洲和北美等地的盟友建立了伙伴关系。它没有邀请中国加入，前高盛集团大中国区董事长、现任财务咨询公司春华资本集团董事长胡祖六对此倍感疑惑："如果把最大的贸易国排除在外，你怎么可能建立一个有吸引力的贸易组织呢？"

同时，美国还在军事方面有所动作。美国太平洋司令部邀请俄罗斯和印度参加其 2012 年 6 月在夏威夷进行的大规模海军演习。

美国的霸权野心依然雄厚，但美国巡视亚洲和全球其他地区的能力受到国内预算危机的限制。到 2010 年，美国原本预算 3.8 万亿美元，却严重超额了整整 1.6 万亿。这部分资金缺口主要由从中国和日本的借款填补。单是债务还本息就花掉了 2 500 亿美元。军费预算，包括秘密活动、情报、对外军事援助、私人雇佣军和退伍军人福利，总额超过 1 万亿美元。据国家重点项目处负责人克里斯托弗·赫尔曼计算，美国 3.8 万亿美元的年度预算中，如果加上所有军事及其相关费用，"国防"预算往往超过 1.2 万亿美元。这一数字相当于世界其他所有国家国防预算的总和。即便在冷战高潮，美国的国防预算也只占世界总额的 26%。正如国会议员巴尼·弗兰克指出的那样："我们的敌人更少了，我们花的钱却更多了。"美国的军费开支大约占美国税收收入的 44%。维护军事基地的花费约为 2 500 亿美元。招聘五角大楼庞大的私人雇佣军，据《华盛顿邮报》报道，总计 120 万人，花费差不多也是 2 500 亿美元。最新研制的高科技武器成本高昂，更是加剧了负担。这些支出让美国人感到更加安全了吗？弗兰克评论道："我觉得，好像还没有哪个恐怖分子是被核潜艇打死的。"

2011 年，奥巴马政府宣布，未来 10 年中至少减少五角大楼 4 500 亿美元的预算，如果国会未能实现其他收入目标，未来将再减少 5 000 亿美元军费预算。但是，奥巴马以及从中情局调任国防部的莱昂·帕内塔都明确指出，这种调整不会影响美国重返亚洲的政策。他们反对将航母数量从 11 艘减少到 10 艘，要求增加在远程隐形轰炸机和反导弹系统方面的投资，另外还要加强武装无人机、网络空间系统和快速部署飞机等项目。2012 年 6 月，帕内塔在 28 个亚太国家国防部官员会议上表示，美国将"重新平衡"其力量。

到 2020 年，60% 的美国海军部队将部署到太平洋，大西洋只占 40%，相对于 2012 年时的五五平均分配，这的确是一个重大转变。帕内塔解释道，驻太平洋的美军将包括"6 艘航空母舰、占大多数的巡洋舰、驱逐舰、濒海战斗舰和潜艇"。帕内塔好像担心有人错过重点似的，又概述了美国的重点支出项目："我们将专门投资在……先进的第五代战斗机、弗吉尼亚级潜艇、新电子战和通信能力等方面，并改善精密武器，这将有效保证我们在该地区的自由调度和行动能力。我们已经认识到了太平洋地区广大海域给我们带来的全新挑战。所以我们要加强在空中加油油轮、新型轰炸机和先进的海上巡逻和反潜作战飞机等方面的投入。"帕内塔仿佛意犹未尽，还专门提醒听众，包括来自中国、菲律宾、日本、韩国、印尼、老挝、柬埔寨和越南等国的官员，"在过去的历史长河中，美国经历了战争，抛洒了热血，我们一次次地部署军队，捍卫我们在亚太地区的切身利益"。他板着脸坚持表示，美国加强在该地区的军事实力，并不是为了遏制中国。连《纽约时报》都发文指出，"听众中几乎没有人相信这句话"。印度尼西亚外长表示，很多人憎恨美国对他们施加压力，要求其站队，这让人想到了 20 世纪 50 年代，约翰·杜勒斯威胁那些不加入冷战的国家，如果不站到美国一方，就要攻打他们。他指出："我们担心的就是站队，我们不想站队。"

美国在该地区军事化的计划还受到了其他阻力。因为美国的很多亚洲盟友都面临着同样的预算削减。2012 年 5 月，奥巴马几个月前亚洲之旅的首站——澳大利亚宣布，在未来 4 年中将国防预算削减 10.5% 或 55 亿美元。根据澳大利亚战略政策研究所报告，这意味着该国国防支出在国内生产总值占比到达了自 1938 年以来的最低值。《悉尼先驱报》发出警告："堪培拉和华盛顿的军费大幅缩减政策，使得人们对于两国联盟伙伴能产生多大效力充满了怀疑。澳大利亚方面，事情已经很清楚了。吉拉德政府决定将澳大利亚的国防发展努力减少到 74 年来的最低点……政府权衡了事情的轻重缓急，国防发展排在最后。"

美国方面，太平洋战略还未正式提上议程，国防开支将从减少军队规模中节省一部分出来。美国政府决定将军队人数从 57 万减少到 49 万，并且削减在欧洲的驻军。2012 年 1 月初，奥巴马让帕内塔调任至五角大楼，并且宣称："一场持续了 10 年的战争翻篇了……我们应该用较小的常规地面部队确保我们的安全。我们要抛弃冷战时代留下的过时武器，这样我们就能投入更多资源建设适应未来需要的军事力量。"

虽然美国削减了国防开支，美军撤出了伊拉克，并开始从阿富汗撤军，但这并不表示美国彻底摆脱了布什—切尼时期的超级军国主义，也不代表它与帝国主义思维的决裂，更不代表奥巴马会遵循那位结束苏联帝国的巨人戈尔巴乔夫的脚步。戈尔巴乔夫曾敦促奥巴马采取大胆举措，像他一样改变历史进程。他在 2009 年时说道："美国现在需要改革……因为它要面对的问题并不简单。"戈尔巴乔夫呼吁结束这种不受监管的自由市场政策，因为它导致了全球经济低迷和巨大的贫富差距。他警告，美国无法再支配世界："过去大家都唯美国马首是瞻，美国怎么说他们就怎么做，但这样的时代已经一去不复返了。"他谴责克林顿和布什政府的国际政治军事化政策极其危险，并敦促美国像 20 多年前的苏联一样，从阿富汗撤军。当年的戈尔巴乔夫也像奥巴马一样继承了战争的烂摊子。

随着 2012 年的到来，世界风云变幻。美国的全球影响力萎缩，也开启了一系列激动人心的机遇，有些机遇本身就与危机共存。2011 年，一种非凡的剧变和不安分在全球各地的精英中不断涌动，于是《时代》周刊将"抗议者"列为年度人物。实际上，早在 2010 年 12 月，抗议的火花已经点燃，当时一位名叫穆罕默德·布瓦吉吉的 26 岁突尼斯街头小贩，因为不堪警察的多次羞辱而自焚。这一干脆而绝望的举动在突尼斯引发了一场大规模起义，并最终推翻了总统阿里长达 23 年的统治。突尼斯群众勇敢地起来反抗警察及国家统治者，这一幕打动了数百万有相同遭遇的人们，他们深受腐败、独裁政权的压迫，而这些政权往往受到美国的支持。抗议运动迅速蔓延到阿尔及利亚、埃及和整个阿拉伯世界。维基解密自 2011 年 2 月开始发布美国秘密外交电报，更使事件火上浇油。利比亚、叙利亚、也门、巴林的抗议活动迅猛发展，政府难以控制局面。反对政府及银行家剥削的运动席卷欧洲，尤其是西班牙、希腊、意大利、法国和英国。俄罗斯人起来反对选举欺诈和普京的独裁统治。日本人民在福岛核灾难之后，抗议政府和电力公司的欺骗行为。

在美国，"占领华尔街"运动引起了人们的广泛关注，最富有的 1% 与其余 99% 人口间存在着巨大的贫富差距。2012 年 1 月，皮尤研究中心发布报告称，2/3 的美国人认为，富人和穷人之间存在"强烈的"冲突，比 2009 年 7 月的皮尤调查结果高出了 19 个百分点。30% 的人认为存在"非常强烈的冲突"，这一数值在两年半内上涨了 50%。这其实是意料中的事。因为美国中等家庭的净资产在 3 年中下跌了 39%，联邦储备发布的 3 年财政资源调查报告显示，中等家庭产值从 2007 年的 12.64 万美元下降到了 2010 年的 7.73 万美元。大专以下文化程度的人净产值更是下跌了 54%。2012 年，据约瑟夫·斯蒂格利茨计算，沃尔玛家族 6 个继承人的总资产为 900 亿美元，相当于美国 30% 贫民的资产总额。"占领华尔街"运动还揭示了金融危机后美国亟待解决的问题。未经深思熟虑的预算削减，迫使美国人重新思考，大规模的帝国主义政策是否明智。此时的美国失业率飙升、基础设施陈旧、社会服务漏洞百出，美国真的还有余力维持其庞大的全球帝国吗？充当国际警察真的符合美国的利益吗？美国真的还要入侵那些并不威胁美国人民安全的国家吗？

国内改革的形势更加明朗。"占领华尔街"运动，重拾 20 世纪 30 年代和 60 年代时期的工人权利、社会正义和反战斗争，重新点燃了全国数百万人，尤其是美国青年的斗志。几十年来，美国的空气中首次弥漫着乌托邦式的理想主义，美国人开始思考一个公平、公正和正义的社会该是什么样的。他们无法再忍受富人对社会政治各个领域横加干涉的做法。"占领华尔街"运动的意义已远远超越了它本身寻求的实现平等和财富均衡的目标，更重要的是，它重塑了美国的政治话语体系。美国的新激进主义和全球范围内的民主追求遥相呼应，昭示着某种美好的未来。

但还有很多根深蒂固的问题需要引起关注。全球暖化像之前的核战争一样威胁着人们的生活和生存。气温上升引发了北极和南极冰盖消融，提高了海平面，导致洪水和干旱，带来了大规模的致命疾病，还破坏了全球食品和水资源的供应。前所未有的气温已经让美国饱尝苦果：飓风灾难、洪水、森林火灾，以及堪比 20 世纪 30 年代的大干旱。核威胁依然没有缓解，核扩散的危险还在继续，核武库仍在过度发展，专家相信，如果发生核大战，有可能出现导致生命灭绝的核冬天。尽管奥巴马已公开承诺，但大量减少核武库的前景依然黯淡，更不要说完全废除核武库了。

如果形势继续下去，未来也许会出现重大转折。奥巴马似乎慢慢呈现出要重拾 2008 年竞选时提出的变革派人物的迹象。在"占领华尔街"运动、共和党继续拒不妥协、经济停滞、预算约束和支持率不断下滑等因素的刺激下，到 2011 年末，奥巴马似乎稍稍恢复了他原有的活力。他的演讲中开始显现民粹主义的痕迹。他提出结束伊拉克战争和削减国防开支，尽管这两者对他而言都是无奈之举。那么，是否有可能在他身上出现肯尼迪式的反思路线，他能否在大马士革走出不同的道路？他能否意识到美国的军国主义和帝国主义对美国人民及世界人民来说都同样糟糕？从他发表布拉格堡演说，以及签署极其危险的 2012 年国防授权法案这两件事上看，前景并不乐观。唯一明确的事情是，改变美国，重拾其民主、平等和革命精神的希望在美国人民自己身上，他们应该与世界各地被压迫民族一起，从历史中吸取教训，包括他们自己的历史和全人类的历史，因为历史再也不是不为人知的了。他们应该要求创建一个代表绝大多数人民利益的世界，而不是只代表最富有、最贪婪、最有权力的那一小撮人的利益。这才是在这个风云变幻的世界中，拯救美国民主的唯一方法。美国的革命先驱们都清楚地知道，暴政是人类的威胁。1787 年，美国制宪会议后，有位女性问本杰明·富兰克林："那么，博士，我们是什么政体——共和国还是君主制？"富兰克林的回答对今天的美国依然重要："是共和国，夫人，希望能保持下去。"

致　谢

该课题研究得以完成，要感谢许多人一直以来的支持、帮助和宽容。在视频方面，我们要特别感谢以下人员：费尔南多·苏利辛四处奔波为本书的视觉呈现筹集经费，并能在最困难的时候也保持冷静和淡定；罗伯·威尔逊和塔拉·特里梅因为本片串词，在浩如烟海的文献资料中，为我们呈现出了无数精彩片段；亚历克斯·马尔克斯 4 年来无数个日日夜夜精心编辑，并处理画面，艾略特·艾斯曼、亚历克西斯·查韦斯和肖恩·斯通，也时不时慷慨地伸出援手。感谢克雷格·阿姆斯特朗、亚当·彼得斯、巴德·凯尔和威利·斯德特曼处理音效；感谢埃文·贝茨和苏西·吉尔伯特负责整个团队烦琐的行政事务；感谢史蒂文·派恩斯费心管理有限的经费。十分感谢娱乐时间电视网（Showtime 频道）的大卫·内文斯为本片提出的专业指导；感谢布莱恩·洛德、杰夫·雅各布斯、西蒙·格林和凯文·库珀的帮助和建议。

本书文字版的付梓，要特别感谢彼得的同事以及美国大学历史系的研究生们。马克斯·保罗·弗里德曼不辞辛苦地阅读了所有手稿，凭借其美国外交政策史的专业知识，有效地弥补了笔者的认知盲区，堵住了书中的疏漏。本书有很大篇幅讲述美苏和美俄关系，在此，我们要感谢俄罗斯问题专家安东·费得雅辛，他总是不厌其烦地为我们答疑解惑，并仔细核查俄文原始材料，确保事实的正确性。感谢彼得的同事，穆斯塔法·阿克萨卡勒、理查德·布雷特曼、菲尔·布伦纳、艾尔·克莱恩、阿兰·李奇曼、艾瑞克·里尔和安娜·尼尔森等各位教授对本书提供的专业意见。

埃里克·辛格和本·班尼特这两名在读研究生对本书作出了宝贵贡献。他们牺牲了大量业余时间，对书中很多具体问题进行了细心调研。埃里克有着异于常人的信息追踪和搜集能力，他凭借锲而不舍的求索精神，扫除了书中许多知识死角；本·班尼特为本书配了很多生动的插图，使得本书图文并茂，更加生动。还有很多在读和已经毕业的博士研究生也为本书奉献了他们的智慧和力量，在此聊表谢意，他们是：丽贝卡·德沃尔夫、辛迪·古伊莉、文森特·尹彤迪、马特·旁布雷顿特鲁米·拉弗蒂——奥萨基、杰·维谢尔巴姆、亚当·萨拉科夫、丹尼尔·希普安妮、阮月、大卫·欧克斯特、艾伦·皮尔特保、艾瑞·瑟洛塔和基斯·斯基林。

感谢其他很多朋友和同事一路走来给予我们帮助和支持。丹尼尔·埃尔斯伯格慷慨地与我们分享他的心得和见解。他学富五车、治学态度严谨，以批判性的眼光阅读本书，并提出了宝贵建议，在此由衷地感谢他的热情支持。以下学者也为本书拨冗，慷慨奉献他们的专业意见：阿尔佩罗维茨、罗伯特·伯科威茨、比尔·毛刺、鲍勃·德莱福斯、卡罗琳·艾森伯格、汉姆·费什、迈克尔·弗林、伊兰娜·格鲁德辛思卡、格罗斯、安妮塔·孔都亚尼迪、比尔·拉诺特、米尔顿·利滕伯格、罗伯特·杰伊·利夫顿、阿琼·梅基耶尼、雷伊·麦克戈文、罗杰·莫里斯、庆松野智子、罗伯特·诺里斯、罗伯特·帕瑞、利奥·利布夫、乔纳森·谢尔、皮特·戴乐·斯考特、马克·赛尔登、马蒂·谢尔文、查克·斯特兹尔和拉里·威特纳。

该研究项目历时很长时间，其间我们痛失4位智囊，在此我们谨对霍华德·辛、鲍勃·格里菲斯、查理·维纳和尤代·莫汉的辞世深表哀悼。

芭芭拉·科贝尔对本书包装和纪录片字幕进行了精美设计。艾琳·汉密尔顿对于本书下册有关智利问题的阐述提供了很有价值的建议。美国大学图书馆的马特·史密斯和克莱门特·霍尔为我们查阅文献资料提供了便利。

为了保证该研究课题视频和文字按计划完成，Gallery Books（美国最大的出版公司之一西蒙＆舒斯特旗下的子公司。——译者注）团队的工作人员尽一切努力满足我们的各种要求。特别感谢编辑杰雷米·卢比—施特劳斯及他的助理希瑟·亨特。另外,还要感谢路易丝·伯克、珍·伯格斯特隆、杰西卡·齐恩、艾米丽·贾姆、伊莉莎·雷文琳、伊米莉亚·皮萨尼、特里西娅·伯克茨科沃斯基、莎莉·富兰克林、珍·罗宾逊、拉里·派克雷克以及达维娜·莫克等人的辛勤付出。

　　彼得的妻子西姆金·库兹尼克和他们的女儿莱克茜为本书的研究和脚注部分提供了很大帮助。身为资深编辑的西姆金倾注了大量心血,认真阅读了本书手稿,并以她诗人般的独特视角给出了建议。在此,真诚感谢!

短信查询正版图书及中奖办法

A. 电话查询
1. 揭开防伪标签获取密码，用手机或座机拨打 4006708315；
2. 听到语音提示后，输入标识物上的 18 位密码；
3. 语言提示：您所购买的产品是深圳市中资海派文化传播有限公司出品的正版图书。

B. 手机短信查询方法（移动收费 0.2 元 / 次，联通收费 0.3 元 / 次）
1. 揭开防伪标签，露出标签下 18 位密码，输入标识物上的 18 位密码，确认发送；
2. 发送至 13825050315，得到版权信息。

C. 互联网查询方法
1. 揭开防伪标签，露出标签下 18 位密码；
2. 登录 www.801315.com；
3. 进入"查询服务""防伪标查询"；
4. 输入 18 位密码，得到版权信息。

中奖者请将 18 位密码以及中奖人姓名、身份证号码、电话、收件人地址和邮编 E-mail 至 szmiss@126.com，或传真至 0755-25970309。

一等奖：168.00 元人民币(现金)；
二等奖：图书一册；
三等奖：本公司图书 6 折优惠邮购资格。
再次谢谢您惠顾本公司产品。本活动解释权归本公司所有。

读者服务信箱

感谢的话

谢谢你购买本书！顺便提醒你如何使用 ihappy 书系：
◆ 全书先看一遍，对全书的内容留下概念。
◆ 再看第二遍，用寻宝的方式，选择你关心的章节仔细地阅读，将"法宝"谨记于心。
◆ 将书中的方法与你现有的工作、生活作比较，再融合你的经验，理出你最适用的方法。
◆ 新方法的导入使用要有决心，事先做好计划及准备。
◆ 经常查阅本书，并与你的生活、工作相结合，自然有机会成为一个"成功者"。

<table>
<tr><td rowspan="9">优 惠 订 购</td><td colspan="2">订 阅 人</td><td></td><td>部 门</td><td></td><td>单位名称</td><td></td></tr>
<tr><td colspan="2">地 址</td><td colspan="6"></td></tr>
<tr><td colspan="2">电 话</td><td colspan="3"></td><td>传 真</td><td colspan="2"></td></tr>
<tr><td colspan="2">电子邮箱</td><td></td><td>公司网址</td><td></td><td>邮 编</td><td></td></tr>
<tr><td rowspan="1">订购书目</td><td colspan="6"></td></tr>
<tr><td rowspan="3">付款方式</td><td>邮局汇款</td><td colspan="5">中资海派商务管理（深圳）有限公司
中国深圳银湖路中国脑库 A 栋四楼　　　邮编：518029</td></tr>
<tr><td>银行电汇
或 转 账</td><td colspan="5">户　名：中资海派商务管理(深圳)有限公司
开户行：招行深圳科苑支行
账　号：81 5781 4257 1000 1
交行太平洋卡户名：桂林　　卡号：6014 2836 3110 4770 8</td></tr>
<tr><td>附 注</td><td colspan="5">1. 请将订阅单连同汇款单影印件传真或邮寄，以凭办理。
2. 订阅单请用正楷填写清楚，以便以最快方式送达。
3. 咨询热线：0755-25970306转158、168　传　真：0755-25970309
E-mail: szmiss@126.com</td></tr>
</table>

→ 利用本订购单订购一律享受 9 折特价优惠。
→ 团购 30 本以上 8.5 折优惠。